Power-Sprachkurs
ITALIENISCH 1

Intensivkurs für Erwachsene – effizient & selbständig lernen
Mit umfangreichem Aussprache- und Hörtraining

von
Federica Tommaddi

PONS

Power-Sprachkurs
ITALIENISCH 1
Intensivkurs für Erwachsene - effizient & selbständig lernen
Mit umfangreichem Aussprache- und Hörtraining

von
Federica Tommaddi

Basierend auf ISBN 978-3-12-562774-1

Der digitale Zugang zu den online angebotenen Zusatzmaterialien ist für mindestens zwei Jahre nach Erscheinen der aktuellen Auflage gewährleistet.

3. Auflage 2025

www.pons.com/kontakt

Projektleitung: Christine Lippet
Redaktion: Federica Colombo
Logoentwurf: Erwin Poell, Heidelberg
Logoüberarbeitung: Sabine Redlin, Ludwigsburg
Einbandgestaltung: PONS Langenscheidt GmbH, Anne Pixaras, Stuttgart
Innenlayout: Petra Michel, Essen
Tonaufnahmen: Audioproduktion dbmedia.de, Neuwied
Satz: Digraf.pl - dtp services
Druck und Bindung: Multiprint Ltd., Kostinbrod

ISBN 978-3-12-566015-1

INHALT

VORWORT

Mit dem **Power-Sprachkurs ITALIENISCH 1** steigen Sie schnell und sicher in die Sprache ein. Grammatik, Wortschatz und Kommunikation lernen Sie mit unserer intensiven Lernmethode ohne Umwege, sodass Sie am Ende des Kurses das Niveau A2 erreichen.

Aufbau des Buches

Dieser Kurs besteht aus einem umfangreichen Aussprachetraining und insgesamt 20 strukturierten Lektionen, die so aufgebaut sind, dass Sie besonders effizient lernen können. Das Aussprachetraining können Sie entweder vor oder parallel zu den Lektionen benutzen – Näheres dazu auf Seite 8 und 9. Die Lektionen bauen aufeinander auf und die Inhalte sind jeweils innerhalb einer Lektion klar strukturiert.

Einführung

Jede Lektion startet mit einer Einführung in das Thema. Sie werden hier den relevanten Wortschatz und erste praktische Sätze kennenlernen, die Ihnen dabei helfen, sich in alltäglichen Situationen auf Italienisch auszudrücken. Bei diesen ersten Übungen erschließen Sie sich mit Hilfe vieler Bilder ganz leicht den Wortschatz. Manchmal müssen Sie auch ein wenig raten. Das unterstützt, in Verbindung mit den richtigen Lösungen am Ende des Buches, Ihren Lernprozess.

Lernen und Üben

Anschließend erhalten Sie Erklärungen zur Grammatik, zur richtigen Anwendung des Wortschatzes und zur Verbesserung Ihrer kommunikativen Fähigkeiten. Durch gezielte Übungen festigen Sie Ihr Wissen und wenden die Sprache aktiv an. Darin unbekannte Wörter sind blau unterstrichen und stehen am Rand mit ihrer Übersetzung. Zu den Übungen gibt es viel Audiomaterial, so dass Sie nicht nur die Aussprache lernen, sondern sich auch neue Grammatikphänomene wie z.B. Verbkonjugationen zusätzlich übers Ohr einprägen können.
Audiotexte mit ihrer Übersetzung finden Sie passend zur Lektion als PDF in der **Scan2Learn-App**.
Die Lösungen zu den Übungen finden Sie hinten im Buch.

Wiederholen

Am Ende jeder Lektion finden Sie auf der Powerwissen-Seite die wichtigsten Wörter und Sätze der Lektion sowie eine kurze Zusammenfassung der wichtigsten Grammatikthemen, die in der Lektion behandelt wurden. Hier können Sie nochmals alles wiederholen und so Ihr Wissen festigen.

Extras

Zusätzlich zum Buch gibt es die folgenden Materialien:

- **Audios und PDF zum Aussprachetraining**
  (siehe Seite 8 und 9)
- **Audios zu den Übungen**
  Immer wenn Sie ein Kopfhörersymbol bei einer Übung sehen, gibt es dazu eine Audiodatei.
- **PDFs mit den Hörtexten und ihrer Übersetzung**
  Die wichtigsten Hörtexte einer Lektion finden Sie zusammen mit ihrer Übersetzung im PDF.

Sie haben zwei Möglichkeiten, an die Zusatzmaterialien zum Buch zu gelangen:

Die Scan2Learn-App
Laden Sie sich die App herunter und wählen Sie Ihr Buch aus. Eine genaue Anleitung finden Sie vorne auf der Klappe des Buches. Scannen Sie mit der App eine Buchseite. Sie bekommen dann die für diese Seite passenden Audios sowie das PDF mit den Hörtexten und ihrer Übersetzung angezeigt. So gelangen Sie ganz praktisch Seite für Seite direkt zu allen passenden Zusatzmaterialien.

Als Download
Alternativ zur Scan2Learn-App können Sie sich auch alle Zusatzmaterialien online herunterladen.
Gehen Sie auf die Seite **www.pons.de/power-sprachkurs** und klicke Sie den neuen Power-Sprachkurs an. Nun können Sie alle Extras herunterladen.

Dieser Power-Sprachkurs vermittelt Ihnen die ersten Werkzeuge und Kenntnisse, um selbstbewusst auf Italienisch zu kommunizieren.

Viel Spaß beim Italienischlernen!

Ihre PONS-Redaktion

AUSSPRACHETRAINING

Die allermeisten Laute der italienischen Sprache sollten Sie relativ problemlos aussprechen können. Dennoch gibt es einige Herausforderungen, die es zu beachten gilt. So werden z. B. die Laute **c**, **g** und **sc** vor den Vokalen **e** und **i** anders ausgesprochen als vor **a**, **o** und **u**. Vergleichen Sie z. B. **camera** und **cinema**. Auch die Lautkombinationen **gli** und **gn** sind ganz typisch für den Klang der italienischen Sprache. Mit diesem Aussprachetrainer erlernen, üben und meistern Sie das italienische Lautsystem, angefangen von den einzelnen Lauten und Lautkombinationen bis hin zu Wortbetonungen und der Sprachmelodie.

Wo finde ich das Aussprachetraining?

Sie finden das Aussprachetraining in der **Scan2Learn-App**. Laden Sie sich die App herunter und wählen Sie Ihr Buch aus. Eine genaue Anleitung finden Sie vorne auf der Klappe des Buches. Wenn Sie anschließend die Seite rechts einscannen, gelangen Sie automatisch zu allen Audioaufnahmen des Aussprachetrainings und zum dazugehörigen pdf.

Wie mache ich das Aussprachetraining?

Das Aussprachetraining können Sie komplett nur durch Anhören der Audioaufnahmen machen. In den Aufnahmen werden alle Besonderheiten der Aussprache erklärt und Sie werden immer wieder aufgefordert nachzusprechen, so können Sie die italienische Aussprache erlernen und verbessern.
Sie finden das gesamte Aussprachetraining auch als pdf in der **Scan2Learn-App**, so dass Sie alles mitlesen können. Das hilft vor allem dabei sich die Unterschiede zwischen Schreibung und Aussprache einzuprägen.

Wann starte ich mit dem Aussprachetraining?

Sie können das Aussprachetraining vor Beginn des Sprachkurses machen, selbst wenn Sie keine oder nur geringe Italienischkenntnisse haben. Die Erklärungen im Aussprachetraining sind auf Deutsch und die italienischen Beispiele enthalten nur Wortschatz für Anfänger und dieser wird zusätzlich übersetzt. So lernen Sie nicht nur die Aussprache, sondern auch erste Wörter und Sätze.
Sie können aber auch mit den ersten Lektionen des Sprachkurses beginnen und dann zwischendrin immer wieder einzelne Übungen im Aussprachetraining anhören. Die Lektionen des Sprachkurses enthalten darüber hinaus auch noch einige Übungen zur Aussprache, z.B. zu den Ausspracheregeln bei **c** und **g**.

Was enthält das Aussprachetraining?

Im Folgenden finden Sie die Inhaltsangabe des Aussprachetrainings, so dass Sie auch gezielt einzelne Themen auswählen können. Die Angaben in Klammern weisen auf den Audiotrack hin, unter dem Sie das Kapitel finden.

AUSSPRACHE 1-49

1 PER ME L'ITALIA È...

Bei uns ist es als „Bella Italia" bekannt, der Begriff ist in Italien dagegen nicht geläufig. Für die Italiener ist Italien ganz einfach das schöne Land, **il bel paese** (auch **belpaese** geschrieben), wie es schon von den Nationaldichtern Dante und Petrarca besungen wurde. Letzterer schwärmte im 14. Jahrhundert vom „schönen Land, das der Apennin teilt und das vom Meer und den Alpen umgeben ist".
Kommen Sie mit auf die Reise in die italienische Sprache und in das „schöne Land"!

1

1 Meine ersten italienischen Wörter

Ordnen Sie jedem Bild das passende Wort zu. Hören Sie dann, wie diese Wörter ausgesprochen werden und sprechen Sie sie nach.

____ **A** il vino
____ **B** il sole
____ **C** il caffè
____ **D** la musica
____ **E** l'arte
____ **F** la cucina
____ **G** la storia
____ **H** la vacanza
____ **I** la pizza

2 Wie sagt man das auf Deutsch?

2

Sie kennen sicher ein paar Wörter auf Italienisch! Übersetzen Sie die folgenden Begriffe.

1. ______________

2. ______________

3. ______________

4. ______________

5. ______________

3 Begrüßung und Verabschiedung

3

Hören Sie, wie man sich auf Italienisch begrüßt und verabschiedet und lesen Sie mit.

Hallo! Tschüss!

Guten Morgen! Guten Tag!

Auf Wiedersehen!

Guten Abend!

4

4 Wie begrüßen sich die Italiener?

Hören Sie die Grußformeln und schreiben Sie sie in die Sprechblasen. Handelt es sich um formelle oder informelle Grußformeln? Wann werden sie verwendet (morgens, nachmittags oder abends / nachts)?

1. *Buonanotte!*

2. ______

3. ______

4. ______

	informell	formell	morgens	nachmittags	abends / nachts
1.	☒	☐	☐	☐	☒
2.	☐	☐	☐	☐	☐
3.	☐	☐	☐	☐	☐
4.	☐	☐	☐	☐	☐

DIE VORSTELLUNG

Wird jemand vorgestellt, so reagiert man auf Italienisch mit **piacere** (*angenehm*) und man drückt demjenigen die Hand (nicht zu stark, nicht zu schlaff).

5

5 Wie stellen die Italiener sich selbst und andere vor?

Man kann sich mit **mi chiamo** + Name oder **sono** + Name vorstellen. Lesen und hören Sie. Wer siezt sich?

☐ 1. Come ti chiami?
- Mi chiamo Matteo.
- Sono Matteo.

☐ 2. E lui come si chiama?
- Lui si chiama Pedro.
- Lui è Pedro.

☐ 3. E Lei come si chiama?
- Mi chiamo Francesca Cervini.
- Sono Francesca Cervini.

☐ 4. E voi siete...?
- Noi siamo Laura e Anna.

6 Chi è? - *Wer ist das?*

Kennen Sie die Namen dieser Personen oder Sachen?

1

Lui è David

2

Lui è L

3

Lui è M

4

Lui è P

DIE MARGHERITA

Laut der Legende, hat ein neapolitanischer Koch im Jahre 1889 die Pizza Margherita zu Ehren der Königin Margherita di Savoia erfunden. Die Zutaten waren: **basilico**, **mozzarella** und **pomodoro**, die Farben der italienischen Flagge!

7 Chi sono io? - *Wer bin ich?*

Lesen Sie. Wer könnte sich so vorstellen? Raten Sie. Die schwierigsten Wörter haben wir unterstrichen und übersetzt. Sie müssen hier aber noch nicht alles verstehen!

1. Sono italiana e abito a Milano. Lavoro nel settore della moda, sono una stilista. Il mio brand è famoso in tutto il mondo.
2. Io canto e suono la chitarra. Sono di Torino, ho un marito famoso, si chiama Nicolas ed è francese. Abitiamo a Parigi, abbiamo una figlia e siamo felici.
3. Sono un regista e attore italiano. Parlo con un forte accento toscano. I miei film sono comici e hanno molto successo.

____ **A** Roberto Benigni

____ **B** Donatella Versace

____ **C** Carla Bruni

settore *Bereich*
stilista *Modeschöpferin*
famoso *berühmt*
mondo *Welt*
marito *Ehemann*
figlia *Tochter*
felici *glücklich*
attore *Schauspieler*
comici *lustig*
successo *Erfolg*

8 Die Subjektpronomen

Die Subjektpronomen ersetzen das Subjekt des Satzes. Im Italienischen werden sie allerdings meist weggelassen.

io — tu — lui, lei, Lei (Sie-Form)

noi — voi — loro

9 Die Verben essere und avere

6

Lesen Sie die Texte der Übung 7 nochmal und vervollständigen Sie die Verbkonjugationen mit den passenden Verbformen. Hören Sie sich die Verbkonjugationen anschließen mehrmals an, so lernen Sie die Formen leichter.

Il mio brand è famoso in tutto il mondo.

I miei film hanno molto successo.

essere *sein*			UNREGELMÄSSIG
io	______	noi	**siamo**
tu	**sei**	voi	**siete**
lui, lei, Lei	______	loro	______

avere *haben*			UNREGELMÄSSIG
io	______	noi	______
tu	**hai**	voi	**avete**
lui, lei, Lei	**ha**	loro	______

10 Die Verben auf -are

7

Im Italienischen unterscheidet man drei Konjugationsgruppen. Zur ersten Konjugation gehören die Verben auf **-are**. Jede Verbform besteht aus dem Infinitivstamm und einer Endung.

REGELMÄSSIG

piantare *pflanzen*			
io	piant-o	noi	piant-iamo
tu	piant-i	voi	piant-ate
lui, lei, Lei	piant-a	loro	piant-ano

11 Stellen Sie diese Personen vor

8

Vervollständigen Sie die Personenbeschreibungen der Übung 7 mit dem passenden Verb in der 3. Person.

abitare lavorare

1. È italiana e ______________ a Milano. ______________ nel settore della moda.

abitare cantare suonare

2. ______________ e ______________ la chitarra. È di Torino e ha un marito famoso. ______________ a Parigi.

parlare

3. È un regista e attore italiano. ______________ con un forte accento toscano.

abitare *wohnen*
lavorare *arbeiten*
cantare *singen*
suonare *spielen*
parlare *sprechen*

9

12 Die Nationalitätsadjektive

Die Nationalitätsbezeichnungen sind Adjektive. Im Italienischen gibt es zwei Arten von Adjektiven mit vier oder mit zwei Endungen (s. unten).

Ciao, noi siamo Xavier e Alain, siamo francesi.

Noi siamo Olga e Irina e siamo russe, di Mosca.

Io sono svizzera. E tu di dove sei?

Io sono di Lisbona. Sono portoghese.

FORMEN DER ADJEKTIVE

- Adjektive mit **vier** Formen: eine männliche und eine weibliche Form, sowohl im Singular als auch im Plural.

 Die Form für Singular männlich endet auf **-o: spagnolo**.

 Die Form für Singular weiblich endet auf **-a: spagnola**.

 Die Form für Plural männlich endet auf **-i: spagnoli**.

 Die Form für Plural weiblich endet auf **-e: spagnole**.

- Adjektive mit **zwei** Formen: eine Form im Singular und eine im Plural.

 Im Singular enden diese Adjektive, egal ob männlich oder weiblich, auf **-e: olandese**.

 Im Plural enden diese Adjektive, egal ob männlich oder weiblich, auf **-i: olandesi**.

13 Die Präpositionen di, in, a

10

Folgende Präpositionen sind in Verbindungen mit Ortsangaben hilfreich:

- **di** → Angabe der Herkunft (Stadt)
  Sono di Lisbona. *Ich bin aus Lissabon.*
- **in** → Ortsangabe (Land/Region)
  Lavoro in Germania. *Ich arbeite in Deutschland.*
- **a** → Ortsangabe (Stadt)
  Abitiamo a Parigi. *Wir leben in Paris.*

14 Di dove sono? - *Woher kommen diese Personen?*

11

Bilden Sie vollständige Sätze wie im Beispiel. Das vorgegebene Adjektiv steht in der männlichen Form im Singular.

1. Yukiko - giapponese - Tokyo
   Yukiko è giapponese, di Tokyo.
2. Johannes - tedesco - Colonia
3. Mario e Antonio - italiano - Chieti
4. Ellen e Olaf - svedese - Stoccolma
5. William - inglese - Edimburgo
6. Camila - spagnolo - Madrid
7. Sophie e Amélie - svizzero - Ginevra

15 Stati e città – *Länder und Städte*

Bilden Sie Sätze wie im Beispiel. Achten Sie auf die passenden Präpositionen.

1. Lorenzo - abitare - Toscana

Lorenzo abita in Toscana.

2. Dimitri - lavorare - Atene

______

3. Oliver e John - essere - Londra

______

4. Alain e Stéphanie - abitare - Francia

______

5. Carmen - lavorare - Barcellona

______

6. Alessio - essere - Roma

______

7. Io - abitare - New York

______

8. Loro - lavorare - Russia

______

12

16 Geschrieben, gesprochen

Man sagt, dass Italienisch gesprochen wird, wie es geschrieben wird. Ein paar Regeln muss man jedoch kennen. Hören Sie die Beispiele und ergänzen Sie die Regel.

Barcellona *Barcelona:* **c** vor **e** und **i** wird wie in **tschüss** gesprochen.

Colonia *Köln:* **c** vor **a**, **o** und **u** wird wie in **Kiosk** gesprochen.

Chieti *(ital. Stadt):* **c** + **h** wird auch wie in ______ gesprochen.

Germania *Deutschland:* **g** vor **e** und **i** wird wie in **Gin** gesprochen.

Portogallo *Portugal"* **g** vor **a**, **o** und **u** wird wie in **Garage** gesprochen.

portoghese *portugiesisch:* **g** + **h** wird auch wie in ______ gesprochen.

17 Die Zahlen bis 19

13

Ordnen Sie jeder Zahl das passende Zahlwort zu. Dann hören Sie sich alle Zahlen an und überprüfen Sie Ihre Ergebnisse.

dodici · tre · cinque · ~~zero~~ · undici · sei · diciannove · due · otto · sedici · dieci · diciotto · sette · nove · quattro · ~~diciassette~~ · quattordici · uno · tredici · ~~quindici~~

0 zero ______ 10 ______
1 ______ 11 ______
2 ______ 12 ______
3 ______ 13 ______
4 ______ 14 ______
5 ______ 15 quindici ______
6 ______ 16 ______
7 ______ 17 diciassette ______
8 ______ 18 ______
9 ______ 19 ______

18 Chi ha vinto? – *Wer hat gewonnen?*

14

Kennen Sie die Tombola, das italienische Lottospiel? Hören Sie die Zahlen und kreuzen Sie sie an. Auf welcher Karte wurde zuerst eine Reihe vervollständigt?

1.

		14			8			2
	6			11			17	
13			7					10

2.

19			5			18		
	15				12			1
4		16				9		

NATIONALITÄTEN

francese	*französisch; Franzose / Französin*
inglese	*englisch; Engländer / in*
italiano / a	*italienisch; Italiener / in*
olandese	*holländisch; Holländer / in*
portoghese	*portugiesisch; Portugiese / in*
russo / a	*russisch; Russe / Russin*
spagnolo / a	*spanisch; Spanier / in*
svizzero / a	*schweizerisch; Schweizer / in*
tedesco / a	*deutsch; Deutsche / r*

VERBEN

essere	*sein*
avere	*haben*
chiamarsi	*heißen*
abitare	*wohnen*
cantare	*singen*
lavorare	*arbeiten*
parlare	*sprechen*
suonare	*spielen*

BEGRÜSSUNG / VORSTELLUNG

ciao	*hallo, tschüss*
buongiorno	*guten Morgen / Tag*
buonasera	*guten Abend*
buonanotte	*gute Nacht*
arrivederci	*auf Wiedersehen*
Come ti chiami?	*Wie heißt du?*
Mi chiamo…	*Ich heiße …*
piacere	*angenehm*
Di dove sei?	*Woher kommst du?*
Sono di Roma.	*Ich komme aus Rom.*

DIE SUBJEKTPRONOMEN

- Die Formen lauten **io** (*ich*), **tu** (*du*), **lui** (*er*), **lei** (*sie*), **Lei** (*Sie*), **noi** (*wir*), **voi** (*ihr*), **loro** (*sie*).
- Das Subjektpronomen wird meistens weggelassen. Es wird aber verwendet, wenn man das Subjekt betonen möchte: Io **abito a Milano,** lui **a Roma.** *Ich wohne in Mailand, er in Rom.*

DIE VERBEN ESSERE UND AVERE

essere (*sein*): **io** sono, **tu** sei, **lui / lei / Lei** è, **noi** siamo, **voi** siete, **loro** sono
avere (*haben*): **io** ho, **tu** hai, **lui / lei / Lei** ha, **noi** abbiamo, **voi** avete, **loro** hanno

DIE REGELMÄSSIGEN VERBEN AUF -ARE

Die Verben der 1. Konjugation auf **-are** haben folgenden Formen: **io lavoro**, **tu lavori**, **lui / lei / Lei lavora**, **noi lavoriamo**, **voi lavorate**, **loro lavorano**.

DIE ADJEKTIVE

- Endet ein Adjektiv auf **-o**, hat es die weibliche Form auf **-a**: **italiano**, **italiana**.
- Endet ein Adjektiv auf **-e**, bleibt es unverändert: **francese**.
- Die Nationalität einer Person wird mit dem Adjektiv angegeben: **Hanna è** tedesca.
- Zur Angabe der Sprache wird das Adjektiv zum Substantiv: **Parlo** lo spagnolo.

FACCIAMO CONOSCENZA 2

Jetzt ist es soweit! Sie sind in Italien und um Sie herum sind alle Italiener. Irgendwie müssen Sie sich verständigen! Die Italiener sind sehr neugierig und könnten viele Fragen stellen, auch über persönliche Dinge. Aber sie erzählen auch gerne von sich selbst. Also keine Panik! Man muss nur antworten und ein paar Fragen stellen. So könnte eine schöne Freundschaft daraus entstehen!

1 A una festa – *Auf einer Party*

 15

Wollen Sie über sich selbst etwas erzählen, dann können Sie folgende Sätze brauchen. Hören Sie zu, wie sich die mysteriöse Frau vorstellt.

Abito in via Sicilia, 22.
E tu, dove abiti?

Studio Medicina.
E tu, che cosa studi?

Ho 32 anni.
E tu, quanti anni hai?

Il mio numero di
telefono è...

ÜBER SICH SPRECHEN

ADRESSE

Abito in via Sicilia, 22.

STUDIEN

Studio Medicina.

ALTER

Ho 32 anni.

TELEFON

Il mio numero di telefono è...

16

2 Sei giornalista? – *Bist du Journalist?*

Ordnen Sie jedem Bild den passenden Beruf zu.

___ **A** informatico
___ **B** architetto
___ **C** cuoco
___ **D** meccanico
___ **E** musicista
___ **F** interprete
___ **G** segretaria
___ **H** avvocato
___ **I** medico

SEINEN BERUF ANGEBEN

Um den Beruf anzugeben, können Sie das Verb **essere** + Berufsbezeichnung ohne Artikel benutzen:

- **Sono architetto. E lui?** *Ich bin Architekt. Und er?*
- **Lui è medico.** *Er ist Arzt.*

BERUFSBEZEICHNUNGEN

Berufsbezeichnungen haben meist unterschiedliche männliche und weibliche Formen:

- **-o / -a: il cuoco / la cuoca** *der Koch / die Köchin*
- **-e / -a: il cameriere / la cameriera** *der Kellner / die Kellnerin*
- **-tore / -trice: il direttore / la direttrice** *der Leiter / die Leiterin*

Bei den Substantiven auf **-ista** sind die Formen gleich: **il / la musicista** *der Musiker / die Musikerin*

3 Kontakte knüpfen

17

Hören Sie den Dialog. Duzen oder siezen sich die zwei Personen? Hören Sie den Dialog noch einmal und ergänzen Sie die Sätze mit dem richtigen Satzende.

1. Carla abita...
   - ☐ A a Torino.
   - ☐ B a Milano.
2. Carla...
   - ☐ A studia.
   - ☐ B lavora.
3. Alessandro è...
   - ☐ A musicista.
   - ☐ B interprete.
4. Alessandro parla...
   - ☐ A lo spagnolo e il tedesco.
   - ☐ B lo spagnolo e il francese.

DARE DEL TU O DEL LEI?

In Italien wird mehr als in Deutschland geduzt, sogar am Arbeitsplatz. Sie können aber auch eine gemischte Form verwenden, indem Sie die Sie-Form mit dem Eigennamen verbinden:
Luca, Lei è avvocato? *Luca, sind Sie Anwalt?*

4 Duzen oder siezen?

Alessandro und Carla duzen sich sofort, sie sind jung und auf einer Party. Lesen Sie die Fragen, die die beiden sich stellen, und wandeln Sie diese Fragen in die Sie-Form um.

1. Come stai?
2. Abiti a Torino?
3. Che cosa studi?
4. Quante lingue parli?
5. Quanti anni hai?

1. *Come sta?* ____________________
2. ____________________
3. ____________________
4. ____________________
5. ____________________

18 5 Kontaktaufnahme

Ordnen Sie jeder Frage die passende Antwort mit Bild zu. Dann hören Sie sich die Sätze an und überprüfen Sie Ihre Lösung.

1. E lui chi è? 2. Dove abitate? 3. Perché studi l'italiano? 4. Come stai?

___ **A** A Pisa.

___ **B** Amo le lingue.

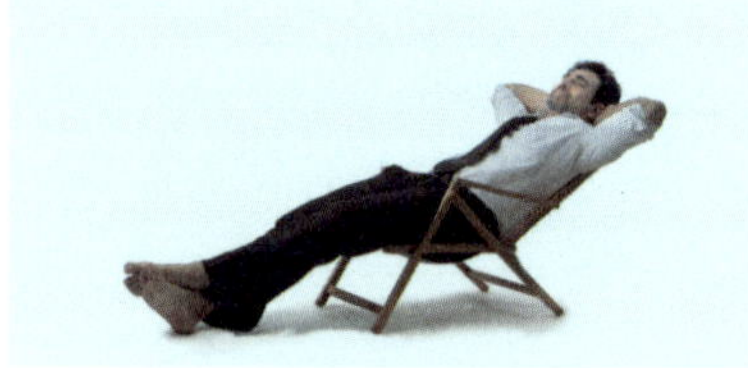

___ **C** Sto molto bene!

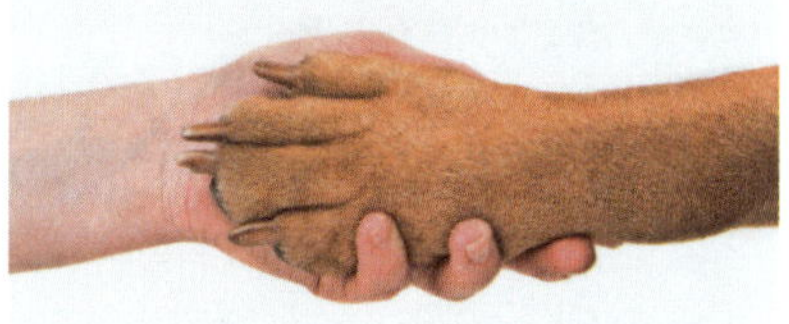

___ **D** Lui è Pedro.

Amo *ich liebe*
molto bene *sehr gut*

JEMANDEN VORSTELLEN

Lui / Lei è... bzw. Loro sono... so kann man Personen miteinander bekannt machen: **Loro sono Pedro e Carla.** *Das sind Pedro und Carla.*

19 6 Come stai? – *Wie geht es dir?*

Hören Sie die Antworten auf diese Frage. Ordnen Sie die Begriffe dann in abnehmender Reihenfolge von sehr gut bis sehr schlecht.

1. benissimo
2. ______
3. ______
4. così così
5. abbastanza male
6. ______
7. ______

benissimo · male · così così · malissimo · abbastanza bene · bene · abbastanza male

7 Eine Frage stellen

20

Sehen Sie sich die beiden Sätze mit ihren Intonationskurven an. Hören Sie dann erst diese Sätze als Beispiel. Hören Sie anschließend vier weitere Sätze und entscheiden Sie, ob es sich dabei um Aussagen oder Fragen handelt.

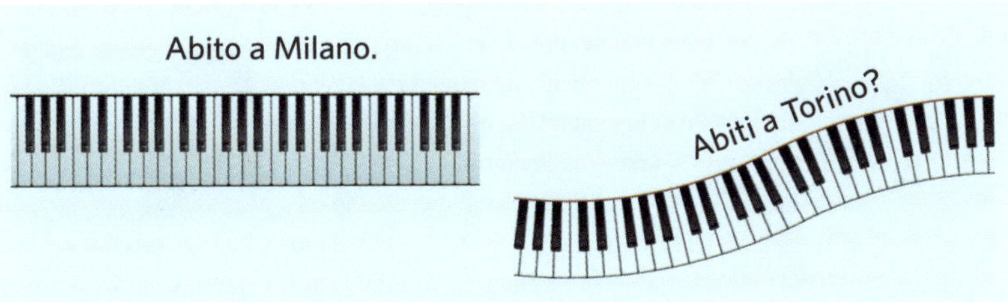

Auf Italienisch ist es einfach, eine Frage zu stellen! Ohne Fragewort ist die Wortstellung wie im Aussagesatz. Entscheidend ist die Intonation! Während die Satzmelodie im Aussagesatz gleich bleibt, steigt sie im Fragesatz gegen Ende des Satzes an.

	Aussage	Frage
1.	☐	☐
2.	☐	☐
3.	☐	☐
4.	☐	☐

8 Das Verb stare

21

In den Übungen 4 und 5 haben Sie gesehen, wie Sie nach dem Befinden fragen können. Ergänzen Sie die fehlenden Verbformen in dieser Tabelle. Hören Sie dann die ganze Konjugation.

UNREGELMÄSSIG

stare *(hier:) gehen*			
io	______	noi	**stiamo**
tu	______	voi	**state**
lui, lei, Lei	______	loro	**stanno**

Auf Italienisch benutzt man das Verb **stare**, um nach dem Befinden zu fragen. Es wird für alle Personen konjugiert. Also *Wie geht es euch?* wird zu: **Come state?**

9 Die Fragewörter

22

Vervollständigen Sie die Sätze mit den passenden Fragewörtern.

dove | che cosa | come | quanti | chi | perché

dove *wo / wohin*
che cosa *was*
come *wie*
quanti *wie viele*
chi *wer*
perché *warum*
scappi *entfliehst du*
piangi *weinst du*
capelli *Haare*

1. ________ vedi?
2. E lei ________ è?!?
3. ________ vi chiamate?

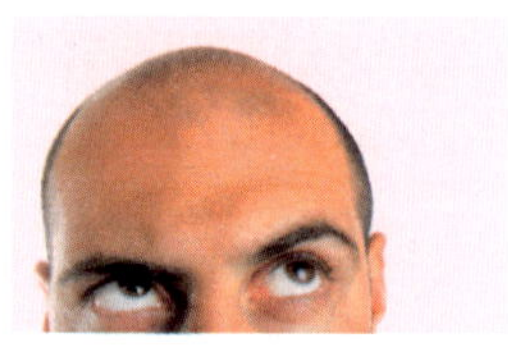

4. Ma ________ scappi?
5. ________ piangi?
6. ________ capelli hai?

QUANTI...?

Quanti...? *(wie viele?)* fragt nach der Menge oder Anzahl von Sachen und Personen und hat vier Formen:

	(männlich)	(weiblich)
Singular	quanto	quanta
Plural	quanti	quante

CHE...? COSA...? CHE COSA...?

Che...? Cosa...? Che cosa...? *(was?)* sind unveränderlich und haben alle die gleiche Bedeutung.

DOVE...?

Dove...? entspricht sowohl dem deutschen *wo* als auch dem deutschen *wohin*.

10 Der bestimmte Artikel

23

Hören und lesen Sie die Sätze in den Sprechblasen. Achten Sie auf die bestimmten Artikel. Dann ergänzen Sie die Regel.

Parlo l'italiano, il tedesco e lo spagnolo.

Io amo l'arte!

La musica è troppo alta.

Io amo le lingue!

SINGULAR

- **il** steht vor männlichen Substantiven, die mit Konsonant beginnen, z. B.: *il tedesco*
- **l'** steht vor männlichen Substantiven, die mit ______ oder **h** beginnen, z. B.: ______
- **lo** steht vor männlichen Substantiven, die mit **s** + Konsonant, **gn, pn, ps, x, y, z** beginnen, z. B.: ______
- **la** steht vor weiblichen Substantiven, die mit Konsonant beginnen, z. B.: ______
- **l'** steht vor weiblichen Substantiven, die mit Vokal beginnen, z. B.: ______

PLURAL

- **i** steht vor männlichen Substantiven im Plural, die mit ______ beginnen, z. B.: *i dialetti*
- **gli** steht vor männlichen Substantiven im Plural, die mit ______ oder **h** beginnen, z. B.: *gli accenti* und vor Substantiven, die mit **s** + Konsonant, **gn, pn, ps, x, y, z** beginnen.
- **le** steht vor weiblichen Substantiven im Plural, z. B.: *le lingue*

24

11 Die Verneinung

Die Verneinung wird im Italienischen durch **no** oder **non** ausgedrückt. Hören Sie.

Mi sposi? *Heiratest du mich?*
Credo di no. *Ich glaube nicht.*
Non lo so! *Ich weiß es nicht!*

- **No** bedeutet in der Regel **nein**.
- **No** entspricht auch dem deutschen **nicht**, wenn es nach einzelnen Wörtern oder am Satzende steht: **Credo di no.** *Ich glaube nicht.*
- **Non** entspricht dem deutschen **nicht** oder **kein**.
- **Non** steht **vor** dem Verb: **Non lo so!** *Ich weiß es nicht!*

12 No oder non?

Ergänzen Sie die Sätze mit **no** oder **non**, sowie mit dem bestimmten Artikel, wo nötig.

1. Parlo *il* cinese. → *Non* parlo *il* cinese.
2. • Abiti a Berlino? ▪ *No*, abito a Stoccarda.
3. Amo ______ inglese. → ______ amo ______ inglese.
4. • Ma Alessio quanti anni ha? ▪ ______ lo so!
5. Sto benissimo. :) → ______ sto benissimo. :(
6. • Paul parla ______ svedese? ▪ Credo di ______.

13 Die Verben auf -ere und -ire

25

Die Formen der Verben auf **-are** kennen Sie schon. Im Dialog der Übung 3 wurden die Verben **prendere** und **sentire** benutzt, d.h. Verben der 2. und 3. Konjugation, auf **-ere** und auf **-ire**. Lesen Sie die Regel und ergänzen Sie die Verbtabellen unten mit den fehlenden Formen.

Io, **tu** und **noi** haben bei den Verben auf **-ere** und **-ire** die gleichen Endungen wie bei den Verben auf **-are**. Sie können also leicht die fehlenden Verbformen erschließen.
Bei welcher Person unterscheidet sich die Endung der Verben auf **-ere** und **-ire**? ____________________

Non vedo.

Non sento.

Non parlo.

REGELMÄSSIG

vedere *sehen*			
io	______	noi	______
tu	______	voi	**ved-ete**
lui, lei, Lei	**ved-e**	loro	**ved-ono**

REGELMÄSSIG

sentire *hören*			
io	______	noi	______
tu	______	voi	**sent-ite**
lui, lei, Lei	**sent-e**	loro	**sent-ono**

14 Sätze ergänzen

Ergänzen Sie die Sätze, indem Sie die passende konjugierte Form der Verben eintragen.

scrivere *schreiben*
conoscere *kennen*
rispondere *antworten*
dormire *schlafen*
partire *abreisen*

1. Domani (scrivere, noi) ______ a Erica.
2. (conoscere, voi) ______ già Cecilia?
3. (rispondere) ______ tu al telefono?
4. (dormire, loro) ______ ancora?
5. Oggi Chiara (partire) ______ per Roma.

26

15 Die Zahlen bis 100

Schreiben Sie zuerst die fehlenden Zahlen in die Lücken. Dann hören Sie, welche Zahlen genannt werden und verbinden Sie sie, beginnend mit 34, in der genannten Reihenfolge. Welche italienische Region erscheint?

BESONDERHEITEN

Der letzte Buchstabe von **venti**, **trenta** usw. entfällt, wenn **uno** oder **otto** folgen. Steht das Zahlwort **tre** am Wortende, bekommt das **e** einen Akzent.

20	*venti*	26	______	50	*cinquanta*
21	*ventuno*	27	______	60	*sessanta*
22	*ventidue*	28	*ventotto*	70	*settanta*
23	*ventitré*	29	______	80	*ottanta*
24	______	30	*trenta*	90	*novanta*
25	______	40	*quaranta*	100	*cento*

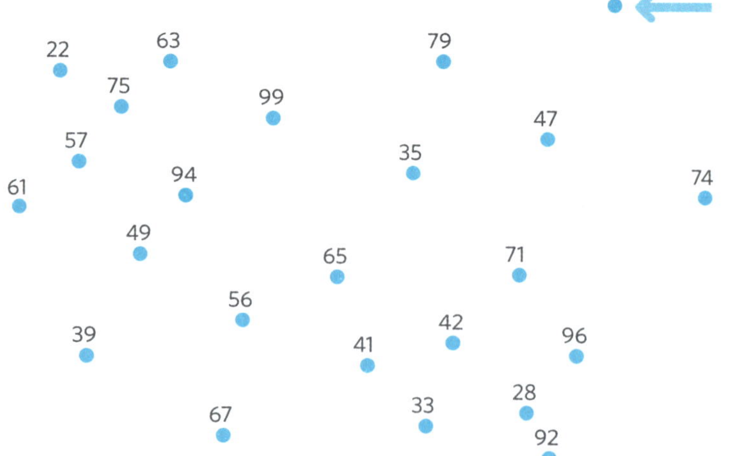

ABC

BERUFE

architetto / a .... *Architekt / in*
avvocato / a .... *Anwalt / Anwälte*
cuoco / a .... *Koch / Köchin*
giornalista .... *Journalist / in*
informatico / a .... *Informatiker / in*
interprete .... *Dolmetscher / in*
meccanico / a .... *Mechaniker / in*
medico .... *Arzt / Ärztin*
musicista .... *Musiker / in*
segretario / a .... *Sekretär / in*

VERBEN

amare .... *lieben*
conoscere .... *kennen*
dormire .... *schlafen*
partire .... *abreisen*
piangere .... *weinen*
rispondere .... *antworten*
scrivere .... *schreiben*
sentire .... *hören*
studiare .... *studieren / lernen*
vedere .... *sehen*

KONTAKTAUFNAHME

fare conoscenza .... *sich kennenlernen*
Come stai? .... *Wie geht es dir?*
Dove abiti? .... *Wo wohnst du?*
Che cosa studi? .... *Was studierst du?*
Quanti anni hai? .... *Wie alt bist du?*
Il mio numero è... ...... *Meine Nummer ist ...*
Lui / Lei è... .... *Er / Sie ist ...*
Loro sono... .... *Sie sind ...*

§

DER BESTIMMTE ARTIKEL

- Der bestimmte Artikel für männliche Substantive im Singular: **il**, **l'** vor Vokal und **lo** vor **s** + Konsonant, **gn**, **pn**, **ps**, **x**, **y**, **z**
- Der bestimmte Artikel für männliche Substantive im Plural: **i** und **gli** vor Vokal und vor **s** + Konsonant, **gn**, **pn**, **ps**, **x**, **y**, **z**
- Der bestimmte Artikel für weibliche Substantive im Singular: **la** und **l'** vor Vokal
- Der bestimmte Artikel für weibliche Substantive im Plural: **le**

DIE VERNEINUNG

Die Verneinung wird im Italienischen durch **no** oder **non** ausgedrückt.

- **No** bedeutet in der Regel *nein*, aber entspricht dem deutschen *nicht*, wenn es nach einzelnen Wörtern oder am Satzende steht: **Abiti a Berlino? No, abito a Stoccarda.** *Wohnst du in Berlin? Nein, ich wohne in Stuttgart.*
- **Non** steht vor dem Verb und wird entweder mit *nicht* oder *kein* übersetzt: **Non parlo il cinese.** *Ich spreche kein Chinesisch.*

DIE REGELMÄSSIGEN VERBEN AUF -ERE UND -IRE

- Die Verben der 2. Konjugation **-ere** haben folgenden Formen:
  vedere (*sehen*): **io vedo, tu vedi, lui / lei / Lei vede, noi vediamo, voi vedete, loro vedono**
- Die Verben der 3. Konjugation auf **-ire** haben folgenden Formen:
  sentire (*fühlen*): **io sento, tu senti, lui / lei / Lei sente, noi sentiamo, voi sentite, loro sentono**

3 BUON APPETITO!

Die italienische Kaffeekultur ist mittlerweile weltweit verbreitet. Ein **cappuccino** morgens oder ein **caffè** (d.h. *ein Espresso*) nach jeder Mahlzeit sind in Italien Selbstverständlichkeiten. Meistens werden sie im Café **(il bar)** getrunken, wo mittags und abends ein weiteres tägliches Ritual stattfindet: der **aperitivo**. Man trinkt etwas und isst ein paar Oliven, Nüsse, Chips oder **pizzette** (*kleine Pizzen*). Egal ob im Café, Restaurant oder zu Hause, die italienische Küche und die **dieta mediterranea** (*Mittelmeerdiät*) gelten als gesunde Ernährungsweisen.

27

1 Lessico culinario – *Kulinarischer Wortschatz*

Hören Sie die Wörter und sprechen Sie sie nach. Ordnen Sie dann jedem Bild das passende Wort zu.

____ **A** il risotto	____ **E** la pasta	____ **I** il minestrone
____ **B** la carne	____ **F** l'insalata	____ **J** la spremuta
____ **C** il panino	____ **G** l'acqua	____ **K** il cornetto
____ **D** il formaggio	____ **H** il toast	____ **L** il tiramisù

2 Al bar o al ristorante – *In einem Café oder Restaurant*

28

Wenn Sie in einem Café oder Restaurant sind, können Sie folgende Ausdrücke brauchen. Hören Sie die Sätze. Die Bilder helfen Ihnen, die Bedeutung der Sätze zu verstehen.

ETWAS BESTELLEN

Per me un panino.

Prendo un panino.

DIE AUFMERKSAMKEIT AUF SICH ZIEHEN

Scusi!

SICH BEDANKEN UND AUF DANK ANTWORTEN

Grazie!

Prego!

DIE RECHNUNG VERLANGEN

Il conto, per favore!

Auf **grazie** (*danke*) antwortet man mit **prego** (*bitte*). Wenn Sie aber jemanden um etwas bitten, dann bedeutet *bitte* **per favore**:

- **Un caffè, per favore.** *Einen Espresso bitte.*
- **Grazie.** *Danke.*
- **Prego.** *Bitte sehr.*

29 3 Chi mangia qui? – *Wer isst hier?*

Lesen Sie die Speisekarte und hören Sie sich anschließend die Gerichte an. Hören Sie dann, was die drei Personen sagen. Wer wird wohl in diesem Restaurant essen?

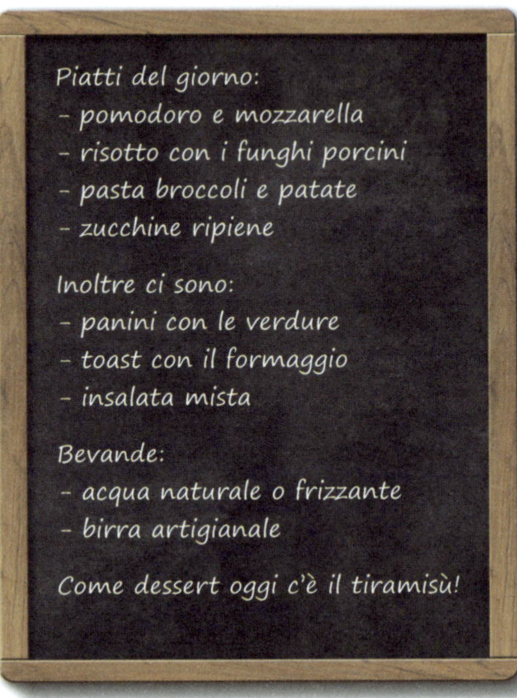

1. Amo i piatti con la carne e il vino rosso.
2. Adoro le verdure! Sono vegetariana.
3. Sono a dieta e non mangio a pranzo... ma ho fame!

30 4 I pasti in Italia – *Die Mahlzeiten in Italien*

Hören Sie sich die Sätze an und wählen Sie zu jeder Mahlzeit die passende Uhrzeit aus.

1 cena

___ A 8.00

2 colazione

___ B 13.00

3 merenda

___ C 17.00

4 pranzo

___ D 20.00

5 Chi dice cosa? – *Wer sagt was?*

🎧 31

Der Dialog zwischen der *Kundin* (**cliente**) und dem *Kellner* (**cameriere**) ist durcheinandergeraten. Ordnen Sie die Aussagen erst der jeweiligen Person zu und bringen Sie dann den Dialog in die richtige Reihenfolge. Anschließend überprüfen Sie die Lösung mit der Hördatei.

1. Un bicchiere di vino bianco.
2. Buongiorno! Cosa desidera?
3. E da bere?
4. Allora... prendo un'insalata mista!

Richtige Reihenfolge: 2, ____________

6 Kaffee ist nicht gleich Kaffee

Verbinden Sie die Bilder, die als Erklärung dienen, mit den Kaffeearten.

Achtung, ein **caffè** ist kein Kaffee, sondern ein *Espresso*. Einen **caffè** kann man zu jeder Tageszeit genießen. Zu Hause wird er meist mit dem **moka** (*Espressokocher*) zubereitet, wobei die Kaffeekapselmaschinen auch in Italien sehr verbreitet sind.

____ A Caffè macchiato

____ B Caffè doppio

____ C Caffè corretto

7 Das Geschlecht der Substantive

Substantive sind im Italienischen entweder männlich oder weiblich.

Wörter mit der Endung …	-o	… sind	meist	männlich
	-e		entweder	männlich oder weiblich
	-a		meist	weiblich

BESONDERHEITEN

- Substantive, die auf einen **Konsonanten** enden, sind in der Regel männlich: **toast**, **bar**.
- Substantive, die auf **-zione** enden, sind weiblich: **colazione**.

32

8 Was isst du? Was trinkst du?

Ordnen Sie die Wörter der richtigen Kategorie, *Getränke* (**bevande**) oder *Speisen* (**cibi**), zu. Sind sie männlich oder weiblich? Kreuzen Sie an.

carne ~~spumante~~ ~~minestrone~~ birra zucchina

aranciata torta vino pomodoro cappuccino

bevande	M	W	cibi	M	W
spumante	☒	☐	*minestrone*	☒	☐
______	☐	☐	______	☐	☐
______	☐	☐	______	☐	☐
______	☐	☐	______	☐	☐
______	☐	☐	______	☐	☐

9 Die Pluralbildung der Substantive

DIE SUBSTANTIVE IM PLURAL

- Männliche Substantive auf **-o** bilden den Plural auf **-i**:
  il **panino** → i **panini**
- Weibliche Substantive auf **-a** bilden den Plural auf **-e**:
  la **patata** → le **patate**
- Alle Substantive auf **-e** bilden den Plural auf **-i**:
  la **carne** → le **carni**

DIE UNVERÄNDERTEN PLURALFORMEN

- Substantive mit betontem Vokal im Auslaut:
  la città → **le città**
- Substantive, die auf einen Konsonanten enden:
  il bar → **i bar**

10 Le ordinazioni – *Die Bestellungen*

Lesen Sie die Bestellungen und vervollständigen Sie dann den Zettel für Tisch 3 mit den Wörtern im Plural.

Tavolo 1

1 caffè, 1 antipasto,
1 spumante, 1 minestrone,
1 torta, 1 aranciata...

Tavolo 3

2 ________________, 3 ________________,
3 ________________, 4 ________________,
2 ________________, 2 ________________.

11 Der unbestimmte Artikel

Lesen Sie die Bestellungen hier nochmals und unterstreichen Sie die unbestimmten Artikel. Dann ergänzen Sie die Regel unten mit den Beispielen.

> Tavolo 1
>
> un caffè, un antipasto,
> uno spumante, un minestrone,
> una torta, un'aranciata...

- **un** steht vor männlichen Substantiven, die mit Konsonant beginnen: *un caffè* ________, sowie vor männlichen Substantiven, die mit ________ oder **h** beginnen: ________
- **uno** steht vor männlichen Substantiven, die mit **s** + Konsonant, **gn, pn, ps, x, y, z** beginnen: ________
- **una** steht vor weiblichen Substantiven, die mit Konsonant beginnen: ________
- **un'** steht vor weiblichen Substantiven, die mit Vokal beginnen: ________

12 Un, uno, una oder un'?

Ordnen Sie die Substantive ihrem unbestimmten Artikeln zu.

~~amaro~~ insalata panino mozzarella stracchino yogurt pizza acqua

un	uno	una	un'
1. *amaro*	2. ________	3. ________	4. ________
________	________	________	________

13 Sul tavolo c'è / ci sono... – *Auf dem Tisch gibt es ...* 33

Auf der Speisekarte steht: **Oggi c'è il tiramisù.** *Heute gibt es Tiramisu.* Sehen Sie sich das Bild und die Regel unten an. Dann vervollständigen Sie die Tabelle.

Die Ausdrücke **c'è** und **ci sono** entsprechen dem deutschen *es gibt*:
- **c'è** + Substantiv im Singular
- **ci sono** + Substantiv im Plural

c'è	ci sono
una forchetta	*due...*

14 Adjektive

Sie haben die Nationalitätsadjektive bereits kennen gelernt (Lektion 1). Auf der Speisekarte der Übung 3 haben Sie weitere Adjektive in Verbindung mit Substantiven gesehen. Die Adjektive richten sich im Italienischen in Geschlecht und Zahl nach dem Substantiv, auf das sie sich beziehen. Ergänzen Sie die Ausdrücke. Das vorgegebene Adjektiv steht in der männlichen Form Singular.

piccolo *klein*
medio *mittlere*
grande *groß*
naturale *still*
frizzante *prickelnd*
caldo *warm*
freddo *kalt*
misto *gemischt*
verde *grün*
grigliato *gegrillt*
ripieno *gefüllt*

15 Ausdrücke mit avere

34

Ho fame sagt einer der Gäste der Übung 3. Lesen Sie die Fragen, hören Sie die Antworten und schreiben Sie diese unter die passenden Bilder.

16 Geschrieben, gesprochen

35

Hören Sie die Beispiele und sprechen Sie nach.

pe**sc**a *Pfirsich*	**sc** vor **a**, **o** und **u** wird wie in **Sk**ulptur gesprochen.
pro**sc**iutto *Schinken*	**sc** vor **i** und **e** wird wie in **Sch**af gesprochen.
schiuma *Schaum*	**sc** + **h** wird auch wie in **Sk**ulptur gesprochen.
gnocchi	**gn** entspricht einem Laut ähnlich wie in Ko**gn**ak.

SPEISEN

l'antipasto	*Vorspeise*
la carne	*Fleisch*
il cornetto	*Croissant, Hörnchen*
il formaggio	*Käse*
l'insalata	*Salat*
il minestrone	*Suppe*
la mozzarella	*Mozzarella*
il panino	*(belegtes) Brötchen*
la pasta	*Nudel*
il pomodoro	*Tomate*
il risotto	*ital. Reisgericht*
il tiramisù	*ital. Dessert*
la torta	*Torte, Kuchen*

GETRÄNKE

l'acqua	*Wasser*
l'amaro	*Magenbitter*
l'aranciata	*Orangenlimonade*
la birra	*Bier*
il caffè	*Kaffee, Espresso*
il cappuccino	*Cappuccino*
la spremuta	*frisch gepresster Saft*
lo spumante	*Sekt*
il tè	*Tee*
il vino	*Wein*

IN EINEM CAFÉ ODER RESTAURANT

Cosa desidera?	*Was wünschen Sie?*
Per me un'insalata.	*Für mich einen Salat.*
Prendo un panino.	*Ich nehme ein Sandwich.*
Un caffè, per favore.	*Einen Kaffee, bitte.*
Scusi!	*Entschuldigung!*
Il conto, per favore.	*Die Rechnung, bitte.*
grazie	*danke*
prego	*bitte*

DIE SUBSTANTIVE

- Substantive auf **-o** sind meist männlich, Substantive auf **-a** meist weiblich: il **vin**o, la **birr**a.
- Substantive auf **-e** können männlich oder weiblich sein: il **pesc**e, la **carn**e.
- Substantive, die auf einem Konsonanten enden, sind in der Regel männlich: il **ba**r.
- Männliche Substantive auf **-o** enden im Plural auf **-i**, weibliche Substantive auf **-a** enden im Plural auf **-e**.
- Substantive auf **-e** enden im Plural auf **-i**, egal ob sie männlich oder weiblich sind.
- Substantive, die mit einem Konsonanten enden, sowie Substantive mit betontem Endvokal bleiben im Plural unverändert.

DER UNBESTIMMTE ARTIKEL

- Der unbestimmte Artikel für männliche Substantive ist im Singular **un**, aber **uno** vor **s** + Konsonant, **gn**, **pn**, **ps**, **x**, **y**, **z**.
- Der unbestimmte Artikel für weibliche Substantive ist im Singular **una** und **un'** vor Vokal.
- Pluralformen gibt es keine. Dafür wird der Teilungsartikel benutzt.

C'È UND CI SONO

Mit **c'è** und **ci sono** sagt man, wo etwas ist. Es wird meist mit *es gibt* übersetzt.
Mit Substantiven im Singular benutzt man **c'è**, mit Substantiven im Plural **ci sono**: **Sul tavolo** c'è **un piatto e** ci sono **due bicchieri.** *Auf dem Tisch gibt es einen Teller und zwei Gläser.*

TEMPO LIBERO 4

In Italien verbringt man viel Zeit **fuori** (*draußen*). Man trifft sich zu bestimmten Zeiten auf der **piazza**. Am Abend und am Sonntagnachmittag beobachtet man auch die Zeremonie des **struscio** (*Flanieren*, vom Verb **strusciare** *reiben*): Man geht ohne Ziel hin und her die Hauptstraße entlang spazieren. In den kleinen Zentren und vor allem im Süden verbringt man außerdem die Freizeit gerne beim Plaudern mit den Nachbarn. Dabei sitzt man dann oft sogar bequem auf einem Stuhl vor der eigenen Haustür.

1 Cosa fai nel tempo libero? – *Was machst du in der Freizeit?* 36

Ordnen Sie jedem Bild die passende Freizeitaktivität zu.

1

2

3

4

5

6

7

8

____ **A** leggere un libro
____ **B** giocare a tennis
____ **C** suonare uno strumento
____ **D** andare in montagna
____ **E** ascoltare la musica
____ **F** andare in bicicletta
____ **G** passeggiare
____ **H** navigare in Internet

37 2 Questione di gusti! – *Geschmackssache!*

ballare *tanzen*
libri gialli *Krimis*

FRAGEN, WAS MAN MAG

Ti piace ballare?

Ti piacciono i film horror?

SAGEN, WAS MAN MAG / NICHT MAG

Sì, mi piace.

No, non mi piace.

Sì, mi piacciono.

No, non mi piacciono.

VORLIEBEN AUSDRÜCKEN

Preferisco i libri gialli.

3 Interessi – *Interessen*

38

Lesen Sie die Profile der Personen, in denen sie über ihre Freizeit sprechen. Unterstreichen Sie die Verben der Freizeit und listen Sie sie auf.

1.

interessi

Nel tempo libero mi piace cucinare per gli amici. Adoro la cucina giapponese: è così sana! Ovviamente mi piace mangiare, infatti vado spesso da Maxime, un ristorante francese...

cucinare

2.

interessi

Amo la musica classica, ma non mi piace ascoltarla a casa, preferisco andare ai concerti. Nel tempo libero leggo libri e suono il violino. Il mio compositore preferito è Vivaldi.

3.

interessi

Mi piace moltissimo l'arte contemporanea! Nel tempo libero vado a vedere mostre, ma faccio anche sport. Nel weekend invece vado a ballare. Sono una persona con molti interessi!

sana *gesund*
Ovviamente *selbstverständlich*
spesso *oft*
violino *Geige*
compositore preferito *Lieblingskomponist*
contemporanea *zeitgenössisch*
mostre *Ausstellungen*
anche *auch*

4 Eventi – *Ereignisse*

Lesen Sie die folgenden Nachrichten und sagen Sie, welches Ereignis für welche Person der Übung 3 interessant ist.

1. ______ 2. ______ 3. ______

39

5 Ti piace? – *Gefällt es dir?*

Hören Sie die Begriffe. Ordnen Sie sie dann in abnehmender Reihenfolge, von sehr bis gar nicht.

molto | per niente | non molto | ~~moltissimo~~ | abbastanza

1. Sì, moltissimo.
2. Sì, ______
3. Sì, ______
4. No, ______
5. No, ______

6 Was passt zusammen?

40

Verbinden Sie die Verben mit den Aktivitäten. Es passen jeweils zwei Substantive zu einem Verb. Dann hören Sie sich die Ausdrücke an und überprüfen Sie Ihre Antworten.

A nuoto

B un film

C il violino

D al cinema

E a calcio

F il piano

G la TV

H un podcast

I ginnastica

J una canzone

K a teatro

L a basket

1. io gioco ______ / ______
2. tu guardi ______ / ______
3. lui fa ______ / ______
4. noi suoniamo ______ / ______
5. voi ascoltate ______ / ______
6. loro vanno ______ / ______

7 I gusti sono gusti! – *Die Geschmäcker sind verschieden!*

Lesen Sie die Regel. Sehen Sie sich dann die Fotos an und ergänzen Sie die Sätze mit **mi piace / non mi piace** oder **mi piacciono / non mi piacciono** wie im Beispiel.

BEACHTEN SIE:

mi piace / non mi piace + Verb im Infinitiv
mi piace / non mi piace + Substantiv im Singular
mi piacciono / non mi piacciono + Substantiv im Plural

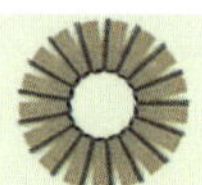

1. *Non mi piace* la musica jazz.
2. ____________ fotografare.
3. ____________ le verdure.
4. ____________ leggere.
5. ____________ le mostre.
6. ____________ il cinema.

8 Sätze bilden

Diese Sätze sind durcheinandergeraten. Bringen Sie die Wörter wieder in die richtige Reihenfolge.

1. Carnevale / mi / di / moltissimo / piace / il / Venezia

____

2. tennis / mi / non / giocare / piace / per niente / a

____

3. piacciono / molto / dolci / mi / i

____

4. mi / non / musica / molto / la / piace / barocca

____

VENEDIG

La Serenissima (*die Heiterste*), wie Venedig genannt wird, ist nicht nur für ihre Gondeln, das Labyrinth der Straßen und die malerischen Brücken bekannt, sondern auch für den lebhaften **Carnevale** und das **Festival del Cinema**.

9 Die Verben auf -ire mit Stammerweiterung

🎧 41

Lesen Sie die Regel und hören Sie sich die Konjugation des Verbs **preferire** an.

Nicht alle Verben auf **-ire** werden wie **sentire** konjugiert. Manche haben eine Stammerweiterung im Singular und in der 3. Person Plural, d.h. zwischen Stamm und Endung wird noch **-isc-** eingefügt:

Stamm + **-isc-** + Endung

Preferisco andare ai concerti. *Ich gehe lieber auf Konzerte.*

VERBEN MIT -ISC-

preferire *bevorzugen*			
io	**preferisco**	noi	**preferiamo**
tu	**preferisci**	voi	**preferite**
lui, lei, Lei	**preferisce**	loro	**preferiscono**

10 Mit oder ohne Stammerweiterung?

Vervollständigen Sie die Sätze, indem Sie die richtigen Formen der Verben, die in Klammern stehen, in die Lücken schreiben. Die Verben auf **-ire** mit Stammerweiterung sind mit einem Sternchen gekennzeichnet.

1. Liang **(capire*)** ______________ l'inglese.
2. Gli spettacoli **(finire*)** ______________ alle 22.30.
3. Il supermercato **(aprire)** ______________ alle 9.30.
4. Ora **(spedire*, io)** ______________ il file.
5. Mi **(offrire, tu)** ______________ un caffè?

capire *verstehen*
finire *beenden*
aprire *öffnen*
spedire *schicken*
offrire *anbieten*

42

11 Ausdrücke mit fare

Was machen die Leute? Schreiben Sie die Ausdrücke mit **fare** unter die passenden Bilder. Hören Sie dann die Ausdrücke und überprüfen Sie Ihre Anworten.

fa una telefonata | fa i compiti | fa shopping | fa danza | ~~fa la spesa~~ | fa la doccia

1 *Fa la spesa.* ______
2 ______
3 ______
4 ______
5 ______
6 ______

43

12 Das Verb fare

In den vorherigen Übungen haben Sie bereits einige Formen von **fare** gesehen. Ergänzen Sie die Verbkonjugation mit den fehlenden Formen.

Faccio sport.

UNREGELMÄSSIG

fare *machen, tun*

io	______	noi	**facciamo**
tu	**fai**	voi	**fate**
lui, lei, Lei	______	loro	**fanno**

13 Das Verb andare

44

Suchen Sie die fehlenden Formen von **andare** in den Übungen 3 und 6. Vervollständigen Sie so die Verbkonjugation und unterstreichen Sie die Formen, die regelmäßig sind.

Vado a casa.

UNREGELMÄSSIG

andare *gehen/fahren*			
io	______	noi	**andiamo**
tu	**vai**	voi	**andate**
lui, lei, Lei	**va**	loro	______

14 Die Präpositionen nach andare

45

Auf **andare** (*gehen, fahren*) können unterschiedliche Präpositionen folgen, je nachdem, was danach folgt:

- **andare** + **a** + Stadt/Ort oder Verb
  Vado a **Roma.** *Ich fahre nach Rom.*
  Vado al **cinema.** *Ich gehe ins Kino.*
  Vado a **ballare.** *Ich gehe tanzen.*
- **andare** + **in** + Land oder Region
  Vado in **Italia.** *Ich fahre nach Italien.*
- **andare** + **da** + Person
  Vado da **Maxime.** *Ich gehe zu Maxime.*

Al ist die Verbindung von **a** + bestimmten Artikel **il**. Sie lernen die Formen später in Lektion 6.

15 Wohin gehen die Leute?

Ergänzen Sie die Sätze mit den richtigen Verbformen von **andare** und den passenden Präpositionen.

1. Roberto va ______ a ______ lavorare.
2. Gianluca e Andrea ______ ______ Toscana.
3. Marisa ______ ______ Simonetta.
4. Quando ______ **(tu)** ______ Praga?
5. Sono stanco, ______ ______ dormire.
6. Quando ______ **(voi)** ______ Francia?

16 Die Substantive der Freizeit

Bilden Sie zu den Substantive die entsprechenden Verben.

SUBSTANTIV

VERB

1. pittura → dipingere
2. ballo → ______
3. lettura → ______
4. cucina → ______
5. gioco → ______
6. passeggiata → ______
7. canto → ______

AUSDRÜCKE MIT **ANDARE** UND **FARE**

andare in bicicletta	*Rad fahren*
andare in montagna	*in die Berge fahren*
andare a ballare	*tanzen gehen*
andare al cinema	*ins Kino gehen*
andare a teatro	*ins Theater gehen*
fare danza	*Ballett machen*
fare ginnastica	*turnen*
fare nuoto	*schwimmen*
fare shopping	*shoppen*
fare sport	*Sport treiben*
fare la spesa	*einkaufen*
fare i compiti	*die Hausaufgaben machen*

FREIZEITAKTIVITÄTEN

ascoltare la musica	*Musik hören*
cucinare	*kochen*
dipingere	*malen*
fotografare	*fotografieren*
giocare a calcio	*Fußball spielen*
guardare la TV / un film	*fernsehen / einen Film ansehen*
leggere	*lesen*
navigare in Internet	*im Internet surfen*
passeggiare	*spazieren gehen*
suonare uno strumento	*ein Instrument spielen*

ÜBER VORLIEBEN SPRECHEN

mi piace / mi piacciono	*es gefällt / sie gefallen mir*
mi piace molto	*es gefällt mir sehr*
non mi piace	*es gefällt mir nicht*
non mi piace per niente	*es gefällt mir gar nicht*
preferisco	*ich bevorzuge*
adoro	*ich liebe*

DIE VERBEN **FARE** UND **ANDARE**

fare (*machen*): io faccio, tu fai, lui / lei / Lei fa, noi facciamo, voi fate, loro fanno
andare (*gehen*): io vado, tu vai, lui / lei / Lei va, noi andiamo, voi andate, loro vanno

VERBEN AUF **-IRE** MIT STAMMERWEITERUNG

Bei manchen Verben auf **-ire**, wie **preferire** (*bevorzugen*), werden die Endungen des Präsens an den erweiterten Verbstamm **-isc-** angehängt. Nur die 1. und 2. Person Plural sind davon ausgenommen.
preferire (*bevorzugen*): **io preferisco, tu preferisci, lui / lei / Lei preferisce, noi preferiamo, voi preferite, loro preferiscono**

AUSDRÜCKE **MI PIACE / MI PIACCIONO**

Nach dem Ausdruck **(non) mi piace** *gefällt mir (nicht)* wird ein Verb im Infinitiv oder ein Substantiv im Singular benutzt, nach **(non) mi piacciono** *gefallen mir (nicht)* ein Substantiv im Plural: **mi piace la musica / cantare** *Musik / singen gefällt mir*, **mi piacciono i libri** *Bücher gefallen mir.*

5 VITA QUOTIDIANA

Der Alltag ist in Italien wie in Deutschland von den klassischen Ritualen (Aufstehen, Arbeit, Essen usw.) geprägt. Jedoch gibt es in Italien einige Besonderheiten: Die Italiener essen meistens zweimal warm (mittags und abends) und zu späteren Uhrzeiten. Dies gilt sowohl zu Hause als auch im Restaurant, wo man nicht vor 20 Uhr hingeht. Das hat mit dem Klima zu tun: Vor allem im Sommer herrscht in Süditalien mittags eine Art „Ausgangssperre" und die Geschäfte (außer große Supermärkte) öffnen nachmittags erst gegen 17 Uhr wieder (in Norditalien gegen 15.30 Uhr).

46

1 La mia giornata tipo – *Mein typischer Tag*

Ordnen Sie jedem Bild die passende Tätigkeit im Alltag zu.

1

2

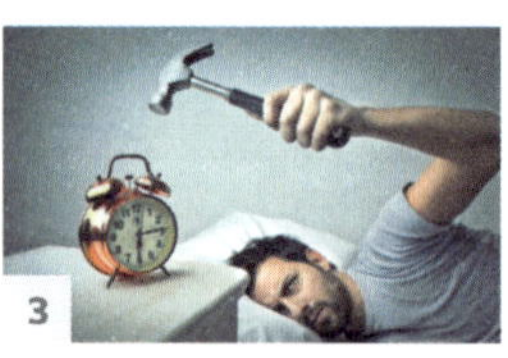
3

4

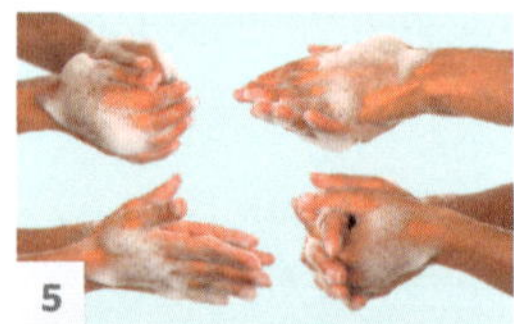
5

6

7

8

____ **A** svegliarsi

____ **B** andare a letto

____ **C** lavarsi

____ **D** preparare la cena

____ **E** alzarsi

____ **F** vedere gli amici

____ **G** vestirsi

____ **H** fare colazione

2 Der übliche Alltagstrott

47

Lesen Sie die Schilderungen des Alltags und hören Sie sich die Sätze an. Lesen Sie anschließend unten die Liste mit den Ausdrücken für die Häufigkeit, mit der man etwas tut, von **sempre** (*immer*) bis **mai** (*nie*).

DEN TAGESABLAUF SCHILDERN

La mattina mi sveglio sempre presto.

Faccio una colazione veloce.

Dopo mi lavo e mi vesto.

Poi vado al lavoro.

NACH GEWOHNHEITEN FRAGEN

Cosa fai di solito la domenica?

La domenica di solito mi riposo.

HÄUFIGKEIT

sempre	100%
di solito	75%
spesso	50%
qualche volta	25%
raramente	10%
mai	0%

48

3 Una mail dall'estero - *Eine E-Mail aus dem Ausland*

Adriana ist nach Berlin umgezogen. Lesen Sie die E-Mail, die sie einem Freund geschrieben hat. Dann kreuzen Sie an, ob die Aussagen richtig (**vero**) oder falsch (**falso**) sind.

Ciao Riccardo, come stai?

Io a Berlino mi trovo bene e mi diverto molto: è una città così interessante!

La mia giornata tipo? Beh, mi sveglio tutti i giorni molto presto, mi alzo, mi lavo, bevo solo un caffè (non mangio niente!), mi trucco, mi vesto e scappo all'università! Di pomeriggio torno a casa e studio. Raramente vado in biblioteca, lì non conosco nessuno...

Di sera non sono mai a casa: il lunedì vado al cinema, il martedì a ballare, il mercoledì da Giuseppe, il giovedì... no il giovedì invito io gli amici a cena! Non mi rilasso mai...

E tu? Lavori sempre? Non esci mai? Che fai lunedì? Ci sentiamo su Skype?

A presto!

Adriana

tutti i giorni *jeden Tag*

ACHTUNG!

il **lunedì** *montags*
lunedì *am Montag*

	vero	falso
1. Adriana studia in Germania.	☐	☐
2. Di solito fa colazione al bar.	☐	☐
3. Va in biblioteca tutti i giorni.	☐	☐
4. La sera si rilassa a casa.	☐	☐
5. Adriana invita Riccardo a Berlino.	☐	☐

4 I giorni della settimana – *Die Wochentage*

49

Finden Sie in den Übungen 2 und 3 die Wochentage und schreiben Sie sie ab. Hören Sie sich dann die Wochentage mehrmals an.

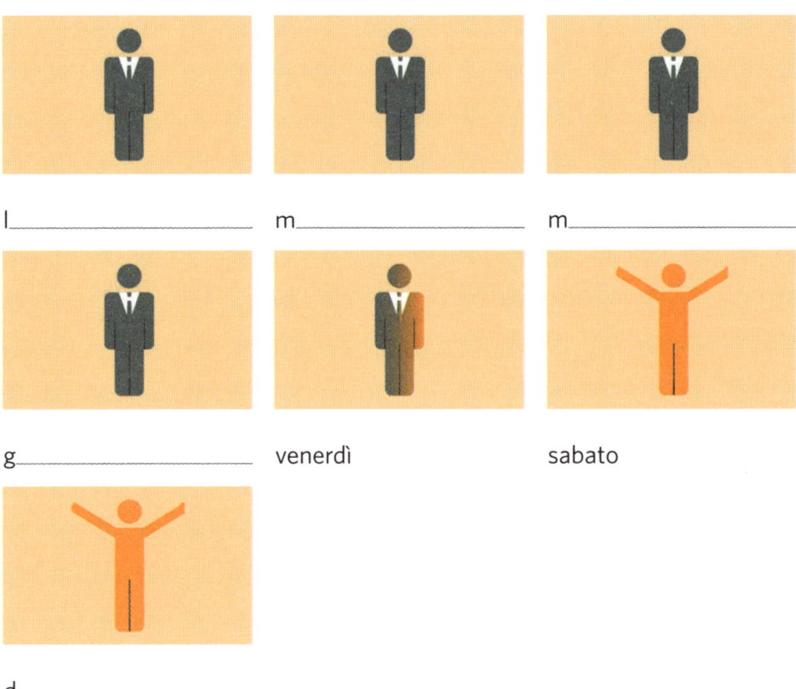

5 Zu Hause oder im Büro?

Lesen Sie die folgenden Alltagstätigkeiten. Wo werden sie ausgeführt? Zu Hause oder im Büro?

	a casa	in ufficio
1. incontrare i colleghi	☐	☐
2. lavare i piatti	☐	☐
3. preparare il pranzo	☐	☐
4. telefonare a un cliente	☐	☐
5. presentare un progetto	☐	☐
6. cucinare	☐	☐

6 Die Präposition **di** als Zeitangabe

Sie haben schon die Präposition **di** gesehen. Sie wird auch als Zeitangabe verwendet.

- Um auszudrücken, dass etwas regelmäßig geschieht verwendet man: **di** + Zeitangabe (Wochentag, Tageszeit)
  di **lunedì** / di **martedì** ... *montags / dienstags ...*
  di **mattina** / di **pomeriggio** ... *morgens / nachmittags ...*
- Um eine Regelmäßigkeit wiederzugeben, kann man auch die Wochentage oder die Tageszeiten nur mit dem bestimmten Artikel benutzen:
  il **lunedì** / il **martedì** ... *montags / dienstags ...*
  la **mattina** / il **pomeriggio** ... *morgens / nachmittags ...*

50

7 Sempre - *Immer*

Sind Sie gut in Mathe? Vervollständigen Sie diese Äquivalenzen (z. B. immer = jeden Tag und **sempre** = **tutti i giorni** = **ogni giorno**). Überprüfen Sie Ihre Lösung mit der Hördatei.

1. di mattina = la mattina = tutte le mattine = ogni mattina
2. di pomeriggio = il pomeriggio = tutti i pomeriggi = ____________
3. ____________ = la sera = tutte le sere = ogni sera
4. di notte = ____________ = ____________
   = ____________ = ____________

8 Die doppelte Verneinung

51

Hören Sie sich die Ausdrücke an. Was sagt Adriana, um auszudrücken, dass sie morgens „nichts“ isst? Und dass sie in der Bibliothek „niemanden“ kennt? Und dass sie abends „niemals“ zu Hause ist? Vervollständigen Sie die Ausdrücke mit dem Gehörten.

1. Non mangio ______________ .
2. Non conosco ______________ .
3. Non sono ______________ a casa.

Diese Konstruktion nennt man doppelte Verneinung, dabei steht **non** vor dem Verb und **niente**, **nessuno** bzw. **mai** dahinter:

non + **Verb** + niente / nessuno / mai

Di sera non **sono** mai **a casa.** *Abends bin ich nie zu Hause.*

9 Wir verneinen alles!

Verneinen Sie die Sätze mit der doppelten Verneinung.

1. Uscite la sera?

   La sera non usciamo mai.

2. Chi conoscete?

   ____

3. Cosa prendete da mangiare?

   ____

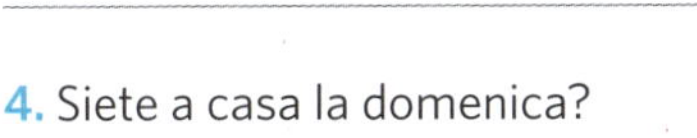

4. Siete a casa la domenica?

   La domenica...

52

10 Die reflexiven Verben und die Reflexivpronomen

Die reflexiven Verben werden wie alle Verben konjugiert. Sie werden wie im Deutschen in Verbindung mit einem Reflexivpronomen gebraucht. Sehen Sie sich die Formen der reflexiven Verben in der E-Mail von Adriana (Übung 3) an und vervollständigen Sie die Konjugationstabelle mit den Pronomen.

Ciao a tutti! Mi chiamo Clio.

REFLEXIV

lavarsi *sich waschen*

io	____	**lavo**	noi	____	**laviamo**
tu	**ti**	**lavi**	voi	**vi**	**lavate**
lui, lei, Lei	**si**	**lava**	loro	**si**	**lavano**

11 Adrianas Tagesablauf

Ergänzen Sie jetzt Adrianas Tagesablauf mit den passenden Verben in der 3. Person Singular.

• • • NUOVO MESSAGGIO

Si sveglia __________ tutti i giorni molto presto, **(alzarsi)** __________, **(lavarsi)** __________, beve solo un caffè (non **(mangiare)** __________ niente!), **(truccarsi)** __________, **(vestirsi)** __________ e **(scappare)** __________ all'università! Di pomeriggio **(tornare)** __________ a casa e **(studiare)** __________. Di sera non **(essere)** __________ mai a casa: il lunedì **(andare)** __________ al cinema, il martedì a ballare, il mercoledì da Giuseppe... Non **(rilassarsi)** __________ mai...

12 Besonderheiten der reflexiven Verben

- Zu den reflexiven Verben gehören auch die **reziproken** Verben. Sie drücken eine wechselseitige Beziehung zwischen zwei oder mehreren Personen oder Sachen aus, z. B. *sich grüßen*:
  si **salutano** *sie grüßen sich*
- Die Verneinung **non** steht vor dem Reflexivpronomen:
  non mi **rilasso** *ich entspanne mich nicht*

13 Reflexiv oder nicht reflexiv?

Übersetzen Sie die vier Sätze hier, indem Sie die angegebenen Verben verwenden.

BEACHTEN SIE:

Nicht immer ist ein italienisches reflexives Verb auch im Deutschen reflexiv und umgekehrt!
Hier sehen Sie ein paar Beispiele von reflexiven Verben auf Italienisch, die im Deutschen nicht reflexiv sind.

alzarsi svegliarsi chiamarsi addormentarsi

addormentarsi *einschlafen*

1. Wie heißt ihr?

2. Morgens wache ich immer früh auf.

3. Wann stehst du normalerweise auf?

4. Abends schläft er nie früh ein.

53 14 Das Verb **uscire**

Sehen Sie sich die Formen von **uscire** an. Welche Formen sind regelmäßig? Unterstreichen Sie diese. Hören Sie sich dann die Aussprache dieser Konjugation an.

Esce dall'acqua.

UNREGELMÄSSIG

uscire *hinausgehen*			
io	esco	noi	usciamo
tu	esci	voi	uscite
lui, lei, Lei	esce	loro	escono

54 15 Das Verb **bere**

Lesen Sie die Beispiele und vervollständigen Sie dann die Verbkonjugation von **bere**. Hier sind alle Personen unregelmäßig!

Bevo acqua.

Beve birra.

UNREGELMÄSSIG

bere *trinken*			
io	______	noi	beviamo
tu	bevi	voi	bevete
lui, lei, Lei	______	loro	bevono

16 Die Stellung der Adverbien der Häufigkeit

Die Stellung der Adverbien ist im Italienischen recht flexibel. In bestimmten Fällen jedoch nicht: z. B. **di solito** steht vor dem Verb und **sempre** nach dem Verb:
Di solito **vado a letto tardi.** *Ich gehe normalerweise spät ins Bett.*
Lavori sempre **di sera?** *Arbeitest du immer abends?*

17 Cosa fai prima e cosa dopo? – *Was machst du zuerst und was danach?*

55

Verbinden Sie die Handlungen der ersten Spalte mit denen der zweiten. Was macht man zuerst und was danach?

Um einen Tagesablauf zu schildern, sind einige Adverbien sehr wichtig: z. B. **prima** (*zuerst*), **poi** (*dann*) oder **dopo** (*dann, danach*).

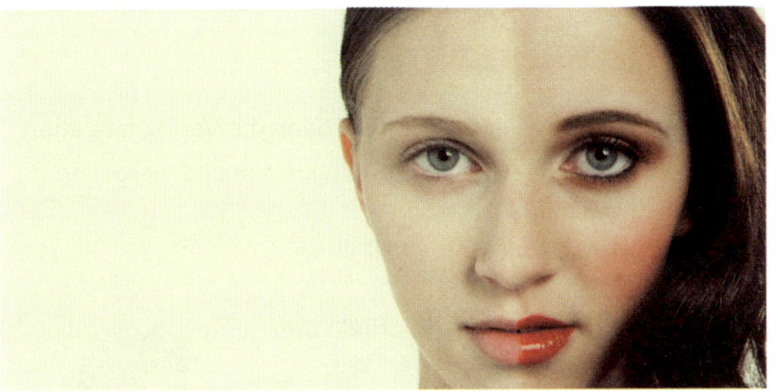

prima	dopo
1. pranzo	___ A mi vesto
2. mi alzo	___ B vado in ufficio
3. vado a letto	___ C prendo il caffè
4. esco di casa	___ D mi riposo
5. sono stanco	___ E mi addormento

TÄTIGKEITEN IM ALLTAG

addormentarsi	*einschlafen*
alzarsi	*aufstehen*
andare a letto	*ins Bett gehen*
andare al lavoro / in ufficio	*zur Arbeit / ins Büro gehen*
bere	*trinken*
lavarsi	*sich waschen*
rilassarsi	*sich entspannen*
riposarsi	*sich erholen*
svegliarsi	*aufwachen*
truccarsi	*sich schminken*
uscire	*hinausgehen*
vestirsi	*sich anziehen*

WOCHENTAGE

lunedì	*Montag*
martedì	*Dienstag*
mercoledì	*Mittwoch*
giovedì	*Donnerstag*
venerdì	*Freitag*
sabato	*Samstag*
domenica	*Sonntag*

ZEITADVERBIEN

sempre	*immer*
di solito	*normalerweise, gewöhnlich*
spesso	*oft*
qualche volta	*manchmal*
raramente	*selten*
mai	*nie(mals)*
tutti i giorni	*jeden Tag*
di mattina	*vormittags*
di pomeriggio	*nachmittags*
di sera	*abends*
di notte	*nachts*
prima	*zuerst*
dopo	*danach*
poi	*dann*

DIE REFLEXIVEN VERBEN UND DIE REFLEXIVPRONOMEN

Die reflexiven Verben bilden die Zeitformen gemäß ihrer Konjugationsgruppe und werden von einem Reflexivpronomen begleitet: **(io) mi lavo** *ich wasche mich.*

- Reflexivpronomen: **mi** *mich*, **ti** *dich*, **si** *sich*, **ci** *uns*, **vi** *euch*, **si** *sich*
- Reflexivpronomen stehen vor dem konjugierten Verb.
- In verneinten Sätzen steht **non** vor dem Reflexivpronomen: **In ufficio non mi riposo.** *Ich ruhe mich nicht im Büro aus.*

DIE VERBEN USCIRE UND BERE

uscire (*hinausgehen*): **io esco, tu esci, lui / lei / Lei esce, noi usciamo, voi uscite, loro escono**
bere (*trinken*): **io bevo, tu bevi, lui / lei / Lei beve, noi beviamo, voi bevete, loro bevono**

DIE DOPPELTE VERNEINUNG

Bei der doppelten Verneinung steht **non** vor dem Verb und der zweite Teil der Verneinung (**mai** *nie*, **niente / nulla** *nichts*, **nessuno** *niemand*) dahinter: **Non sono mai a casa.** *Ich bin nie zu Hause.*

DIE PRÄPOSITION DI ALS ZEITANGABE

Um auszudrücken, dass etwas regelmäßig geschieht verwendet man die Präposition **di** oder den bestimmten Artikel + Zeitangabe (Wochentag, Tageszeit): **di lunedì / il lunedì** *montags*, **di mattina / la mattina** *morgens.*

VADO A FARE LA SPESA

6

Auf einem italienischen Markt findet man fast alles und die Preise sind in der Regel günstig: daher auch der Ausdruck **a buon mercato** (*preiswert*). Einige Märkte haben eine lange Tradition: z. B. **Ballarò** in Palermo oder **Campo de' Fiori** in Rom. Ballarò ist multikulturell, kunterbunt und vor allem laut. Auf dem **Campo de' Fiori** – im Mittelalter ein Feld mit vielen Blumen, daher der Name – werden heute vor allem frische Lebensmittel von Bauern angeboten.

1 L'alimentazione – *Die Ernährung*

56

Ordnen Sie jedem Lebensmittel das passende Wort zu. Einige Lösungen wurden schon vorgegeben. Hören Sie dann alle Wörter und sprechen Sie sie nach.

6 **A** peperoni
19 **B** uova
____ **C** pane
____ **D** kiwi
13 **E** mele
16 **F** pollo
____ **G** banane
4 **H** miele
____ **I** broccoli
20 **J** pesce
11 **K** pere
____ **L** salame
____ **M** patate
____ **N** carote
7 **O** funghi
____ **P** cioccolato
12 **Q** fragole
8 **R** cavolo
9 **S** cipolle
____ **T** latte

57

2 Fare la spesa – *Einkaufen*

EINEN WUNSCH FORMULIEREN

Vorrei due chili di mele.

Vorrei del pane.

ZÄHLBARE MENGE

NICHT ZÄHLBARE MENGE

FRAGEN, OB NOCH ETWAS DAZU KOMMT

Desidera altro?

UND DARAUF REAGIEREN

Sì, vorrei anche...

No, grazie, basta così.

NACH DEM PREIS FRAGEN

Quanto fa?
Quant'è?
Quanto costa / costano?

8 euro e 50 centesimi.

3 Al mercato – *Auf dem Markt*

58

Silvia und Paolo gehen auf den Markt einkaufen. Hören Sie sich den Dialog an und kreuzen Sie dann die Aussagen an, die stimmen.

1. Silvia e Paolo vanno…
   - ☐ A al mercato.
   - ☐ B in macelleria.
   - ☐ C dal panettiere.
   - ☐ D al supermercato.
2. Al mercato comprano…
   - ☐ A due chili di peperoni.
   - ☐ B mezzo chilo di fagiolini.
   - ☐ C mezzo chilo di zucchine.
   - ☐ D un chilo di fragole.
   - ☐ E tre etti di olive.
   - ☐ F due etti di prosciutto.
   - ☐ G una bottiglia di vino.
   - ☐ H due litri di olio.
3. Silvia e Paolo pagano in tutto…
   - ☐ A 16 euro e 70 centesimi.
   - ☐ B 17 euro.

ÄQUIVALENZEN

un etto = 100 grammi
mezzo chilo = 500 grammi

In Italien benutzt man häufiger **etti** als **grammi**.

4 Die Zahlen ab 100

Können Sie die fehlenden Zahlen ergänzen? Hören Sie sich die Zahlen dann an und überprüfen Sie Ihre Ergebnisse.

101	centouno	1000	mille
102	centodue	2000	duemila
200	duecento	3000	
300		9000	
400		10000	diecimila
500		20000	
600		30000	
700		100000	centomila
800		200000	
900		300000	

BEACHTEN SIE:

Cento hat keine Pluralform und **mille** wird im Plural zu **-mila**.

60 5 I mesi e le stagioni – *Die Monate und Jahreszeiten*

Auf dem Markt sprechen die Leute über die Monate und Jahreszeiten. Ordnen Sie die Monate den Jahreszeiten zu.

I fagiolini ci sono da maggio a ottobre... | ...in estate e in autunno!

~~marzo~~ ~~giugno~~ dicembre gennaio febbraio agosto

settembre aprile luglio ottobre maggio novembre

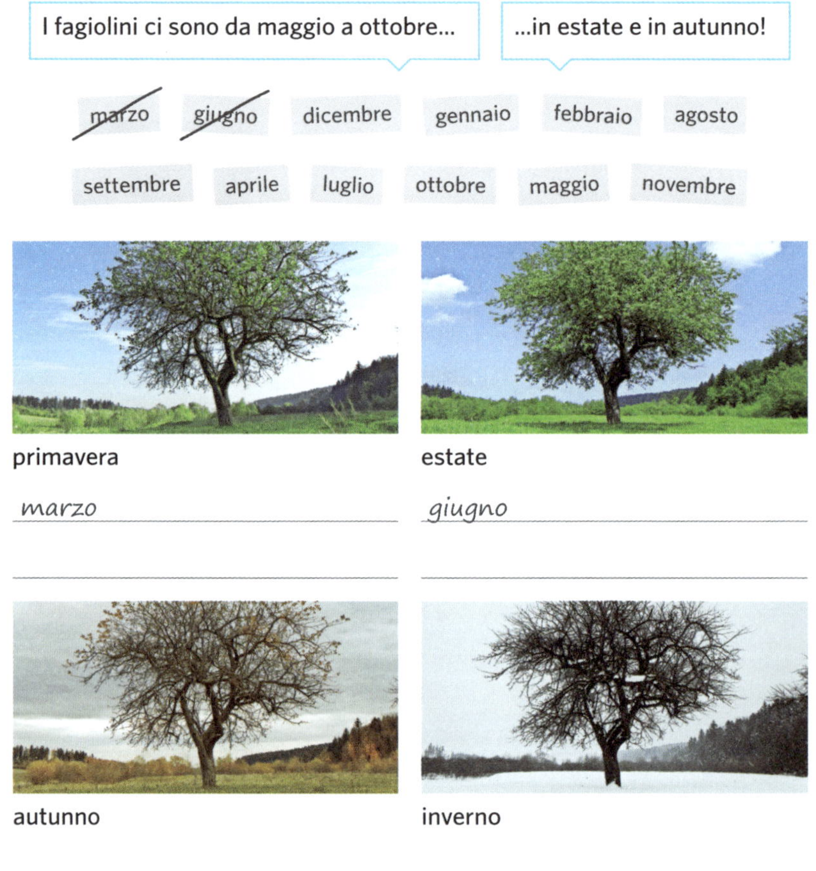

primavera

marzo

estate

giugno

autunno

inverno

ZEITANGABEN

in + Jahreszeit: in **estate** *im Sommer*
a + Monat: a **maggio** *im Mai*

ZEITSPANNE

da + Monat + **a** + Monat: da **maggio** a **ottobre** *von Mai bis Oktober*

6 Der Teilungsartikel

61

Hören und lesen Sie die Sätze, die Silvia und Paolo gesagt haben. Ergänzen Sie die fehlenden Formen in der Tabelle.

Vorrei comprare del prosciutto.

Prendiamo della frutta?

Vorrei delle olive.

Um einen Wunsch höflich auszudrücken, verwendet man die Verbform **vorrei** (= *ich möchte / hätte gern*).

Um eine unbestimmte Menge anzugeben, verwendet man den Teilungsartikel. Er wird aus der Präposition **di** und dem bestimmten Artikel gebildet, die zu einer Form verschmelzen.

	best. Artikel		
	il		______
	lo		dello
	l'		dell'
di +	la	=	______
	i		dei
	gli		degli
	le		______

7 Cosa manca? – *Was fehlt?*

Vervollständigen Sie die Sätze mit den passenden Teilungsartikeln.

Devo assolutamente comprare:

______ acqua, ______ birra,

______ spumante, ______ latte,

______ spinaci, ______ mozzarelle

e ______ pomodori.

8 Die Präposition **di** als Mengenangabe

Ordnen Sie nun den Lebensmitteln die passenden Mengenangaben zu.

1

un chilo di

2

un litro di

3

un etto di

___ **A** latte	___ **C** patate	___ **E** arance	___ **G** formaggio
___ **B** salame	___ **D** vino	___ **F** birra	___ **H** prosciutto

Nach Gewichtsangaben folgt immer die Präposition **di**, ebenso nach Mengenangaben wie **una bottiglia** (*eine Flasche*), **un pacco** (*eine Packung*), **una lattina** (*eine Dose*) und nach unbestimmten Mengenangaben wie **un po'** (*etwas*):
Vorrei comprare un po' di **carne.** *Ich möchte gern etwas Fleisch kaufen.*

62

9 Quanto costa? – *Wie viel kostet es?*

Schreiben Sie die Zahlen aus. Dann hören Sie und sprechen Sie sie nach.

1

675 euro: ___

2

4500 euro: ___

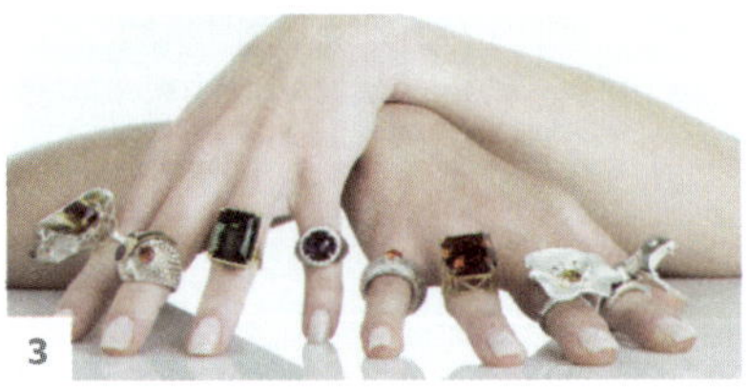
3

12000 euro: ___

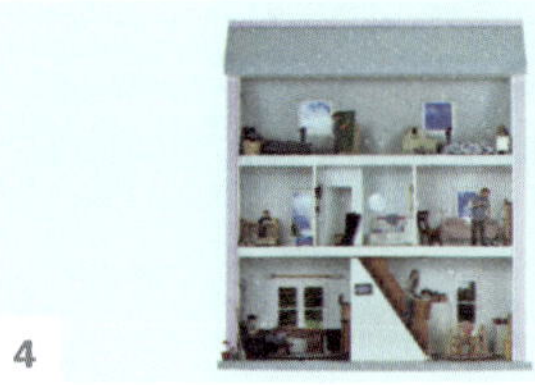
4

400000 euro: ___

10 Die Verschmelzung von Präpositionen mit dem bestimmten Artikel

Nehmen Sie die Formen der Teilungsartikel (Übung 6) zum Vorbild und ergänzen Sie die fehlenden Formen.

Die Präpositionen **a** und **da** verschmelzen mit dem bestimmten Artikel. Der Gebrauch der Verschmelzungsformen ist im Italienischen (anders als im Deutschen) obligatorisch!

	best. Artikel		
a + / da +	il	al	dal
	lo	allo	______
	l'	all'	______
	la	= ______	= ______
	i	ai	______
	gli	______	______
	le	______	______

11 Preposizioni e negozi – *Präpositionen und Geschäfte*

63

In Verbindung mit den Geschäften benutzt man die Präpositionen **da** und **in**.

- **da** + bestimmter Artikel bei Personen
  Vuoi andare solo dal fruttivendolo? *Willst du nur zum Gemüsehändler gehen?*
- **in** bei Geschäften
  Dopo andiamo in macelleria... *Danach gehen wir in die Metzgerei ...*

Mit den Orten, die auf **-ia** und **-teca** enden, benutzt man immer die einfache Präposition **in**. Aber eine Ausnahme sind: **andiamo al mercato / al supermercato / al centro commerciale**.

12 Cosa compro dove? - *Was kaufe ich wo?*

Verbinden Sie die Bilder mit den Geschäften, in denen die Produkte gekauft werden, und fügen Sie die passenden Präpositionen hinzu.

BROT & CO.

Grissini sind dünne Brotstangen, traditioneller Bestandteil der Küche des Piemonts, besonders Turins. **Taralli** sind typische Backwaren der Regionen Süditaliens. Sie können süß oder salzig sein.

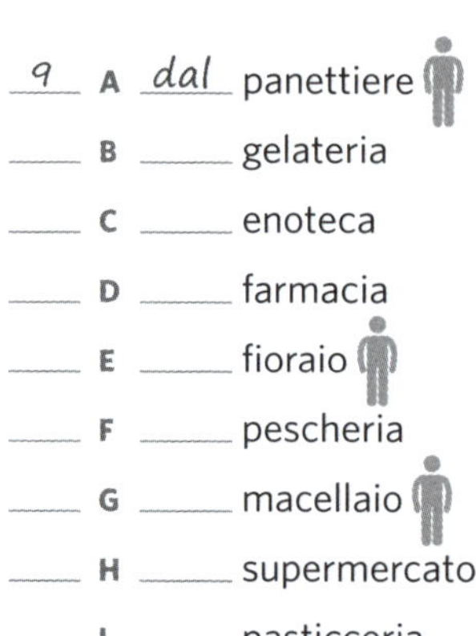

9 A dal panettiere
___ B ___ gelateria
___ C ___ enoteca
___ D ___ farmacia
___ E ___ fioraio
___ F ___ pescheria
___ G ___ macellaio
___ H ___ supermercato
___ I ___ pasticceria

13 Das Modalverb volere

64

Lesen Sie die Sätze in den Sprechblasen und ergänzen Sie die fehlenden Verbformen.

Vuoi andare solo dal fruttivendolo?

Li vuole rossi o gialli?

Volete altro?

UNREGELMÄSSIG

volere *wollen*			
io	**voglio**	noi	**vogliamo**
tu	______	voi	______
lui, lei, Lei	______	loro	**vogliono**

Das Modalverb **volere** drückt einen Wunsch oder eine Absicht aus.
Dem Modalverb **volere** folgt ein Substantiv oder ein Verb im Infinitiv.

14 Schon erwähnt?

65

Die direkten Objektpronomen ersetzen ein bereits erwähntes Objekt und entsprechen den Akkusativpronomen (*wen?/was?*) im Deutschen. Sie stehen in der Regel vor dem konjugierten Verb.
Lesen Sie die Ausschnitte aus dem Dialog. Was ersetzen die hervorgehobenen direkten Objektpronomen?

1. **Mi** accompagni? — 1. mi = *Silvia*
2. Sì ok, **ti** accompagno. — 2. ti = ______
3. Vorrei due chili di peperoni. – **Li** vuole rossi o gialli? — 3. li = ______
4. Vorrei delle olive. – **Le** vuole verdi? — 4. le = ______
5. ... due litri di olio d'oliva. **Lo** fate voi, vero? — 5. lo = ______

15 Die direkten Objektpronomen

Vervollständigen Sie die Tabelle mit den fehlenden direkten Objektpronomen.

BEACHTEN SIE:

Die 1. und die 2. Person Singular und Plural sind identisch mit den Reflexivpronomen.

mich	______	uns	ci
dich	______	euch	vi
ihn, es	______	sie (m.)	______
sie / Sie	la / La	sie (w.)	______

16 Una cena tra amici – *Ein Abendessen unter Freunden*

Silvia und Paolo möchten gemeinsam mit Freunden ein vegetarisches Abendessen organisieren. Sie entscheiden gerade, wer was mitbringt. Beantworten Sie die Fragen, indem Sie die passenden direkten Objektpronomen wie im ersten Beispiel verwenden.

1. Chi porta i fagiolini?

Li porto io!

2. Chi compra le uova?

______

3. Chi porta i carciofi?

______

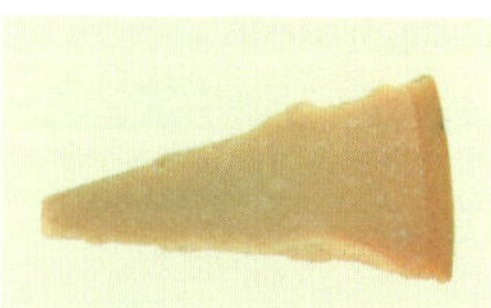

4. Chi compra il parmigiano?

______

5. Chi porta le melanzane?

______

6. Chi compra l'insalata?

______

GESCHÄFTE

al mercato .... *auf den / auf dem Markt*
al supermercato ... *zum / im Supermarkt*
dal fruttivendolo ... *zum / beim Gemüsehändler*
dal macellaio .... *zum / beim Metzger*
dal panettiere .... *zum / beim Bäcker*
in enoteca .... *in die / in der Weinhandlung*
in farmacia .... *in die / in der Apotheke*
in gelateria .... *in die / in der Eisdiele*
in panetteria .... *in die / in der Bäckerei*
in pasticceria .... *in die / in der Konditorei*
in pescheria .... *zum / beim Fischhändler*

MENGENANGABEN

un chilo di .... *ein Kilo*
mezzo chilo di ... *ein halbes Kilo*
un etto di .... *100 Gramm*
un litro di .... *ein Liter*
una bottiglia di .... *eine Flasche*
una lattina di ..... *eine Dose*
un po' di .... *etwas / ein bisschen*
un pacco di .... *eine Packung*

AUF DEM MARKT

Vorrei del pane. .... *Ich möchte Brot.*
... della frutta. .... *... Obst.*
... dei peperoni. .... *... Paprika.*
... delle olive. .... *... Oliven.*
Desidera altro? .... *Wünschen Sie noch etwas?*
No, grazie, basta così. .... *Nein, danke, das ist alles.*
Quant'è? / Quanto fa? .... *Wie viel macht das?*
Quanto costa / costano? *Wie viel kostet es / kosten sie?*

DIE PRÄPOSITIONEN A UND DA

Wenn **a** und **da** mit dem bestimmten Artikel stehen, verschmelzen sie mit ihm:
- **a** + bestimmer Artikel: **al, allo, all', alla, ai, agli, alle**
- **da** + bestimmter Artikel: **dal, dallo, dall', dalla, dai, dagli, dalle**

DER TEILUNGARTIKEL

- Der Teilungsartikel wird bei einer unbestimmten Menge gebraucht. Im Deutschen steht in diesen Fällen kein Artikel: **Vorrei** delle **olive.** *Ich möchte Oliven.*
- Bildung: Präposition **di** + bestimmter Artikel: **del** pane, **dell'**olio, **dello** zucchero, **della** frutta, **dell'**acqua, **dei** biscotti, **degli** spinaci, **delle** banane

DIREKTE OBJEKTPRONOMEN

Direkte Objektpronomen ersetzen ein bereits erwähntes direktes Objekt. Man kann sie durch „wen?" oder durch „was?" erfragen. Sie stehen in der Regel vor dem konjugierten Verb und in verneinten Sätzen nach **non**: **mi** *mich*, **ti** *dich*, **lo** *ihn / es*, **la** *sie*, **La** *Sie*, **ci** *uns*, **vi** *euch*, **li** *sie*, **le** *sie*.

DAS MODALVERB VOLERE

Das Modalverb **volere** *wollen* drückt einen Wunsch oder eine Absicht aus. Dem Modalverb **volere** folgt ein Substantiv oder ein Verb im Infinitiv. Bei verneinten Sätzen steht **non** vor **volere**.
volere (*wollen*): **io** voglio, **tu** vuoi, **lui / lei / Lei** vuole, **noi** vogliamo, **voi volete**, **loro** vogliono

7 TI VA UN CAFFÈ?

Wenn man in Italien mit mehreren Personen essen geht, so ist es nicht üblich, getrennt zu bezahlen. Stattdessen wird der Gesamtbetrag gleichmäßig unter allen aufgeteilt. Das wird **pagare alla romana** genannt. Da **il coperto** (*das Gedeck*) oft in der Rechnung enthalten ist, ist **la mancia** (*das Trinkgeld*) nicht unbedingt nötig. Wenn Sie Trinkgeld geben, sollten Sie nicht aufrunden, sondern das Trinkgeld auf dem Tisch liegen lassen. Außerdem: Nehmen Sie in einem Café am Tisch Platz statt an der Bar, kosten die Getränke mehr, da **il servizio** (*die Bedienung*) zu bezahlen ist.

66

1 Proposte – *Vorschläge*

VORSCHLÄGE MACHEN

- Ti va di uscire? Ti passo a prendere in macchina!
- Perché non andiamo al cinema?
- A che ora ci vediamo stasera?
- Hai tempo / Sei libero domani?

EINEN VORSCHLAG ANNEHMEN

- Buona idea!
- Va bene!
- D'accordo!
- Volentieri!

EINEN VORSCHLAG ABLEHNEN

- Mi dispiace, non posso...
- No, devo lavorare...
- Facciamo un'altra volta.
- No, ho già un impegno.

JEMANDEN BITTEN, ETWAS ZU TUN

- Mi puoi chiamare dopo?

2 In macchina - *Mit dem Auto*

67

Ordnen Sie jedem Bild das passende Verkehrsmittel zu.

1

2

3

4

5

6

7

8

9

____ **A** in macchina / auto
____ **B** in aereo
____ **C** in treno
____ **D** in autobus
____ **E** in metropolitana
____ **F** in tram
____ **G** in moto
____ **H** in bicicletta
____ **I** a piedi

Bei Angaben eines Verkehrsmittels benutzt man die Präpositionen:

- **in** ohne Artikel: in **treno** *mit dem Zug*, in **aereo** *mit dem Flugzeug*
- **con** mit Artikel: con **il treno,** con **l'aereo**

Eine Ausnahme ist a **piedi** *zu Fuß*.

68

3 Darsi appuntamento - *Sich verabreden*

Lesen Sie die Nachrichten, die sich Chiara und Luca schicken. Sie schlagen etwas vor und laden sich gegenseitig ein. Zwei Vorschläge werden angenommen und zwei abgelehnt. Notieren Sie rechts, welche Vorschläge angenommen bzw. abgelehnt werden und wann, wie im Beispiel.

Ciao Luca, che fai venerdì sera? Vado al cinema con Marina, vieni con noi?

Mi dispiace, ho un impegno, devo cenare con i colleghi. Vi posso raggiungere dopo però...

Ok! Il film finisce alle dieci. Poi possiamo andare a bere una birra. Dove ci diamo appuntamento?

Davanti al cinema, vengo in bicicletta, il ristorante non è lontano. Ma vi do conferma stasera.

E Alberto che fa? Mi dai il suo numero? Gli posso telefonare, magari viene anche lui al cinema.

347 611751. Ah, questo fine settimana vengono i miei genitori a trovarmi. Vieni a cena una sera?

Molto volentieri! Sabato però non posso, i miei vicini di casa danno una festa.

Va bene domenica sera, i miei genitori ti vogliono conoscere, gli parlo sempre di te! ;-)

D'accordo! E tu sei libero sabato? La festa è aperta a tutti, puoi portare anche un amico!

Grazie per l'invito, ma io e Alberto dobbiamo studiare! L'esame di economia è vicino...

	Angenommen	Abgelehnt
Cosa?	bere una birra	3. ______
Quando?	venerdì	4. ______
Cosa?	1. ______	5. ______
Quando?	2. ______	6. ______

4 L'ora - *Die Uhrzeit*

69

Ordnen Sie den Zahlen auf der Uhr die passenden Minuten zu. Hören Sie dann die Ausdrücke.

Sono le dieci...

1 **A** ... e cinque

___ **B** ... e venti

___ **C** ... e mezza

___ **D** ... e venticinque

___ **E** ... e dieci

3 **F** ... e un quarto

___ **G** ... e trentacinque

Sono le undici...

___ **H** ... meno dieci

___ **I** ... meno venti

11 **J** ... meno cinque

___ **K** ... meno un quarto

Die Uhrzeit wird mit der 3. Person von **essere** + dem bestimmten Artikel gebildet:

È l'**una.** (Sg.) *Es ist ein Uhr.*

Sono le **due.** (Pl.) *Es ist zwei Uhr.*

Beachten Sie:

Im Italienischen sagt man **Sono le** due **e mezza** (wörtlich: *Es sind zwei und halb*). Im Deutschen: *Es ist halb drei.*

Mittag und Mitternacht sind eine Ausnahme, da sie ohne Artikel gebildet werden:

È **mezzogiorno.** / È **mezzanotte.** *Es ist Mittag. / Es ist Mitternacht.*

70

5 Che ora è? Che ore sono? – *Wie spät ist es?*

Schreiben Sie die offiziellen Uhrzeiten und die umgangssprachlichen Uhrzeiten auf.

	ufficiale	colloquiale
1. 11:45	*Sono le undici e quarantacinque*	*È mezzogiorno meno un quarto*
2. 23:40		
3. 12:50		
4. 15:15		

6 Zeitangaben

Lesen Sie die Regel und vervollständigen Sie die Sätze mit den richtigen Formen der Präpositionen.

Die Präpositionen **a** und **da** mit dem bestimmten Artikel werden auch als Zeitangaben verwendet.

ZEITPUNKT

a + Artikel:
alle due *um zwei Uhr*
Aber: a **mezzogiorno** / a **mezzanotte** *um Mittag / um Mitternacht*

Da man umgangssprachlich bis 12 zählt, ist es manchmal notwendig genau anzugeben, ob vormittags oder abends ist:
le nove di mattina / **le otto** di sera *neun Uhr morgens / acht Uhr abends*

ZEITSPANNE

da... a... + Artikel:
dalle **due** alle **quattro** *von zwei Uhr bis vier Uhr*

1. A che ora inizia la lezione? • ________ una e mezza.

2. A che ora vieni? • Vengo ________ nove, va bene?

3. Quando è il corso di italiano? • ________ tre ________ sei.

4. Quando parti? • Domani, ________ mezzogiorno.

5. Quando lavori? • ________ nove di mattina ________ otto di sera.

7 Domande e risposte – *Fragen und Antworten*

71

Folgende Fragen und Antworten werden oft benutzt, um sich zu verabreden. Verbinden Sie die Fragen mit den passenden Antworten. Überprüfen Sie Ihre Antworten, indem Sie sich anschließend die Minidialoge anhören.

1. Quando ti posso telefonare? ____ **A** No, grazie, vengo a piedi.
2. Hai tempo domani? ____ **B** Mi puoi chiamare alle otto.
3. Vi va di andare a ballare? ____ **C** Davanti alla pizzeria.
4. Ti passo a prendere in macchina? ____ **D** No, ho già un impegno.
5. Dove ci vediamo stasera? ____ **E** Possiamo andare allo zoo!
6. Cosa facciamo oggi? ____ **F** Sì, molto volentieri!

8 Das Verb venire

72

Lesen Sie die Beispiel und vervollständigen Sie die Verbkonjugation mit den fehlenden Formen.

... magari viene anche lui al cinema.

Vieni con noi?

Vengo in bicicletta.

Questo fine settimana vengono i miei genitori.

UNREGELMÄSSIG

venire *kommen*			
io	________	noi	**veniamo**
tu	________	voi	**venite**
lui, lei, Lei	________	loro	________

73

9 Die Modalverben potere und dovere

Suchen Sie die fehlenden Formen der Modalverben in der Übung 3 und ergänzen Sie die zwei Konjugationen.

UNREGELMÄSSIG

potere *können, dürfen*			
io	______	noi	______
tu	______	voi	**potete**
lui, lei, Lei	**può**	loro	**possono**

POTERE

... drückt eine **Möglichkeit** oder eine **Erlaubnis** aus.

UNREGELMÄSSIG

dovere *müssen, sollen*			
io	______	noi	______
tu	**devi**	voi	**dovete**
lui, lei, Lei	**deve**	loro	**devono**

DOVERE

... drückt eine **Notwendigkeit** oder eine **Pflicht** aus.

10 Besonderheiten der Modalverben

Modalverben dienen dazu, einen Wunsch, eine Möglichkeit oder einen Zwang auszudrücken. Italienische Modalverben sind beispielsweise **volere** (*mögen, wollen*), **potere** (*können, dürfen*) und **dovere** (*müssen, sollen*). Sätze mit Modalverben werden wie folgt gebildet:

- Modalverb + **Infinitiv**
  I miei genitori ti vogliono conoscere. *Meine Eltern möchten dich kennenlernen.*
- **non** + Modalverb + **Infinitiv**
  Non voglio uscire. *Ich möchte nicht ausgehen.*

Werden **potere** und **dovere** verneint, bedeuten sie *nicht dürfen*.

11 Volere, potere oder dovere?

Chiara und Marina wohnen zusammen. Sie haben unterschiedliche Alltagsrhythmen, so dass sie sich oft nicht sehen und nur Nachrichten hinterlassen. Ergänzen Sie die Zettel, indem Sie die passenden Modalverben eintragen.

1. *Marina,*

   mi dispiace, ma oggi non ________ fare la spesa, ________ andare dal dottore… :-(

   Chiara

2. *Va bene, la faccio io! Ma tu ________ andare in farmacia? Mi compri per favore dell'aspirina? Ah, stasera tutte e due ________ assolutamente pulire la casa!*

   Marina

3. *Stasera c'è un bel film alla TV. Non lo ________ guardare insieme? ________ pulire anche domani! ;-)*

   Chiara

12 Höfliche Fragen

74

Mit dem Verb **potere** kann man auch eine höfliche Frage stellen. Lesen Sie die direkten Aufforderungen und wandeln Sie sie in höfliche Fragen um, indem Sie das Verb **potere** verwenden, wie im Beispiel.

1. Apro la finestra. *Posso aprire la finestra?*
2. Vai al supermercato. ________
3. Comprate il pane. ________
4. Veniamo alla festa. ________

13 Schon erwähnt?

Die indirekten Objektpronomen entsprechen den Dativpronomen (*wem?/was?*) im Deutschen. Lesen Sie diese Auszüge aus der Übung 3. Was ersetzen die hervorgehobenen indirekten Objektpronomen?

1. Ma **vi** do conferma stasera.	____	A a Chiara
2. **Mi** dai il suo numero?	____	B ai genitori di Luca
3. Ora **gli** telefono.	____	C a Chiara e Marina
4. **Gli** parlo sempre di te!	____	D a Alberto

Die indirekten Objektpronomen ersetzen ein indirektes Objekt, das mit der Präposition **a** eingeleitet wird.

14 Die indirekten Objektpronomen

Lesen Sie die Regel und vervollständigen Sie die Tabelle mit den fehlenden indirekten Objektpronomen.

INDIREKTE OBJEKTPRONOMEN

Bis auf die 3. Person Singular und Plural entsprechen die indirekten Objektpronomen den Reflexiv- sowie den direkten Objektpronomen!

Wie die direkten Objektpronomen, stehen auch die indirekten Objektpronomen in der Regel vor dem Verb und in verneinten Sätzen nach **non**.

non + Pronomen + **Verb**
Ora non ti **posso rispondere.** *Ich kann dir jetzt nicht antworten.*

mir	____	uns	____
dir	____	euch	____
ihm	____	ihnen	____
ihr / Ihnen	**le / Le**		

15 Verben mit indirekten Objektpronomen

75

Vervollständigen Sie die Sätze mit den indirekten Objektpronomen und ergänzen Sie mit **non**, wenn der Satz verneint ist. Machen Sie dann unten eine Liste der Verben, die ein indirektes Objektpronomen verlangen.

1. Rispondi a Benedetta? ▪ No, *non le* rispondo.
2. Mi mandi un'email? ▪ Sì, ______ mando un'email.
3. Vi posso chiedere un favore? ▪ Sì, ______ puoi chiedere un favore.
4. Telefoni a Filippo? ▪ No, ______ telefono.
5. Ti posso parlare? ▪ Sì, ______ puoi parlare.

rispondere ______

______ ______

______

Bei den Modalverben können die Objektpronomen vor- oder nachgestellt werden. Entweder stehen sie dabei vor dem Modalverb oder sie werden direkt an den Infinitiv angehängt. Wenn sie an den Infinitiv angehängt werden, verliert der Infinitiv dabei seine Endung **-e**!
Ti **posso parlare? = Posso parlar**ti? *Kann ich mit dir sprechen?*

16 Das Verb dare

76

Suchen Sie die fehlenden Formen von **dare** in der Übung 3. Vervollständigen Sie so die Verbkonjugation.

UNREGELMÄSSIG

dare *geben*			
io	______	noi	______
tu	______	voi	**date**
lui, lei, Lei	**dà**	loro	______

DER AKZENT

Die 3. Person Singular **dà** hat einen Akzent, um die Verbform von der Präposition **da** unterscheiden zu können!

VERKEHRSMITTEL

a piedi	*zu Fuß*
in aereo	*mit dem Flugzeug*
in autobus	*mit dem Bus*
in bicicletta	*mit dem Fahrrad*
in macchina / auto	*mit dem Auto*
in metropolitana	*mit der U-Bahn*
in tram	*mit der Straßenbahn*
in treno	*mit dem Zug*

UHRZEIT

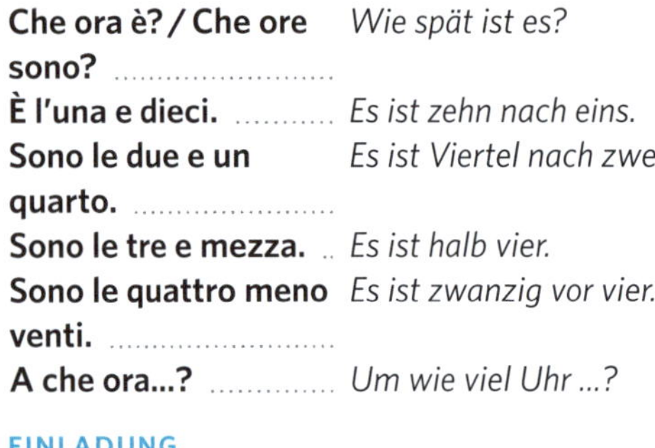

Che ora è? / Che ore sono?	*Wie spät ist es?*
È l'una e dieci.	*Es ist zehn nach eins.*
Sono le due e un quarto.	*Es ist Viertel nach zwei.*
Sono le tre e mezza.	*Es ist halb vier.*
Sono le quattro meno venti.	*Es ist zwanzig vor vier.*
A che ora...?	*Um wie viel Uhr ...?*

EINLADUNG

Ti va di uscire?	*Hast du Lust auszugehen?*
Ci vediamo?	*Sehen wir uns?*
Hai tempo? / Sei libero?	*Hast du Zeit?*
Buona idea!	*Gute Idee!*
Va bene! / D'accordo! / Volentieri!	*Einverstanden! Gerne!*
Mi dispiace, non posso.	*Es tut mir leid, ich kann nicht.*
Ho già un impegno.	*Ich bin schon verabredet.*
Grazie per l'invito, ma...	*Danke für die Einladung, aber ...*

DIE MODALVERBEN **POTERE** UND **DOVERE**

- Das Modalverb **potere** drückt eine Möglichkeit oder eine Erlaubnis aus.
  potere (*können, dürfen*): **io** posso, **tu** puoi, **lui / lei / Lei** può, **noi** possiamo, **voi potete**, **loro** possono
- Das Modalverb **dovere** drückt eine Notwendigkeit oder eine Pflicht aus.
  dovere (*müssen, sollen*): **io** devo, **tu** devi, **lui / lei / Lei** deve, **noi** dobbiamo, **voi dovete**, **loro** devono
- Modalverben und Infinitiv stehen im Italienischen in der Regel zusammen. Bei verneinten Sätzen steht **non** vor den Modalverben.
- Bei den Modalverben können die Objektpronomen vor- oder nachgestellt werden. Wenn sie an den Infinitiv angehängt werden, verliert der Infinitiv dabei seine Endung **-e**: Gli **devi rispondere.** / **Devi risponder**gli. *Du musst ihm antworten.*

DIE VERBEN **VENIRE** UND **DARE**

venire (*kommen*): **io** vengo, **tu** vieni, **lui / lei / Lei** viene, **noi veniamo**, **voi venite**, **loro** vengono
dare (*geben*): **io** do, **tu** dai, **lui / lei / Lei** dà, **noi** diamo, **voi date**, **loro** danno

DIE INDIREKTEN OBJEKTPRONOMEN

Sie ersetzen ein indirektes Objekt, das im Italienischen durch die Präposition **a** angeschlossen wird. Sie stehen vor dem konjugierten Verb und in verneinten Sätzen nach **non**.
Formen: **mi** *mir*, **ti** *dir*, **gli** *ihm*, **le** *ihr*, **Le** *Ihnen*, **ci** *uns*, **vi** *euch*, **gli** *ihnen*

IN CITTÀ 8

Sollten Sie in einer italienischen Stadt unterwegs sein, kann es mit dem Auto anstrengend werden: **il traffico** (*der Verkehr*) kann sehr chaotisch sein und einen Parkplatz zu finden ist oft problematisch. **Il centro storico** einer Stadt kann man in aller Ruhe zu Fuß besichtigen. Die Busse sind eine gute Alternative, jedoch nicht in Venedig! Hier sind die einzigen Verkehrsmittel **i vaporetti**, kleine Schiffe, und **le gondole**, die Wahrzeichen der Stadt. Eine Gondelfahrt ist allerdings ziemlich teuer: ungefähr 70 Euro ... und noch teurer wird es, wenn **il gondoliere** dazu singt!

1 Öffentliche Orte

77

Ordnen Sie jedem Bild das passende Wort zu. Hören Sie dann die Wörter und sprechen Sie sie nach.

1

2

3

4

5

6

7

8

9

____ **A** la posta
____ **B** la banca
____ **C** la scuola

____ **D** l'hotel
____ **E** il museo
____ **F** la biblioteca

____ **G** l'ospedale
____ **H** la chiesa
____ **I** la stazione

78 2 Nach dem Weg fragen und den Weg erklären

NACH DEM WEG FRAGEN FORMELL

- Scusi, mi sa dire dov'è via Roma?
- Senta, scusi, c'è una farmacia qui vicino?

NACH DEM WEG FRAGEN INFORMELL

- Scusa, cerchiamo il Museo Egizio.
- Scusa, sai dov'è l'Hotel Europa?

DEN WEG ERKLÄREN

- Sì, deve andare dritto fino al semaforo / fino all'incrocio / fino alla rotonda.
- Deve prendere la prima strada a destra / a sinistra.
- Deve prendere l'autobus. La fermata è qui vicino.
- Mi dispiace, non lo so.
- Mi dispiace, non sono di qui.

79 3 I segnali stradali – *Die Straßenschilder*

Sehen Sie sich die Straßenschilder an und hören Sie die Erklärungen auf Italienisch. Sprechen Sie diese nach und ergänzen Sie dann die fehlenden Ausdrücke.

girare a destra

1. ________ a sinistra

prendere la prima strada a destra

2. ________ la prima strada a sinistra

attraversare

3. ________ dritto / diritto

4 I punti di riferimento – *Die Bezugspunkte*

80

Für eine Wegbeschreibung braucht man oft diese Wörter. Ordnen Sie jedem Bild das passende Wort zu.

1

2

3

4

5

6

____ **A** alla fermata

____ **B** all'incrocio

____ **C** al semaforo

_6_ **D** all'angolo

____ **E** alla rotonda

_5_ **F** al ponte

5 Sa dov'è la biblioteca? – *Wissen Sie, wo die Bibliothek ist?*

81

Marco fragt nach dem Weg zur Bibliothek. Hören und lesen Sie die zwei Wegbeschreibungen. Welche Erklärung bringt ihn ans Ziel?

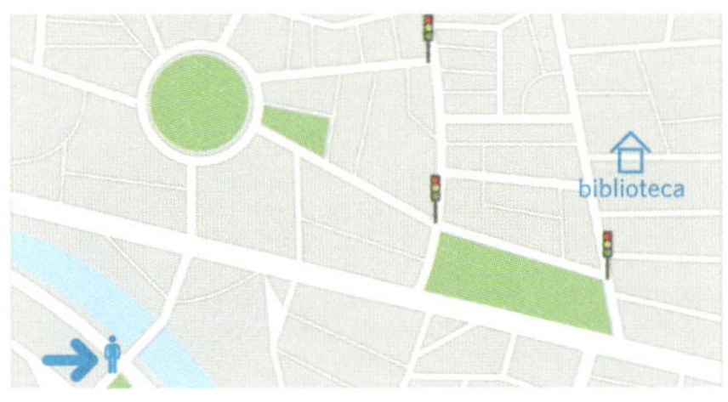

Um jemanden zu sagen, welchen Weg er gehen soll, benutzt man das Modalverb **dovere** (*müssen, sollen*): **Deve attraversare il ponte...**

1. Sì, allora, deve attraversare il ponte e andare dritto. Alla rotonda deve prendere la seconda strada a destra e continuare dritto. Al semaforo deve girare a destra e prendere la terza strada a sinistra, via Roma. La biblioteca è davanti alla banca.

2. Sì, allora, deve attraversare il ponte e andare diritto. Alla rotonda deve prendere la prima strada a destra e continuare dritto. Al secondo semaforo deve girare a sinistra e prendere la terza strada a destra, via Roma. La biblioteca è accanto alla posta.

82

6 Das Verb sapere

Suchen Sie die fehlenden Formen von **sapere** in den Sätzen der Übung 2. Vervollständigen Sie dann die Verbkonjugation.

UNREGELMÄSSIG

sapere *wissen*			
io	______	noi	**sappiamo**
tu	______	voi	**sapete**
lui, lei, Lei	______	loro	**sanno**

Das Verb **sapere** kann sich wie ein Modalverb verhalten, wenn es in der Bedeutung von *fähig sein* benutzt wird.

7 Wissen und können

Das Verb **sapere** wird im Deutschen auch mit *können* wiedergegeben. Übersetzen Sie die Sätze.

1. Er kann nicht schwimmen.

   Non sa nuotare.

2. Ich weiß es nicht.

   ______

3. Wir können Italienisch.

   ______

4. Können Sie mir sagen, wo die Post ist?

   ______

8 Die Ortsangaben

83

Sehen Sie sich an, wo die Katze ist. Hören und wiederholen Sie diese Ortsangaben.

accanto a

vicino a

davanti a

dietro

sopra

sotto

a sinistra di

a destra di

tra

Einige Ausdrücke enden mit einer Präposition, die mit dem bestimmten Artikel verschmilzt:
accanto al bar *neben dem Café*
a destra della casa *rechts vom Haus*

9 Nei paraggi – *In der Gegend*

Ergänzen Sie die Sätze, indem Sie die passenden Ortsangaben eintragen. Vergessen Sie nicht, dass die Präpositionen **a** und **di** mit dem bestimmten Artikel verschmelzen!

1. La bicicletta è ______________________ casa.
2. Il lampione è ______________________ le case.
3. L'albero è ______________________ la macchina.
4. La casa è ______________________ albero.
5. La bicicletta è ______________________ la macchina.

84

10 Verben auf -care und -gare

Bei den Verben auf **-care** und **-gare** wird ein **-h-** vor der Endung der 2. Person Singular (**tu**) und der 1. Person Plural (**noi**) eingeschoben, damit die Aussprache von **-c-** und **-g-** erhalten bleibt.

UNREGELMÄSSIG

cercare *suchen*			
io	**cerco**	noi	**cerchiamo**
tu	**cerchi**	voi	**cercate**
lui, lei, Lei	**cerca**	loro	**cercano**

11 Verben auf -iare

85

Die Verben auf **-iare** haben in der 2. Person Singular (**tu**) und in der 1. Person Plural (**noi**) nur ein **-i**.

Viaggiamo sempre in treno.

UNREGELMÄSSIG

viaggiare *reisen*			
io	**viaggio**	noi	**viaggiamo**
tu	**viaggi**	voi	**viaggiate**
lui, lei, Lei	**viaggia**	loro	**viaggiano**

12 Verben auf -care / -gare und -iare

Ergänzen Sie nun die folgenden Sätze.

1. Oggi (**pagare, tu**) ______________ tu il conto!
2. (**mangiare, noi**) ______________ un po' di frutta?
3. Cosa (**studiare, tu**) ______________?
4. (**giocare, noi**) ______________ a calcio?
5. (**cercare, tu**) ______________ l'ospedale?
6. (**cominciare, noi**) ______________ la lezione.

86

13 Die Pluralbildung der Substantive auf -ca / -ga und -co / -go

Sehen Sie sich dieses Schaubild an und ergänzen Sie die Pluralendungen der Substantive.

♀		♀♀
-ca la biblioteca	→	-che 1. le bibliote_____
-ga la collega		-ghe 2. le colle_____

♂		♂♂
-co il parco	→ mit der Betonung auf der vorletzten Silbe.	-chi 3. i par_____
-go il lago		-ghi 4. i la_____
-co il medico	→ mit der Betonung auf der drittletzten Silbe.	-ci 5. i medi_____
-go lo psicologo		-gi 6. gli psicolo_____

BEACHTEN SIE DIESE AUSNAHMEN!

l'amico – gli amici
il greco – i greci

14 Die Pluralbildung der Substantive auf -cia / -gia

🎧 87

Sehen Sie sich das Schaubild an und ergänzen Sie die Pluralendungen der Substantive.

-cia la farmacia	→ mit betontem i		-cie 1. le farma___
-gia l'allergia			-gie 2. le aller___
-cia / -gia la camicia la valigia	→ mit unbetontem i	wenn vor dem c und g ein <u>Vokal</u> steht	-cie 3. le cami___ -gie 4. le vali___
-cia / -gia l'arancia la spiaggia		wenn vor dem c und g ein <u>Konsonant</u> steht	-ce 5. le aran___ -ge 6. le spiag___

15 Mehrere

🎧 88

Bilden Sie den Plural der folgenden Substantive. Die betonten Vokale sind hervorgehoben.

1. la banca – le ___________
2. il cuoco – i ___________
3. la provincia – le ___________
4. la ciliegia – le ___________
5. il biologo – i ___________

16 Al primo semaforo... - *An der ersten Ampel ...*

Sehen Sie sich die Abbildung an, dann lesen und ergänzen Sie mit den fehlenden Ordnungszahlen die beiden Teile der Wegbeschreibungen aus der Übung 5. Die Ordnungszahlen werden wie Adjektive an das Geschlecht des Substantivs angepasst.

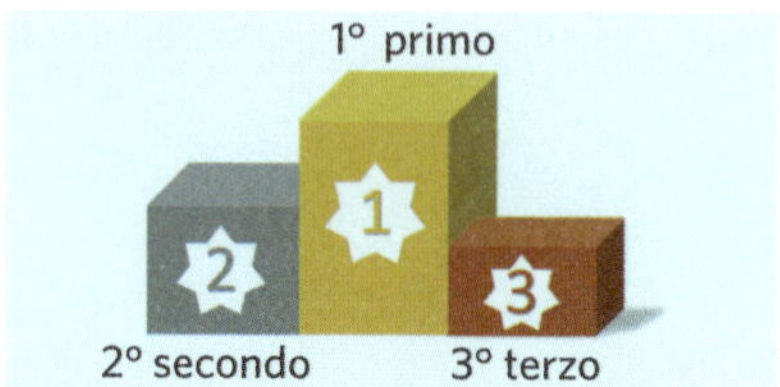

1. Alla rotonda deve prendere la (2ª) __________ strada a destra e continuare dritto. Al semaforo deve girare a destra e prendere la (3ª) __________ strada a sinistra.
2. Alla rotonda deve prendere la (1ª) __________ strada a destra e continuare dritto. Al (2°) __________ semaforo deve girare a sinistra e prendere la (3ª) __________ strada a destra.

89

17 Geschrieben, gesprochen

Hören Sie die Beispiele. Lesen Sie die Regel und sprechen Sie die Wörter nach.

Scusa, sai dov'è l'Hotel Europa?

No, mi dispiace, non sono di qui.

Cerchi l'ospedale?

hotel *Hotel*	**h** wird im Italienischen grundsätzlich nie ausgesprochen.
Europa *Europa*	**eu** wird wie zwei getrennte Vokale gesprochen.
qui *hier*	**qu** wird als / k / gesprochen gefolgt von einem sehr dunklen / u / .
ospedale *Krankenhaus*	Vorsicht! **Sp** wird wie in **Prospekt** ausgesprochen.

ORTSANGABEN

accanto a .... *neben*
vicino a .... *in der Nähe*
a destra di .... *rechts von*
a sinistra di .... *links von*
davanti a .... *vor*
dietro .... *hinter*
sopra .... *über*
sotto .... *unter*
tra .... *zwischen*
d(i)ritto .... *geradeaus*

NACH DEM WEG FRAGEN

Scusi, mi sa / può dire dov'è...? .... *Entschuldigen Sie, können Sie mir sagen, wo ... ist?*
Sa / Sai dov'è...? .... *Wissen Sie / Weißt du, wo ... ist?*
Cerchiamo il Museo... .... *Wir suchen das Museum ...*

DEN WEG ERKLÄREN

Deve andare... *Gehen Sie ...*
... fino all'incrocio. .... *... bis zur Kreuzung.*
... fino alla rotonda. .... *... bis zum Kreisverkehr.*
Al primo semaforo... .... *An der ersten Ampel ...*
... deve girare a destra. .... *... biegen Sie rechts ab.*
Deve prendere la prima strada... .... *Nehmen Sie die erste Straße ...*
... a destra / a sinistra. .... *... rechts / links.*
Deve attraversare il ponte. .... *Überqueren Sie die Brücke.*
Mi dispiace, non lo so. .... *Es tut mir leid, ich weiß es nicht.*

DIE VERBEN AUF -CARE, -GARE UND -IARE

Bei den Verben auf **-care** und **-gare** wird vor der Endung der 2. Person Singular und der 1. Person Plural ein **-h-** eingeschoben. So wird die Aussprache des **c** bzw. **g** beibehalten: **tu giochi / noi paghiamo** *du spielst / wir bezahlen.* Die Verben auf **-iare** haben in der 2. Person Singular und der 1. Person Plural nur ein **i**: **tu studi / noi studiamo** *du lernst / wir lernen.*

DAS VERB SAPERE

Das Verb **sapere** kann sich wie ein Modalverb verhalten, wenn es in der Bedeutung von *können, fähig* sein benutzt wird: **Non so parlare italiano.** *Ich kann kein Italienisch sprechen.*
sapere (*wissen, können*): **io so, tu sai, lui / lei / Lei sa, noi sappiamo, voi sapete, loro sanno**

DIE PLURALBILDUNG DER SUBSTANTIVE AUF -CA / -GA, -CO / -GO UND -CIA / -GIA

- Bei Substantiven auf **-ca / -ga** und **-co / -go** wird im Plural ein **-h-** eingefügt, um die Aussprache des **c** bzw. **g** beizubehalten: **l'amica – le amiche, il cuoco – i cuochi.**
- Männliche Substantive auf **-co / -go** enden im Plural auf **-ci / -gi**, wenn sie auf der drittletzten Silbe betont werden: **il medico – i medici.**
- Substantive auf **-cia / -gia** enden im Plural auf **-ce / -ge**, wenn dieser Endung ein Konsonant vorausgeht. In den anderen Fällen bleibt das **i** erhalten. Ein betontes **i** bleibt ebenfalls erhalten: **la spiaggia – le spiagge, la camicia – le camicie, la farmacia – le farmacie.**

9 CASA DOLCE CASA

Sind Sie in Italien bei jemandem zu Hause eingeladen, werden Sie sehr wahrscheinlich durch die Wohnung geführt. Man zeigt Ihnen alle Zimmer, auch das Badezimmer. Die Besichtigung machen Sie bis ins Schlafzimmer in Ihren Straßenschuhen! Diese sollten Sie beim Betreten einer Wohnung **nicht** ausziehen. In Italien würde man diese Geste befremdlich finden. Im Gegenteil, ist ein Gast wichtig, zieht sogar der Gastgeber in Italien die Straßenschuhe in der Wohnung an, anstatt mit Hausschuhen herumzulaufen!

90

1 Stanze e mobili – *Zimmer und Möbel*

Sehen Sie sich Bezeichnungen rund um die Wohnung an. Verbinden Sie die Wörter mit den entsprechenden Abbildungen. Einige Lösungen wurden schon vorgegeben. Hören Sie dann die Wörter und sprechen Sie sie nach.

___ **A** la scala
___ **B** la scrivania
___ **C** la libreria
1 **D** lo scaffale
3 **E** la porta
___ **F** la TV
___ **G** la lampada
11 **H** il pavimento
___ **I** il divano
___ **J** il tappeto
___ **K** il letto
4 **L** il soffitto

2 L'appartamento – *Die Wohnung*

91

Hören Sie die folgenden sechs Begriffe und lesen Sie sie mit. Anschließend hören Sie, wie man eine Wohnung beschreiben kann.

il bagno

il garage

la cantina

il balcone

il terrazzo

il giardino

SICH ÜBER EINE WOHNUNG INFORMIEREN UND EINE WOHNUNG BESCHREIBEN

- Com'è l'appartamento?
- È un po' piccolo...

- Come sono le stanze?
- Sono molto luminose!

92

3 Un annuncio immobiliare – *Eine Wohnungsanzeige*

Lesen Sie die Anzeige: Auf welche der beiden Wohnungen bezieht sie sich? Ordnen Sie dann jedem Begriff die passende Erklärung zu. Die Begriffe finden Sie in der Anzeige hervorgehoben, so dass Ihnen der Zusammenhang bei der Übung helfen kann.

BEACHTEN SIE:

Das Verb **affittare** bedeutet sowohl *vermieten* als auch *mieten*.

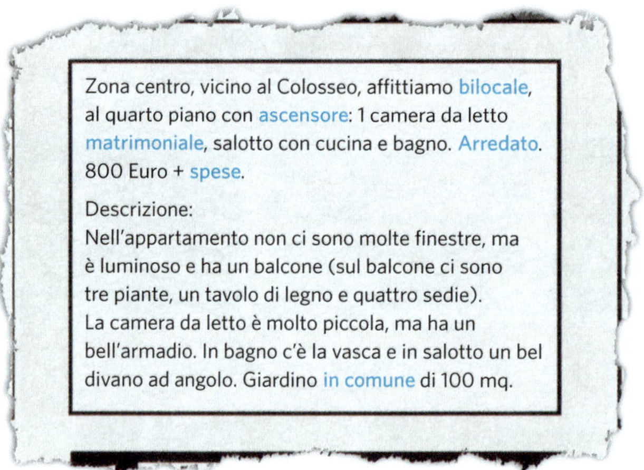

Zona centro, vicino al Colosseo, affittiamo bilocale, al quarto piano con ascensore: 1 camera da letto matrimoniale, salotto con cucina e bagno. Arredato. 800 Euro + spese.

Descrizione:
Nell'appartamento non ci sono molte finestre, ma è luminoso e ha un balcone (sul balcone ci sono tre piante, un tavolo di legno e quattro sedie). La camera da letto è molto piccola, ma ha un bell'armadio. In bagno c'è la vasca e in salotto un bel divano ad angolo. Giardino in comune di 100 mq.

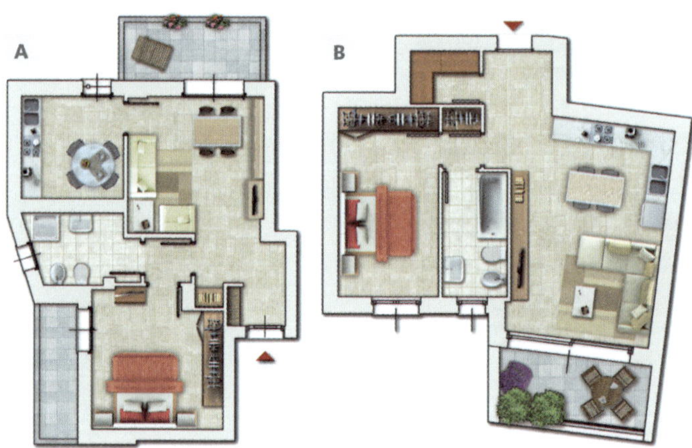

1. bilocale
2. ascensore
3. matrimoniale
4. arredato
5. spese
6. in comune

____ A per due persone
____ B luce, riscaldamento, ...
____ C con i mobili
____ D con due stanze
____ E non privato
____ F "mezzo di trasporto"

4 Was für ein Haus ist es?

Beschreiben Sie das jeweilige Haus mit einem Begriff.

trilocale | attico | villa | ~~monolocale~~

camera, angolo cottura, bagno.

1. È un monolocale.

salotto, due cucine, tre bagni, sei camere da letto, garage, giardino.

2. È ______

salotto, cucina abitabile, due camere, bagno.

3. È ______

salotto, cucina, due camere, doppi servizi, terrazzo, ultimo piano.

4. È ______

angolo cottura *Kochecke*
abitabile *bewohnbar*
ultimo *letzter*

DOPPI SERVIZI...

... bedeutet zwei Badezimmer.

5 Un trasloco – *Ein Umzug*

93

Beim Umzug ist etwas schief gelaufen. Finden Sie den Eindringling in jedem Zimmer.

1. **Cucina:** tavolo, sedie, forno, frigorifero, ~~divano~~.
2. **Salotto:** divano, poltrona, doccia, TV, tappeto.
3. **Camera da letto:** letto, armadio, scrivania, forno, sedia.
4. **Bagno:** poltrona, doccia, vasca, wc, lavandino.

RUND UMS HAUS

traslocare *umziehen*
comprare casa *ein Haus/eine Wohnung kaufen*
vendere casa *ein Haus/eine Wohnung verkaufen*

6 Bilderrätsel

Lösen Sie die Bilderrätsel. Das erste ergibt einen Teil einer Wohnung, das zweite einen Gegenstand, der im Badezimmer und in der Küche Platz findet. In den Lösungen finden Sie auch die Übersetzung dazu.

2. Person Singular des Verbs correre
(5 Buchstaben)

1. Person Singular des Verbs dare
(2 Buchstaben)

Personalpronomen 1. Person Singular
(2 Buchstaben)

1. ___ ___ ___ ___ ___ ___ ___ ___ ___

3. Person Singular des Verbs lavare
(4 Buchstaben)

eine Präposition
(2 Buchstaben)

Verneinung
(2 Buchstaben)

2. ___ ___ ___ ___ N ___ ___ ___ ___

94

7 Die Präpositionen su und in

Sie haben schon die Verschmelzung von **a** und **da** mit dem Artikel gesehen. Die Präpositionen **su** (*auf*) und **in** (*in*) verschmelzen auch mit dem bestimmten Artikel. Sehen Sie sich die vorgegebenen Formen an und ergänzen Sie die fehlenden Formen.

BEACHTEN SIE:
in cucina / in salotto / in camera / in bagno. Aber: sul balcone / sul terrazzo.

Sul balcone ci sono tre piante.

Nell'appartamento ci sono molte finestre.

+	il	lo	l'	la	i	gli	le
su	sul	sullo	___	___	sui	___	sulle
in	nel	___	___	___	nei	___	___

8 Non trovo niente. – *Ich finde nichts.*

Ergänzen Sie die Sätze mit den passenden Präpositionen.

1

Dove sono le camicie?

Sono ________ armadio.

2

Dove sono i fiori?

Sono ________ vasi.

3

Dov'è il gatto?

È ________ sedia.

4

Dove sono le matite?

Sono ________ zaino.

5

Dove sono i libri?

Sono ________ scaffale.

6

Dove sono i cuscini?

Sono ________ divano.

vasi *Blumentöpfe*
matite *Bleistifte*
zaino *Rucksack*
cuscini *Kissen*

9 Die Präposition **di** als Materialangabe

 95

Ergänzen Sie die Sätze wie im Beispiel.

plastica ~~legno~~ marmo vetro

1

Il tavolo è di legno.

2

Il pavimento è di ________

3

Il piatto è di ________

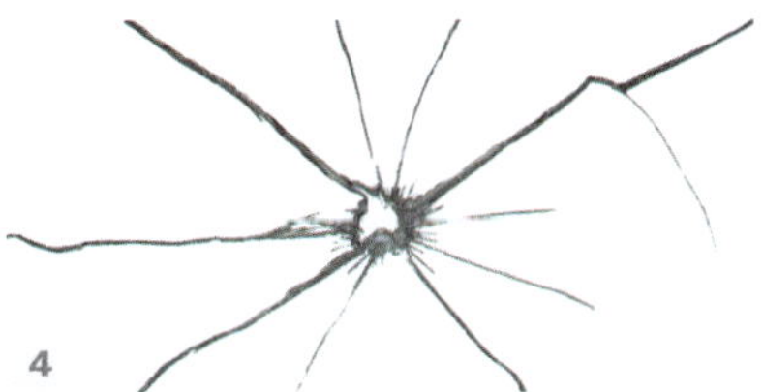
4

Lo specchio è di ________

10 Die Mengenadverbien und Mengenadjektive

MENGENADVERBIEN

Mengenadverbien bleiben unverandert und enden auf -o.

- Sie stehen entweder vor dem Adjektiv, auf das sie sich beziehen, und verstärken seine Bedeutung:
  La camera è molto piccola. *Das Zimmer ist sehr klein.*
- Oder sie stehen hinter dem Verb, auf das sie sich beziehen, und beschreiben die Handlung:
  Lavora molto. *Sie arbeitet viel.*

MENGENADJEKTIVE

Mengenadjektive richten sich in Geschlecht und Zahl nach dem Substantiv. Sie stehen immer vor dem Substantiv, auf das sie sich beziehen, und beschreiben es: **Non ci sono molte finestre.** *Es gibt nicht viele Fenster.*

- **molto, tanto** *viel*
- **poco** *wenig*
- **troppo** *zu viel*

11 Adverb oder Adjektiv?

Ergänzen Sie die Sätze mit den richtigen Formen von **molto**, **poco** und **troppo** als Adverb oder Adjektiv.

BEACHTEN SIE:

poco wird im Plural zu **pochi** und **poche**!

1. Mi piace **(molto)** molto ______ la cucina francese, ma so preparare **(poco)** pochi ______ piatti.
2. Oggi ho **(poco)** ______ tempo e ho **(molto)** ______ cose da fare.
3. Giacomo mangia **(troppo)** ______ e ha sempre **(molto)** ______ fame!
4. A Roma ci sono **(troppo)** ______ turisti e **(molto)** ______ monumenti.
5. La casa è **(molto)** ______ luminosa e non dista **(molto)** ______ dal centro.
6. Oggi sto a casa, ho **(poco)** ______ voglia di uscire e **(molto)** ______ sonno!

12 Abito al piano terra. - *Ich wohne im Erdgeschoss.*

96

Sie haben schon einige Ordnungszahlen gesehen. Lesen Sie die Regel und ergänzen Sie dann die fehlenden Ordnungszahlen.

Von 1. bis 10. haben die Ordnungszahlen unregelmäßige Formen: **primo, secondo, terzo, quarto, quinto, sesto, settimo, ottavo, nono, decimo.** Ab 11. wird das Suffix **-esimo** an die Grundzahl direkt angehängt. Dabei entfällt der letzte Vokal. Bei Zahlen, die auf **-tré** und **-sei** enden, bleibt der Vokal jedoch erhalten, der Akzent (**é**) fällt aber aus.

11°	*undicesimo*	23°	*ventitreesimo*
12°	______	24°	______
13°	______	25°	______
14°	*quattordicesimo*	26°	*ventiseiesimo*
15°	______	27°	______
16°	______	28°	______
17°	*diciassettesimo*	29°	*ventinovesimo*
18°	______	30°	*trentesimo*
19°	______	...	
20°	*ventesimo*	99°	*novantanovesimo*
21°	______	100°	______
22°	*ventiduesimo*	101°	*centounesimo*

13 Die Ordnungszahlen als Adjektive

Ergänzen Sie die Sätze mit dem passenden Artikel und der Ordnungszahl.

1. Conoscete ______ sinfonia di Beethoven, con l'Inno alla gioia?
2. "In città" è ______ lezione del libro.
3. Aprile è ______ mese dell'anno.
4. Il sabato è ______ giorno della settimana.

97

14 Contrari – *Gegenteile*

Wie kann eine Wohnung oder ein Zimmer noch beschrieben werden? Verbinden Sie jedes Adjektiv mit seinem Gegenteil. Hören Sie dann die Ergebnisse.

1. ampio ___ A rumoroso

2. arredato ___ B moderno

3. silenzioso ___ C economico

4. caro ___ D vuoto

5. luminoso ___ E stretto

6. antico ___ F buio

15 Das Adjektiv bello

98

In der Übung 3 haben Sie **un bell'armadio** und **un bel divano** gesehen. Wenn **bello** vor dem Substantiv steht, enden seine Formen wie die des bestimmten Artikels.

KURZFORMEN

Das Adjektiv **bello** weist unterschiedliche Formen auf, je nachdem ob es direkt nach dem Substantiv oder vor dem Substantiv steht.

L'armadio è bello. *Der Kleiderschrank ist schön.*
Un bell'armadio. *Ein schöner Kleiderschrank.*

männlich Singular	bel bello bell'	weiblich Singular	bella bell'
männlich Plural	bei begli	weiblich Plural	belle

16 Hier ist alles schön!

99

Vervollständigen Sie die folgenden Beschreibungen mit den richtigen Formen von **bello**.

1. Torino è davvero una ________ città! Ci sono molti ________ palazzi e tante ________ piazze. Io abito in un ________ appartamento, in una ________ via del centro.
2. Il Festival del Cinema di Roma è davvero un ________ evento! Ci sono molti ________ film da vedere. Anche l'atmosfera in città nei giorni del festival è molto ________.
3. La nuova casa è davvero ________! Ci sono quattro ________ stanze e due ________ bagni. In camera ci sono due ________ armadi e un ________ letto grande.

HAUS UND ZIMMER

la casa	*das Haus*
l'appartamento	*die Wohnung*
l'attico	*die Dachwohnung*
l'ingresso	*das Vorzimmer*
il corridoio	*der Flur*
la camera da letto	*das Schlafzimmer*
la cucina	*die Küche*
il salotto	*das Wohnzimmer*
lo studio	*das Arbeitszimmer*
il bagno	*das Badezimmer*
la cantina	*der Keller*
il giardino	*der Garten*

MÖBEL UND GEGENSTÄNDE

l'armadio	*der Schrank*
il divano	*das Sofa*
la doccia	*die Dusche*
la finestra	*das Fenster*
il forno	*der Backofen*
il frigorifero	*der Kühlschrank*
la lampada	*die Lampe*
il lavandino	*das Waschbecken*
il letto	*das Bett*
la libreria	*der Bücherschrank*
la porta	*die Tür*
lo scaffale	*das Regal*
la scala	*die Treppe*
la scrivania	*der Schreibtisch*
la sedia	*der Stuhl*
il tappeto	*der Teppich*
il tavolo	*der Tisch*
la vasca	*die Badewanne*

MATERIALIEN

di legno	*aus Holz*
di marmo	*aus Marmor*
di plastica	*aus Plastik*
di vetro	*aus Glas*

DIE MENGENADVERBIEN UND MENGENADJEKTIVE

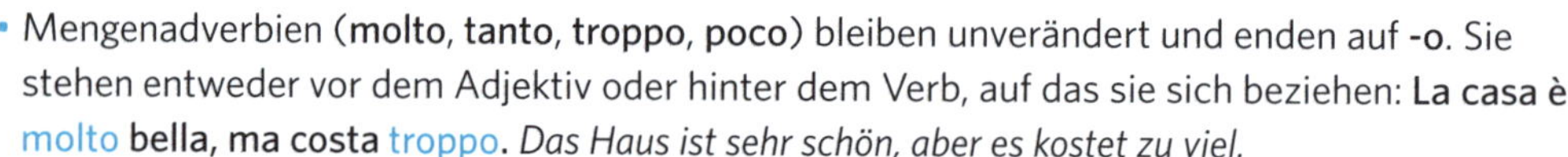

- Mengenadverbien (**molto**, **tanto**, **troppo**, **poco**) bleiben unverändert und enden auf **-o**. Sie stehen entweder vor dem Adjektiv oder hinter dem Verb, auf das sie sich beziehen: **La casa è molto bella, ma costa troppo.** *Das Haus ist sehr schön, aber es kostet zu viel.*
- Als Mengenadjektive richten sie sich in Geschlecht und Zahl nach dem Substantiv. Sie stehen immer vor dem Substantiv, auf das sie sich beziehen: **La casa ha molte stanze.** *Das Haus hat viele Zimmer.*

DIE ORDNUNGSZAHLEN

- Die Ordnungszahlen richten sich in Geschlecht und Zahl nach ihrem Bezugswort.
- Von 1. bis 10. haben die Ordnungszahlen unregelmäßige Formen: **primo**, **secondo**, **terzo**, **quarto**, **quinto**, **sesto**, **settimo**, **ottavo**, **nono**, **decimo**.
- Ab 11. wird das Suffix **-esimo** an die Grundzahl angehängt. Dabei entfällt der letzte Vokal. Bei Zahlen, die auf **-tré** und **-sei** enden, bleibt der Vokal jedoch erhalten, der Akzent (**é**) fällt aber aus.

DAS ADJEKTIV BELLO

- Wenn **bello** vor dem Substantiv steht, enden seine Formen wie die des bestimmten Artikels: **bel divano**, **bell'appartamento**, **bello studio**, **bella camera**, **bei mobili**, **begli armadi**, **belle lampade**.
- Wenn es nach dem Sustantiv steht, hat nur vier Formen: **bello / a** und **belli / e**: **I mobili sono molto belli.** *Die Möbel sind sehr schön.*

LA MIA FAMIGLIA 10

Über 70% der 18-34 Jährigen wohnen in Italien noch bei den Eltern (Istat 2022). Das liegt an der hohen Arbeitslosenquote, den teuren Mieten, aber auch an der eigenen Bequemlichkeit. Tatsache ist, die Familienmitglieder helfen sich untereinander und die älteren Angehörigen werden z. B. bei der Betreuung der Enkelkinder miteinbezogen. Die Familienbindung hat jedoch nicht nur angenehme Seiten. Ein Sprichwort lautet: **I parenti sono come le scarpe, più sono stretti e più fanno male.** *Verwandte sind wie Schuhe, je enger sie sind, umso mehr tun sie weh.*

1 L'albero genealogico – *Der Stammbaum*

100

A. Sehen Sie sich den Stammbaum an. Ergänzen Sie die Sätze mit den richtigen Namen der Personen.

GESCHWISTER

Auf Italienisch gibt es kein Wort für *Geschwister*. Man sagt: **fratelli e sorelle**.

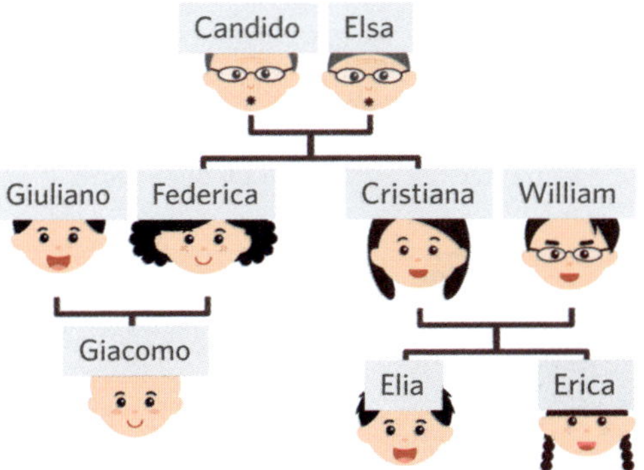

1. La **mamma** di Giacomo: ________.
2. Il **marito** di Federica: *Giuliano*.
3. La **sorella** di Federica: ________.
4. Il **fratello** di Erica: ________.
5. La **zia** di Giacomo: *Cristiana*.
6. La **nonna** di Elia: ________.
7. Il **papà** di Cristiana: ________.
8. La **moglie** di Candido: *Elsa*.
9. La **figlia** di William: *Erica*.
10. Il **cugino** di Elia: ________.
11. I **genitori** di Giacomo: ________ e ________.
12. I **nonni** di Erica: ________ e ________.

BEACHTEN SIE:

Nipote bedeutet sowohl *Enkel/in*, als auch *Neffe/Nichte*!

B. Vervollständigen Sie nun die Tabelle und hören Sie sich die Verwandtschaftsbezeichnungen an.

♂	13. lo zio	il nonno	15. ______	il cugino	il nipote
♀	la zia	14. ______	la figlia	16. ______	la nipote

101 2 L'aspetto fisico – *Das Aussehen*

Wenn Sie jemanden beschreiben möchten, können Sie folgende Ausdrücke gebrauchen.

Ha il naso grosso e la barba.

Ha gli occhi verdi e porta gli occhiali.

È basso e lungo.

È alta e magra.

102 3 Il carattere – *Der Charakter*

Mit den folgenden Ausdrücken können Sie über den Charakter einer Person sprechen.

Parla poco ed è una persona riflessiva.
Er spricht wenig und ist ein nachdenklicher Mensch.

Ha un carattere molto difficile.
Sie hat einen schwierigen Charakter.

4 Ritratto di famiglia - *Familienbild*

🎧 103

Francesca zeigt Davide einige Familienfotos. Hören Sie, zu und ordnen Sie jedem Abschnitt das passende Bild zu. Ein Foto bleibt übrig.

____ A ____ B ____ C ____ D ____ E

5 Parlare della famiglia - *Über die Familie sprechen*

Lesen Sie nun, wie Francesca die Bilder beschreibt, und ergänzen Sie die Tabelle: Welche Ausdrücke beziehen sich auf das *Aussehen* (**aspetto**) und welche auf den *Charakter* (**carattere**)?

Davide, guarda: **A** qui c'è mia sorella con la sua bicicletta nuova. È particolarmente allegra in questa foto! **B** E questa è la mia vicina di casa, sì la signora con i capelli bianchi e gli occhi azzurri, è molto simpatica e gentile. **C** E qui sono io, in campagna dai miei nonni, guarda molto attentamente: sai cosa leggo? Il tuo libro! Sembro un po' triste in questa foto, vero? **D** E poi mio padre, il signore con la barba e i capelli corti, mentre ascolta la sua musica preferita, tranquillo sul divano! **E** E infine le mie care cugine Gloria e Ada, durante la loro pausa pranzo. Lo sai che Gloria è ancora adesso più alta di Ada? Poi ci sono le foto delle mie vacanze, scorro velocemente, sono meno interessanti delle foto della mia famiglia...

1. aspetto	2. carattere
____________	____________
____________	____________
____________	____________
____________	____________
____________	____________

104

6 Segni particolari – *Merkmale*

Was kann man bei Personenbeschreibungen sagen?
Bei Eigenschaftsangaben wird die Präposition **con** verwendet.

CAPELLI…

capelli neri – *schwarze Haare*

capelli castani – *braune Haare*

capelli rossi – *rote Haare*

capelli biondi – *blonde Haare*

capelli bianchi – *weiße Haare*

…la signora con i capelli bianchi e gli occhi azzurri.

ADJEKTIVE AUF -CO / -CA, -GO / -GA

Für die Pluralbildung gelten die gleichen Regeln wie bei den Substantiven (siehe Lektion 8). Aber beachten Sie: Adjektive auf **-go** bilden den Plural immer auf **-ghi**!

ricci

lisci

corti

lunghi

OCCHI…

occhi verdi – *grüne Augen*

occhi castani – *braune Augen*

occhi azzuri – *blaue Augen*

SEGNI PARTICOLARI…

baffi

barba

…il signore con la barba.

7 Descrizioni – *Beschreibungen*

Ergänzen Sie die Beschreibungen mit den passenden Adjektiven im Plural.

1. Ha i capelli ______________ e ______________.

2. Ha i capelli ______________ e gli occhi ______________.

3. Ha i capelli ______________ e ______________.

8 Die Possessivbegleiter

105

Suchen Sie die Formen der Possessivbegleiter in der Übung 5 und ergänzen Sie die Tabelle mit dem Possessivbegleiter + Artikel.

Die Possessivbegleiter richten sich in Geschlecht und Zahl immer nach dem Bezugswort, auf das sie sich beziehen, und werden in der Regel vom bestimmten Artikel begleitet:
il tuo libro *dein Buch*, **la mia vicina di casa** *meine Nachbarin*

Besitzer	Singular		Plural	
	♂	♀	♂	♀
io	il mio	______	______	______
tu	______	la tua	i tuoi	le tue
lui/lei	il suo	______	i suoi	le sue
noi	il nostro	la nostra	i nostri	le nostre
voi	il vostro	la vostra	i vostri	le vostre
loro	il loro	______	i loro	le loro

LORO

Die Form ist unveränderlich!

9 Il possesso – *Der Besitz*

Ergänzen Sie mit den passenden Formen im Singular oder Plural.

1. la mia collega → *le mie colleghe*
2. il tuo libro → ______
3. la sua casa → ______
4. ______ → le nostre famiglie
5. il vostro amico → ______
6. ______ → i loro vicini

ANDERS ALS IM DEUTSCHEN!

In der 3. Person Sg. wird zwischen männlichem und weiblichem Besitzer nicht unterschieden:
la casa di Francesca / di Davide: la sua casa *ihr / sein Haus*
il libro di Francesca / di Davide: il suo libro *ihr / sein Haus*

10 Die Possessivbegleiter mit Verwandtschaftsbezeichnungen

Folgt dem Possessivbegleiter eine Verwandtschaftsbezeichnung entfällt in bestimmten Fällen der Artikel! Lesen Sie den Text der Übung 5 noch einmal und formulieren Sie die Regel, indem Sie die passende Antwort auswählen.

1. OHNE ARTIKEL

Possessivbegleiter + Verwandtschaftsbezeichnung:

- ☐ **A** im Singular.
- ☐ **B** im Plural.

2. MIT ARTIKEL

Possessivbegleiter + Verwandtschaftsbezeichnung:

- ☐ **A** im Singular.
- ☐ **B** im Plural.

... und immer vor **loro**: **la** loro **mamma**.

11 Mit oder ohne Artikel?

Unterstreichen Sie die passenden Possessivbegleiter.

1. Ma dov'è **la mia / mia** bicicletta?
2. **Il loro / Loro** nipote lavora a Londra.
3. Ci date **il vostro / vostro** numero di telefono?
4. **La sua / Sua** moglie è francese.
5. Come sono **i tuoi / tuoi** genitori?
6. **La nostra / Nostra** sorella abita in campagna.

12 Pregi e difetti - *Stärken und Schwächen*

106

Wie kann man den Charakter einer Person noch beschreiben? Verbinden Sie jedes Adjektiv mit seinem Gegenteil.

pregi	difetti
1. onesto	___ A antipatico
2. facile	___ B egoista
3. maturo	___ C scortese
4. gentile / cortese	___ D noioso
5. simpatico	___ E difficile
6. allegro	___ F disonesto
7. altruista	___ G triste
8. divertente	___ H introverso
9. estroverso	___ I immaturo

13 Die Stellung der Adjektive

Einige Adjektive haben eine unterschiedliche Bedeutung, je nachdem, ob sie vor oder nach dem Substantiv stehen. Hier sehen Sie einige Beispiele.

Qui le mie care cugine Gloria e Ada...

un grande libro	←	**grande**	→	un libro grande
un buon medico	←	**buono**	→	un medico buono
una sola donna	←	**solo**	→	una donna sola
un caro amico	←	**caro**	→	un regalo caro

grande *bedeutend / groß*
buon *fähig*
buono *herzensgut*
sola *einzig / einsam*
caro *liebenswert / teuer*

107

14 Die Bildung der Adverbien

A. In der Übung 5 haben Sie die Adverbien **particolarmente**, **attentamente** und **velocemente** gesehen.

Im Gegensatz zu Adjektiven sind Adverbien unveränderlich. Die Adverbien, die von Adjektiven abgeleitet werden, werden nach folgendem Muster gebildet.
Im Italienischen gibt es zwei Klassen von Adverbien:

1. **weibliche** Form des Adjektivs + **-mente**
   lento → lenta → lentamente
2. Adjektive auf **-e** + **-mente**
   veloce → velocemente

AUSNAHME:

leggero → leggermente

BEACHTEN SIE:

Adjektive auf **-le** und **-re** verlieren das **e**.
particolare → particolarmente

B. Bilden Sie nun selbst zu diesen Adjektiven Adverbien nach dem obigen Muster.

1. sicuro ______
2. nuovo ______
3. difficile ______
4. facile ______
5. tranquillo ______
6. naturale ______

15 Der Komparativ

Mit dem Komparativ kann man unterschiedliche Dinge miteinander vergleichen.

Der Komparativ bezeichnet den höheren (ausgedrückt durch **più**) oder den niedrigeren (ausgedrückt durch **meno**) Grad einer Eigenschaft.

<table>
<tr><td rowspan="3">più
meno</td><td rowspan="3">Adjektiv / Adverb</td><td rowspan="2">di</td><td rowspan="2">+</td><td>Pronomen</td></tr>
<tr><td>Eigennamen</td></tr>
<tr><td>di
(+ Artikel)</td><td>+</td><td>Substantive</td></tr>
</table>

Ada è meno elegante di Gloria.
Ada ist weniger elegant als Gloria.

Gloria è più alta di Ada.
Gloria ist größer als Ada.

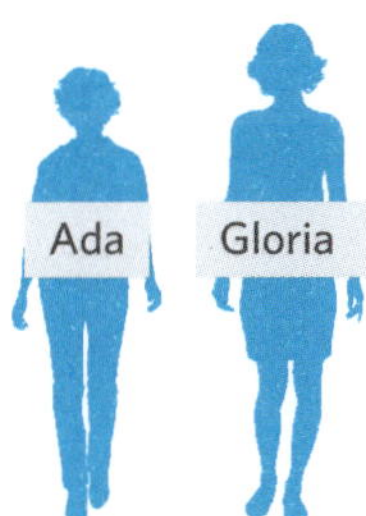

16 Die Grundstufe des Vergleichs

Sehen Sie sich die Bildung der Grundstufe des Vergleichs, die Gleichheit, an.

Sei grasso come un maiale!
Du bist so fett wie ein ein Schwein!

Die Grundstufe des Vergleichs wird mit **come** gebildet, was dem deutschen *(genau)so … wie* entspricht: Adjektiv / Adverb + **come**

17 Vergleiche ziehen

Ergänzen Sie die Sätze mit den Vergleichsformen.

piuma *Feder*

1. Elena è leggera ____________ una piuma.
2. Mi piace più il vino ____________ birra.
3. Sei più altruista ____________ Giorgio.
4. Siete più alti ____________ noi.
5. Il giapponese è più difficile ____________ spagnolo.
6. Ho ventidue anni, sono giovane ____________ te.

108

18 Die Pluralbildung der Substantive auf -io

Sehen Sie sich die Regel an und bilden Sie die Pluralform der Substantive.

Singular	Plural
-io mit betontem i lo zio	-ii 1. gli ____________
-io mit unbetontem i il figlio	-i 2. i ____________

ADJEKTIVE AUF -IO

Es gilt die gleiche Regel wie bei den Substantiven:
riccio → ricci

AUSSPRACHE

figlio: gl vor i wird wie in Brillant gesprochen.
Gloria: gl vor a, e, o und u (und in wenigen Wörtern vor i) wird wie in Glück gesprochen.

DIE FAMILIE

la mamma ... *die Mutter / die Mama*
il papà ... *der Vater / der Papa*
i genitori ... *die Eltern*
il figlio / la figlia ... *der Sohn / die Tochter*
il fratello ... *der Bruder*
la sorella ... *die Schwester*
il nonno ... *der Großvater*
la nonna ... *die Großmutter*
il marito / la moglie ... *der Ehemann / die Ehefrau*
lo zio / la zia ... *der Onkel / die Tante*
il cugino / la cugina ... *der Cousin / die Cousine*

DAS AUSSEHEN

alto / basso ... *groß / klein*
capelli bianchi ... *weiße Haare*
... biondi ... *blonde Haare*
... castani ... *braune Haare*
... neri ... *schwarze Haare*
... rossi ... *rote Haare*
... ricci / lisci ... *lockige / glatte Haare*
... corti / lunghi ... *kurze / lange Haare*
la barba / i baffi ... *Bart / Schnurrbart*
grasso / magro ... *dick / schlank*
occhi azzurri ... *blaue Augen*
... castani ... *braune Augen*
... verdi ... *grüne Augen*

DER CHARAKTER

allegro / triste ... *fröhlich / traurig*
altruista / egoista ... *uneigennützig / selbstsüchtig*
cortese / scortese ... *freundlich / unfreundlich*
divertente / noioso ... *lustig / langweilig*
maturo / immaturo ... *reif / unreif*
onesto / disonesto ... *ehrlich / unehrlich*
simpatico / antipatico ... *sympathisch / unsympathisch*
tranquillo ... *ruhig, friedlich*

DIE POSSESSIVBEGLEITER

- Die Possessivbegleiter richten sich in Geschlecht und Zahl nach ihrem Bezugswort. Nur **loro** bleibt unverändert. Vor dem Possessivbegleiter steht in der Regel der bestimmte Artikel.
- männlich Singular: **il mio, il tuo, il suo, il nostro, il vostro, il loro**
- weiblich Singular: **la mia, la tua, la sua, la nostra, la vostra, la loro**
- männlich Plural: **i miei, i tuoi, i suoi, i nostri, i vostri, i loro**
- weiblich Plural: **le mie, le tue, le sue, le nostre, le vostre, le loro**
- Bei Verwandtschaftsbezeichnungen im Singular entfällt der Artikel: mio **fratello** *mein Bruder*. Im Plural und bei **loro** wird der Artikel jedoch verwendet: i miei **fratelli** *meine Brüder*.

DIE ADVERBIEN AUF -MENTE

Diese Adverbien werden gebildet, indem man an die weibliche Form des Adjektivs die Endung **-mente** anhängt: **nuovo** → **nuova** → **nuovamente**.
Bei Adjektiven auf **-e** wird **-mente** an die unveränderte Form angehängt.
Bei Adjektiven auf **-le** und **-re** entfällt der Endvokal **e**.

DER VERGLEICH

Auf Italienisch wird der Komparativ mit **più** oder **meno** und dem Adjektiv gebildet. Das Vergleichselement wird meistens durch **di** eingeführt, z. B. wenn ein Pronomen oder ein Substantiv folgt. Steht ein Substantiv mit bestimmtem Artikel, verschmilzt die Präposition mit dem Artikel: **Fabio è più alto** del **suo amico.** *Fabio ist größer als sein Freund.*

11 IN GIRO PER NEGOZI

Die italienische Mode ist überall auf der Welt Symbol für Eleganz und Exzellenz. **Mailand** ist mit seinem **Quadrilatero della moda** (*Modeviertel:* Via Montenapoleone, Via della Spiga, ...) sowie mit der Modewoche, **la settimana della moda**, weltberühmt. **Rom** bietet zahlreiche Luxusboutiquen um die Piazza di Spagna, Trinità dei Monti und Via del Corso. Auch **Florenz** ist ein wichtiger Modeplatz, vor allem für Lederware, Schuhe und Accessoires.

109

1 Abbigliamento – *Bekleidung*

Hören Sie, wie diese Wörter ausgesprochen werden und sprechen Sie sie nach.

110

2 Gli accessori – *Die Accessoires*

Lesen Sie die Sätze und ordnen Sie die erwähnten Accessoires den Bildern zu.

____ **A** Queste **scarpe** sono troppo piccole!

____ **B** Ti piace il mio **cappello** da cuoco?

____ **C** Stasera vorrei essere elegante, mi metto la **cravatta**?

____ **D** Questa **sciarpa** di lana è molto calda!

____ **E** Quanto costa quella **borsa** rossa?

____ **F** Quale **cintura** preferisci?

3 Fare shopping – *Shoppen*

111

Was sagt die Verkäuferin (**commessa**) und was die Kundin (**cliente**)? Hören Sie zu.

COMMESSA

Che taglia porta?

Quali colori preferisce?

Che numero di scarpe porta?

Quale modello vuole provare?

CLIENTE

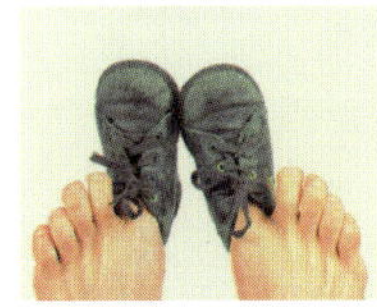

Non ha un numero in più?

Non ha una taglia più piccola?

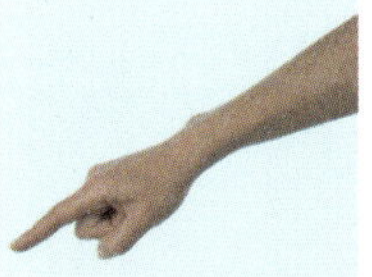

Vorrei provare quella gonna blu.

Scusi, dov'è il camerino?

4 Fare dei complimenti – *Komplimente machen*

Cliente: Come mi sta?

Commessa: Ma questo vestito le sta benissimo!

Cliente: Come mi stanno?

Commessa: Questi pantaloni sono perfetti per lei!

113

5 In un negozio di abbigliamento – *In einem Modegeschäft*

Laura ist auf der Suche nach einem Kleid für eine Hochzeit. Hören Sie sich den Dialog mit der Verkäuferin an und finden Sie heraus, welches dieser Kleider Laura anprobiert. Kreuzen Sie an.

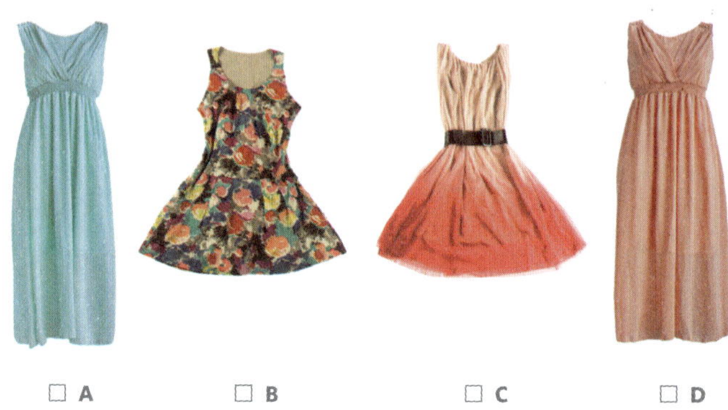

☐ A ☐ B ☐ C ☐ D

113

6 Chi parla? – *Wer spricht?*

Lesen Sie die folgenden Sätze. Wer spricht? Die Kundin oder die Verkäuferin? Hören Sie dann den Dialog noch einmal und überprüfen Sie Ihre Antworten.

	Cliente	Commessa
1. Come posso aiutarla?	☐	☐
2. Vorrei un vestito corto ed elegante.	☐	☐
3. Blu, ma non troppo scuro. Oppure rosa.	☐	☐
4. Provo quello azzurro e quello rosa.	☐	☐
5. Allora come vanno i vestiti?	☐	☐
6. Ha bisogno anche di un paio di scarpe?	☐	☐
7. Ma perché non prova queste scarpe bianche?	☐	☐
8. Stanno così bene con il vestito!	☐	☐
9. Sì, bellissime! Le provo.	☐	☐
10. Queste scarpe sono più belle che comode.	☐	☐

GRÖSSENTABELLE

Um die richtige italienische Größe auszurechnen, muss man zu der deutschen Größe vier hinzurechnen, z. B. deutsche Größe 38 = italienische Größe 42.

7 Muster

114

Welches Muster kann ein Kleid haben? Man verwendet in der Regel die Präposition **a**. Hören Sie und lesen Sie mit.

a righe | a quadri | a pois

a fiori | a tinta unita | fantasia

8 Die Farbadjektive

 115

Sie haben schon einige Farben in der Lektion 10 gesehen. Lernen Sie nun alle wichtigen Farben. Hören Sie sich die Farben an und lesen Sie mit.

nero | marrone | grigio | blu | azzurro | verde

arancione | giallo | rosso | viola | rosa | bianco

UNVERÄNDERLICHE FARBADJEKTIVE

Die meisten Farbadjektive werden in Geschlecht und Zahl angeglichen: **Ma perché non prova queste scarpe bianche?** *Aber warum probieren Sie nicht diese weißen Schuhe an?*

Einige Farbadjektive sind jedoch unveränderlich, z. B.: **blu, viola, rosa.**
Quelle scarpe blu in vetrina? *Die blauen Schuhe im Schaufenster?*
Und auch die zusammengesetzten Farbbezeichnungen bleiben unverändert: z. B.: **verde chiaro** *hellgrün*, **verde scuro** *dunkelgrün*, **giallo senape** *senfgelb*.

116

9 Contrari – *Gegenteile*

Verbinden Sie jedes Adjektiv mit seinem Gegenteil.

1. pesante ____ A corto

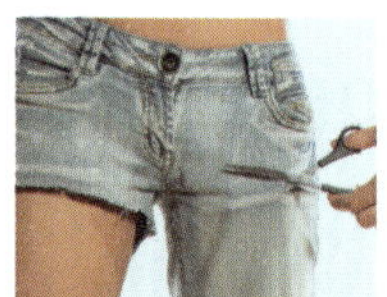

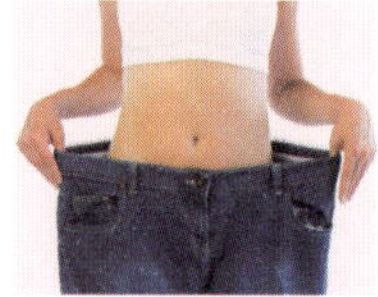

2. largo ____ B elegante

3. sportivo ____ C grande

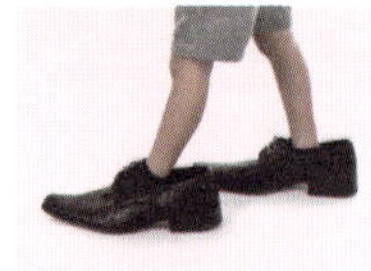

4. lungo ____ D comodo

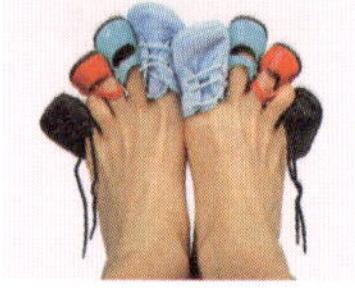

5. piccolo ____ E stretto

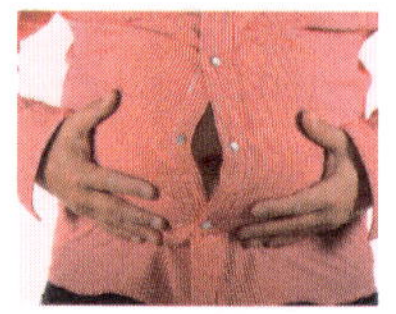

6. scomodo ____ F leggero

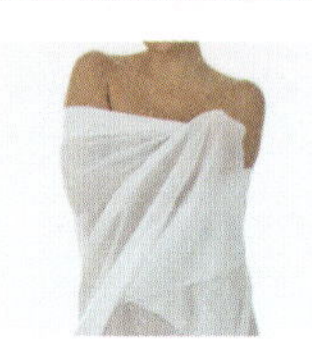

10 Die unveränderlichen Adjektive

Zu den unveränderlichen Adjektiven gehören auch die Adjektive, die als Fremdwörter gelten, wie z. B.: **casual**, **chic**, **snob**, **standard**.

Ho solo amici chic e snob!

11 Lui / Lei porta... - *Er / Sie trägt ...*

Beschreiben Sie, wie diese Kinder gekleidet sind.

1

Porta una camicia a quadri e un paio di pantaloni a righe.

2

Porta...

3

Porta...

I pantaloni (*die Hose*) ist im Italienischen immer im Plural. Im Singular wird **un paio di** benutzt: **un paio di pantaloni / di jeans / di scarpe**.

12 Die Fragewörter che und quale

Sie haben in Übung 5 Fragen gehört, die mit den Fragewörtern **che** oder **quale** eingeleitet werden. Lesen Sie die Regel und ergänzen Sie die Sätze.

Die beiden Fragewörter **che** und **quale** haben die gleiche Bedeutung (*welche / r / s*), werden aber zum Teil unterschiedlich verwendet. Mit Substantiv sind allerdings beide Fragewörter möglich.

- **Che** + Substantiv ist unveränderlich und wird meist in der gesprochenen Sprache benutzt: Che **taglia porta?** *Welche Größe haben Sie?*
- **Quale** + Substantiv hat zwei Formen, eine für den Singular (**quale**) und eine für den Plural (**quali**): Quali **colori preferisce?** *Welche Farben bevorzugen Sie?*
- **Qual / quali + essere**: **Quale** wird zu **qual** und wird nicht apostrophiert!

1. *Che / Quale* gonna preferisci?
2. ________ è la sua taglia?
3. ________ sono i suoi colori preferiti?
4. ________ scarpe compri?
5. ________ è il suo numero di scarpe?
6. ________ pantaloni vuole provare?
7. ________ giacca prende?
8. ________ sono i tuoi negozi preferiti?

117

13 Die Demonstrativa

A. Lesen Sie die Erklärung zu **questo** und **quello**.

Die Demonstrativa werden verwendet, um auf Personen und Objekte zu verweisen, die in der Nähe des Sprechers (**questo**) oder weiter entfernt vom Sprecher (**quello**) sind:
Prova queste scarpe bianche. *Probieren Sie diese weißen Schuhe an.*
Quelle scarpe blu in vetrina, le posso provare? *Kann ich diese blauen Schuhe dort im Schaufenster anprobieren?*

B. **Questo** und **quello** richten sich in Zahl und Geschlecht nach dem Bezugswort und stehen vor dem Substantiv. Hören Sie sich die Formen an und lesen Sie die Erklärung.

QUESTO

♂	questo	♀	questa
♂♂	questi	♀♀	queste

- Im Singular und vor einem Vokal kann **questo / a** apostrophiert werden: quest'**abito**.
- Als Pronomen unterscheiden sich die Formen von **questo** nicht von denen des Adjektivs: **Vuole provare anche queste (scarpe)?**

QUELLO

♂	quel quello quell'	♀	quella quell'
♂♂	quei quegli	♀♀	quelle

- **Quello** hat besondere Formen! Sie enden wie die Formen des bestimmten Artikels.
- Als Pronomen hat **quello** nur vier Formen:
  quello / quella / quelli / quelle
  Vuole provare anche quelle (scarpe)?

14 Quelle scarpe – *Diese Schuhe da*

Ergänzen Sie die Sätze mit der richtigen Form von **quello**.

1. Posso provare ____________ scarpe da ginnastica?
2. ____________ sandali con il tacco sono troppo cari.
3. Guarda ____________ ballerine! Belle, vero?
4. Ti piacciono ____________ stivali?

15 Le combinazioni – *Die Verbindungen*

Bilden Sie Fragen und dazu passende Antworten wie im ersten Beispiel.

Ti piace Ti piacciono	questo questa questi queste	1. maglia rossa? 2. pantaloni corti? 3. cappotto pesante? 4. scarpe blu? 5. giacca elegante?	Preferisco	quello quella quelli quelle	lunghi. sportiva. leggero. nere. blu.

1. *Ti piace questa maglia rossa? – Preferisco quella blu.*
2. ____
3. ____
4. ____
5. ____

16 Der Komparativ

In Lektion 10 haben Sie bereits den Komparativ bei Pronomen und Substantiven kennengelernt.

KOMPARATIV MIT DI ODER CHE

Sie kennen den Komparativ bisher mit der Präposition **di**:
più / meno + Adjektiv + **di** + Pronomen / Eigennamen / Substantive

In den folgenden Fällen wird das zweite Vergleichselement jedoch von **che** eingeleitet, was ebenfalls dem deutschen *als* entspricht: **più / meno** + Adjektiv + **che** + Adjektiv
Queste scarpe sono più belle che comode! *Diese Schuhe sind eher schön als bequem!*

Man benutzt **che** auch wenn es sich um einen Vergleich zwischen zwei Substantiven, zwei Verben und zwei Adverbien handelt.

17 Secondo me... – *Meiner Meinung nach ...*

Ergänzen Sie die Sätze mit **che** oder **di**.

1. Secondo te, questa maglia è più sportiva *di* ____________ quella in vetrina?
2. Valentina compra più scarpe ____________ vestiti.
3. Secondo me, questa borsa è più costosa ____________ bella.
4. Per me i pantaloni sono meno eleganti ____________ gonna.
5. Mi piace di più fare shopping ____________ andare al cinema.
6. Secondo te, questo cappotto nero è meno pesante ____________ quello rosso?
7. Questi jeans mi piacciono più ora ____________ prima.

MEINUNGEN

Mit **secondo me / te** (*nach meiner / deiner Meinung*) oder **per me / te** (*für mich / dich*) können Sie Ihre Meinung äußern und nach der Meinung Ihres Gesprächspartners fragen.

18 Der absolute Superlativ

118

Lesen Sie die Erkärung zum absoluten Superlativ und hören Sie sich die beiden Beispielsätze an.

Der absolute Superlativ drückt den sehr hohen Grad einer Eigenschaft aus und richtet sich in Geschlecht und Zahl nach dem Bezugswort. Damit können Sie viele Komplimente machen!
Er kann im Italienischen durch zwei Formen wiedergegeben werden:

1. **molto** + Adjektiv / Adverb
   È molto elegante **con questo vestito!** *Sie sieht in diesem Kleid sehr elegant aus!*
2. Adjektiv / Adverb ohne Endung **+ -issimo**
   Ma questo vestito le sta benissimo! *Aber dieses Kleid steht ihr großartig!*

   bello → bell- → bell**issimo**
   bene → ben- → ben**issimo**

19 Alles ist super!

Ergänzen Sie die Sätze mit dem absoluten Superlativ. Das vorgegebene Adjektiv in Klammern steht in der männlichen Form Singular. Ordnen Sie die Sätze dann den entsprechenden Bildern zu.

1. Il tuo vestito di lino è **(bello)** ______________________!
2. I tuoi guanti di lana sono **(caldo)** ______________________!
3. Questa maglietta di cotone è **(comodo)** ______________________!
4. Lia, con questa sciarpa di seta sei **(elegante)** ______________________!

MATERIALIEN UND STOFFE

Erinnern Sie sich an die Präposition **di** als Angabe des Materials? Sie wird auch bei Stoffen verwendet.

____ A

____ B

____ C

____ D

BEKLEIDUNGO

l'abito / il vestito	*das Kleid*
la borsa	*die Tasche*
la camicia	*das Hemd*
il cappello	*der Hut*
il cappotto	*der Mantel*
la cintura	*der Gürtel*
la giacca	*die Jacke*
la gonna	*der Rock*
i guanti	*die Handschuhe*
la maglia	*der Pullover*
la maglietta	*das T-Shirt*
i pantaloni	*die Hose*
le scarpe	*die Schuhe*
la sciarpa	*der Schal*

FARBEN

arancione	*orange*
azzurro	*hellblau*
bianco	*weiß*
blu	*blau*
giallo	*gelb*
grigio	*grau*
marrone	*braun*
nero	*schwarz*
rosa	*rosa*
rosso	*rot*
verde	*grün*
viola	*violett*

SHOPPEN

Come posso aiutarla?	*Wie kann ich Ihnen helfen?*
Che taglia porta?	*Welche Größe haben Sie?*
Che numero di scarpe porta?	*Welche Schuhgröße haben Sie?*
Quali colori preferisce?	*Welche Farben bevorzugen Sie?*
Quale modello vuole provare?	*Welches Modell möchten Sie anprobieren?*
Non ha un numero in più?	*Haben Sie eine Größe größer?*
Non ha una taglia più piccola?	*Haben Sie eine kleinere Größe?*
Dov'è il camerino?	*Wo ist die Umkleidekabine?*

DIE DEMONSTRATIVA

Questo verweist auf Sachen oder Personen, die sich in der Nähe des Sprechers befinden, **quello** dagegen auf Sachen oder Personen, die räumlich oder zeitlich weiter entfernt sind.

- **Questo** hat vier Formen: **questo**, **questa**, **questi**, **queste**.
- **Quello** hat als Adjektiv die folgenden Formen: **quel – quello – quell'**, **quella – quell'**, **quei – quegli**, **quelle**. Als Pronomen: **quello**, **quella**, **quelli**, **quelle**.

DER VERGLEICH

Wenn es um einen Vergleich zwischen zwei Adjektiven, Substantiven, Verben und Adverbien geht, wird das zweite Vergleichselement von **che** eingeleitet: **Ci sono più donne che uomini.** *Es gibt mehr Frauen als Männer.*

DER ABSOLUTE SUPERLATIV

Der absolute Superlativ drückt den sehr hohen Grad einer Eigenschaft aus. Er wird mit dem Adjektiv und der Endung **-issimo** wiedergegeben, kann jedoch auch durch **molto** + Adjektiv ausgedrückt werden. **Questo vestito è elegantissimo / molto elegante.** *Dieses Kleid ist sehr elegant.*

L'ESTATE SCORSA 12

Im Sommer fahren die Italiener am liebsten ans Meer. Vor allem ab Ende Juli bis nach **Ferragosto** (dem 15. August), wenn auch die meisten Büros und Fabriken schließen, sind die italienischen Strände überfüllt und die Großstädte leer: Hier liest man an vielen Geschäften: **chiuso per ferie** (*wegen Urlaub geschlossen*).
Im Winter geht es dagegen Richtung Berge: Die Weihnachtsferien oder eine Woche im Februar sind für die **settimana bianca** (*Skiurlaub*) geplant.

1 Finalmente le vacanze! – *Endlich Urlaub!*

 119

Welche Urlaubsziele haben Sie und wo übernachten Sie am liebsten? Ordnen Sie jedem Bild den jeweils passenden Ausdruck zu.

1

2

3

4

5

___ A al mare
___ B al lago
___ C in campagna
___ D in montagna
___ E in una città d'arte

1

2

3

4

5

___ A in agriturismo
___ B in albergo
___ C in bed & breakfast
___ D in campeggio / in tenda
___ E in un villaggio turistico

2 Über den Urlaub sprechen

120

Um über vergangene Ereignisse zu berichten, benutzt man eine Zeit der Vergangenheit. Hören Sie diesen Urlaubsbericht und lesen Sie ihn mit. Können Sie dann die Verbformen in der Vergangenheit (sie bestehen aus zwei Teilen) im Text finden?

ÜBER VERGANGENE EREIGNISSE BERICHTEN

L'estate scorsa sono andato in vacanza in Grecia per tre settimane. 1

Prima sono stato al mare e ho girato in moto tutte le Cicladi. 2

Poi sono andato ad Atene e ho visitato l'Acropoli e il Partenone. 3

Alla fine sono tornato a casa stanco, ma felice: è stato il viaggio più bello della mia vita! 4

ERZÄHLEN

- Prima / All'inizio...
- Poi / Dopo...
- Così / Alla fine...

3 Diario di viaggio – *Reisetagebuch*

121

Hören und lesen Sie die zwei Berichte. Darunter finden Sie Sätze zu den bevorzugten Urlaubszielen von vier Personen. Zu welchem Satz passt welcher Reisebericht? Zwei Sätze passen zu keinem der beiden.

A  di **Luca82** - pubblicato il 15/01/2024

L'estate scorsa a giugno sono stato in Sicilia, il viaggio più bello della mia vita! Siamo partiti in tre, io e due miei amici. Siamo andati in aereo e poi, là, abbiamo noleggiato una macchina. Abbiamo passato una notte in albergo a Siracusa, ma poi abbiamo trovato un piccolo bed & breakfast, molto carino! Abbiamo visitato le città barocche della Sicilia orientale e mangiato tanti piatti squisiti della cucina locale. Abbiamo scoperto tante belle spiagge e abbiamo fatto grandi nuotate. Però abbiamo dormito pochissimo... Eh sì, abbiamo preferito il divertimento al riposo! Il tempo? Abbiamo avuto fortuna: due settimane di sole e caldo!

B di **Ale85** - pubblicato il 30/03/2024

L'anno scorso a luglio Cristina mi ha invitato in montagna, in Valle d'Aosta... e io ho accettato! Abbiamo trovato su Internet un bell'agriturismo, ma poi abbiamo cambiato idea e alla fine siamo state in campeggio per dieci giorni! Abbiamo ascoltato i rumori della notte e i versi degli animali al mattino presto, abbiamo fatto tante passeggiate e abbiamo nuotato in un lago ghiacciato: un'esperienza indimenticabile! E poi cosa abbiamo fatto ancora? Abbiamo suonato la chitarra, cantato e ballato. La cosa più bella? Una mattina abbiamo ricevuto la piacevole visita di due dolcissime marmotte!

	Diario di viaggio:
1. Va volentieri al mare e non ama uscire la sera.	______
2. Ama fare trekking, ma ha bisogno di riposo.	______
3. Va volentieri in montagna e ama la natura.	______
4. Ama la cucina tradizionale e vuole visitare tanti luoghi diversi.	______

4 Racconti – *Berichte*

Lesen Sie die Texte der zwei Reisetagebücher nochmals und ergänzen Sie die Tabelle mit den entsprechenden Informationen.

	LUCA82	ALE85
1. Dove? (Ziel)	______	______
2. Dove? (Unterkunft)	______	______
3. Quando? (Zeitraum)	______	______
4. Per quanto tempo? (Dauer)	______	______

5 Passato e presente – *Vergangenheit und Gegenwart*

Stellen Sie sich vor, dass Luca und Alessia jedes Jahr den gleichen Urlaub machen. Ergänzen Sie die folgenden Zusammenfassungen mit den Verbformen im Präsens.

DI LUCA82 – PUBBLICATO IL 15 / 01 / 2024

1. Ogni anno a giugno vado in Sicilia! Partiamo sempre in tre, io e due miei amici. ______ in aereo e poi ______ una macchina. ______ ogni volta le città barocche della Sicilia orientale e ______ sempre tanti piatti squisiti della cucina locale.

DI ALE85 – PUBBLICATO IL 30 / 03 / 2024

2. Ogni anno a luglio Cristina mi ______ in montagna, in Valle d'Aosta. ______ sempre tante passeggiate. La sera ______ la chitarra, ______ e ______.

DAS PRÄSENS

... wird für Gewohnheiten und Regelmäßigkeiten benutzt.

6 Das passato prossimo

Die Ereignisse, die Luca und Alessia in ihren Reisetagebüchern beschreiben, liegen in der Vergangenheit. Sie benutzen daher in ihren Berichten eine Zeit der Vergangenheit: das **passato prossimo**, das dem deutschen Perfekt entspricht. Lesen Sie die Texten aus der Übung 3 noch einmal, finden Sie die Verben im **passato prossimo** und ergänzen Sie dann die Tabelle.

DI LUCA82 – PUBBLICATO IL 15 / 01 / 2024		DI ALE85 – PUBBLICATO IL 30 / 03 / 2024	
sono stato	essere	ha invitato	invitare
siamo partiti	______	______	accettare
______	andare	siamo state	______
abbiamo passato	______	______	ascoltare
______	trovare	abbiamo fatto	fare
abbiamo visitato	______	______	nuotare
______	dormire	abbiamo suonato	______
abbiamo preferito	______	______	ballare
______	avere	abbiamo ricevuto	______

7 Die Bildung des passato prossimo

Sehen Sie sich die beiden Beispiele an und ergänzen Sie die Regel.

Das **passato prossimo** besteht aus zwei Elementen: Hilfsverb + Partizip.

1. abbiamo **visitato**

Präsens des Verbs ______ + **Partizip Perfekt**

2. siamo **andati**

Präsens des Verbs ______ + **Partizip Perfekt**

8 Die Bildung des Partizips Perfekt

Um das **passato prossimo** zu bilden, brauchen Sie das Partizip Perfekt. Sehen Sie sich die Beispiele in der Übung 6 an und ergänzen Sie die Regel.

1. suon**are** → suon______
2. ricev**ere** → ricev______
3. dorm**ire** → dorm______

BEACHTEN SIE:

Einige Partizipien sind unregelmäßig! In der Übung 3 haben Sie z. B. einige gesehen:
essere → sono stato
scoprire → abbiamo scoperto
fare → abbiamo fatto.

122

9 Die drei Verbgruppen

Bilden Sie die Partizipien der folgenden Verben und fügen Sie sie in die entsprechende Gruppe ein. Hören Sie anschließend alle Partizipien jeder Gruppe an und überprüfen Sie Ihre Ergebnisse.

mandare spedire ricevere chiamare sentire dormire
studiare capire sapere vendere uscire
finire giocare abitare comprare lavorare guardare

-ato: ______________________________

____

-uto: ______________________________

____

-ito: ______________________________

____

Wie Sie sehen, bilden die meisten Verben auf **-are** regelmäßige Partizipien. Dagegen gibt es weniger regelmäßige Partizipien bei den Verben auf **-ire** und noch weniger bei den Verben auf **-ere**.

10 Abbiamo noleggiato – Siamo partiti

123

Sehen Sie sich diese Beispiele an und ergänzen Sie die Regel unten, indem Sie die richtige Antwort markieren.

Mi ha invitato in montagna.

Sono stato in Sicilia.

Siamo andati in aereo.

Abbiamo cambiato idea.

Siamo state in campeggio.

Je nachdem ob das **passato prossimo** mit **avere** oder **essere** gebildet wird, verhält sich das Partizip anders.

MIT AVERE

1. Das Partizip
   - ☐ A bleibt unverändert.
   - ☐ B wird ans Subjekt angeglichen.

MIT ESSERE

2. Das Partizip
   - ☐ A bleibt unverändert.
   - ☐ B wird ans Subjekt angeglichen.

11 Cosa avete fatto ieri? – *Was habt ihr gestern gemacht?*

124

Vervollständigen Sie die Sätze mit den richtigen Partizipien. Gleichen Sie sie an.

1. Sono **(uscire)** ______________ e sono **(andare)** ______________ a fare shopping.

2. Siamo **(essere)** ______________ a un matrimonio e siamo **(tornare)** ______________ a casa tardissimo.

Beachten Sie bei der Angleichung des Partizips nach **essere**: Wenn es sich um eine gemischte Gruppe handelt, wird die männliche Pluralform benutzt: **Fabiana, Dario e Sara sono** andati **al mare.**

12 Avere oder essere, das ist die Frage!

Der Gebrauch von **avere** und **essere** entspricht grundsätzlich dem Gebrauch der entsprechenden Hilfsverben im Deutschen. Lesen Sie die Regel und ergänzen Sie dann die Sätze mit den richtigen Formen des **passato prossimo**.

AVERE	ESSERE
avere wird verwendet in Verbindung mit:	**essere** wird verwendet in Verbindung mit:
• allen transitiven Verben: Ho **mangiato.**	• vielen intransitiven Verben: Sono **arrivato.**
• einigen intransitiven Verben: Ho **parlato.**	• den meisten Verben, die eine Bewegung, einen Zustand oder Zustandwechsel ausdrücken: Sono **partito.**
Im Gegensatz zum Deutschen ... ... steht **avere** bei folgenden Verben, die Sie schon kennen: **nuotare, passeggiare, viaggiare.** Hai **viaggiato bene in aereo?** *Bist du gut mit dem Flugzeug gereist?*	Im Gegensatz zum Deutschen ... ... steht **essere** bei folgenden Verben, die Sie schon kennen: **costare, piacere.** **Ti** è **piaciuto il viaggio? E quanto ti** è **costato?** *Hat dir die Reise gefallen? Und wie viel hat sie dich gekostet?*

DIE VERNEINTE FORM

Um die verneinte Form des **passato prossimo** zu bilden, reicht es **non** vor das Hilfsverb zu stellen.

1. Ornella, dove **(essere)** ____________________ l'estate scorsa?
2. Può ripetere per favore? Non **(capire)** ____________________ .
3. Guido, a che ora **(tornare)** ____________________ dall'ufficio?
4. Ieri sera io e Diego **(guardare)** ____________________ un film alla TV.
5. Renzo e Lucia non **(uscire)** ____________________ per cena.
6. Ieri Davide **(passeggiare)** ____________________ lungo il Tevere.

13 Zeitangaben in der Vergangenheit

125

Lesen Sie die Zeitangaben und schreiben Sie dann die Daten mit **fa**, wie im Beispiel.

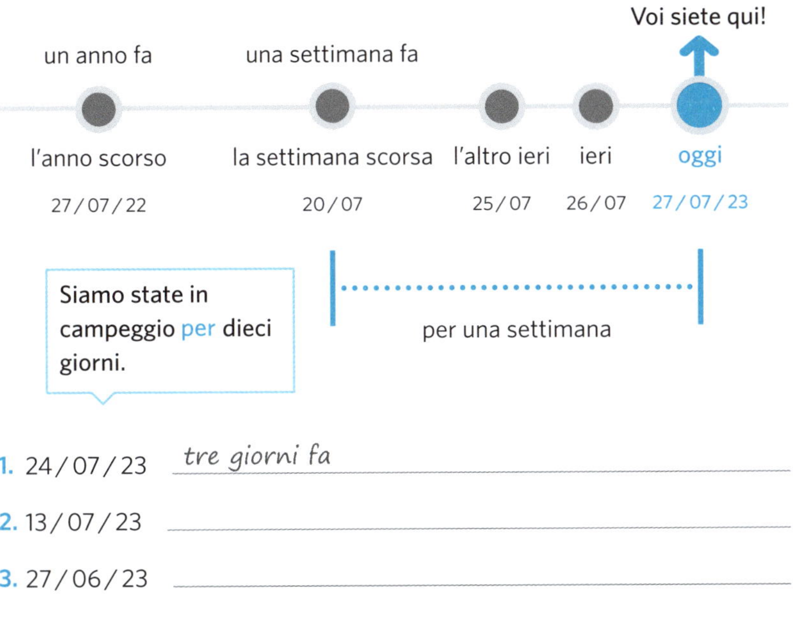

1. 24/07/23 *tre giorni fa*
2. 13/07/23 ____
3. 27/06/23 ____
4. 27/07/21 ____

14 Die Zeitangaben

Ordnen Sie die folgenden Zeitangaben nach ihrer zeitlichen Abfolge.

un'ora fa | l'anno scorso | ~~due minuti fa~~ | ieri sera | sei mesi fa | tre giorni fa | ~~dieci anni fa~~ | la settimana scorsa

dieci anni fa – ____

____

____ *– due minuti fa*

15 Der relative Superlativ

Der relative Superlativ drückt den höchsten oder den niedrigsten Grad einer Eigenschaft aus:

È stato il viaggio più bello della mia vita!
Das war die schönste Reise meines Lebens.

Artikel	Substantiv	più / meno	Adjektiv	di
↓	↓	↓	↓	↓
il	**viaggio**	più	**bello**	della **mia vita**

16 Kennen Sie sich in Italien aus?

126

Vervollständigen Sie die Sätze mit dem relativen Superlativ, wie im Beispiel. Das vorgegebene Adjektiv steht in der männlichen Form Singular.

1. L'università di Bologna è **(università / antico / Europa)**
   l'università più antica d'Europa .
2. Il Monte Bianco è **(monte / alto / Europa)**
   ______.
3. Il Po è **(fiume / lungo / Italia)**
   ______.
4. L'Etna è **(vulcano / attivo / Europa)**
   ______.
5. La Valle d'Aosta è **(regione / piccolo / Italia)**
   ______.

ABC

URLAUB

al lago .... *am See*
al mare .... *am Meer*
in agriturismo .... *auf dem Bauernhof*
in albergo .... *im Hotel*
in bed & breakfast .... *im Bed and Breakfast*
in campagna .... *auf dem Land*
in campeggio .... *auf dem Campingplatz*
in tenda .... *mit dem Zelt*
in una città d'arte .... *in einer Kunststadt*
in un villaggio turistico .... *in einem Feriendorf*

ZEITANGABEN

due anni fa .... *vor zwei Jahren*
due mesi fa .... *vor zwei Monaten*
due settimane fa .... *vor zwei Wochen*
due giorni fa .... *vor zwei Tagen*
due ore fa .... *vor zwei Stunden*
due minuti fa .... *vor zwei Minuten*
l'anno scorso .... *letztes Jahr*
la settimana scorsa .... *letzte Woche*
l'altro ieri .... *vorgestern*
ieri .... *gestern*
ieri mattina .... *gestern Morgen*
ieri sera .... *gestern Abend*
oggi .... *heute*

§

DAS PASSATO PROSSIMO

Das **passato prossimo** wird benutzt, um abgeschlossene Handlungen in der Vergangenheit wiederzugeben.

- Bildung: Hilfsverb **avere** bzw. **essere** + Partizip Perfekt
- Angleichung: Wird das Partizip Perfekt mit **essere** gebildet, wird es in Geschlecht und Zahl dem Subjekt angeglichen. Beim Hilfsverb **avere** bleibt es unverändert.
- Partizip: Fast alle Verben auf **-are** bilden das Partizip mit der Endung **-ato**. Bei den Verben auf **-ere** haben nur wenige ein regelmäßiges Partizip mit der Endung **-uto**. Das Partizip der meisten Verben auf **-ire** endet auf **-ito**.

ho avuto .... *ich habe gehabt*
ho dormito .... *ich habe geschlafen*
ho fatto .... *ich habe gemacht*
ho mangiato .... *ich habe gegessen*
ho passato .... *ich habe verbracht*
ho passeggiato .... *ich bin spazieren gegangen*
ho visitato .... *ich habe besichtigt*

sono andato / a .... *ich bin gegangen / gefahren*
sono arrivato / a .... *ich bin angekommen*
sono partito / a .... *ich bin abgereist*
sono stato / a .... *ich bin gewesen*
sono tornato / a .... *ich bin zurückgekommen*
sono uscito / a .... *ich bin ausgegangen*

DER RELATIVE SUPERLATIV

Um den höchsten oder den niedrigsten Grad einer Eigenschaft auszudrücken, benutzt man den relativen Superlativ.

Er setzt sich zusammen aus: bestimmter Artikel + Substantiv + **più / meno** + Adjektiv + **di** (+ Artikel)

È stata la vacanza più bella della **mia vita.** *Es war der schönste Urlaub meines Lebens.*

13 MA COS'È SUCCESSO?

Die Italiener sind keine Leseratten und die Statistiken bestätigen es: Nur 39,3% der Italiener lesen einmal im Jahr ein Buch und fast jede zehnte Familie hat gar kein Buch zu Hause (Istat 2022). Trotzdem finden wichtige Veranstaltungen rund um das Buch auf italienischem Boden statt, wie z. B. **il Salone internazionale del libro** (Torino), die zweite Buchmesse in Europa nach der Frankfurter Buchmesse, und **la Fiera del Libro per Ragazzi** (Bologna), der wichtigste Termin für Kinderliteratur.

127

1 I media – *Die Medien*

Ordnen Sie jedem Bild das passende Medium zu.

____ **A** la radio	____ **D** il cinema	____ **G** i libri
____ **B** la televisione	____ **E** i giornali	____ **H** i fumetti
____ **C** la pubblicità	____ **F** le riviste	____ **I** Internet

GIORNALI E RIVISTE

Giornali werden auch **quotidiani** genannt, weil sie jeden Tag erscheinen. Die zwei wichtigsten italienischen Tageszeitungen sind **Corriere della Sera** aus Mailand und **La Repubblica** aus Rom.

Riviste werden auch **periodici** genannt, weil sie nach einer bestimmeten Häufigkeit erscheinen:
i settimanali: wöchentlich
i mensili: einmal im Monat.

2 Notizie – *Nachrichten*

128

Wie informieren Sie sich? Was für ein Typ sind Sie?

SICH INFORMIEREN

Hai letto il giornale di oggi?

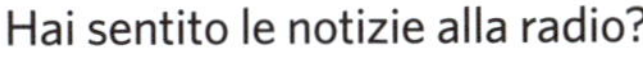

Hai sentito le notizie alla radio?

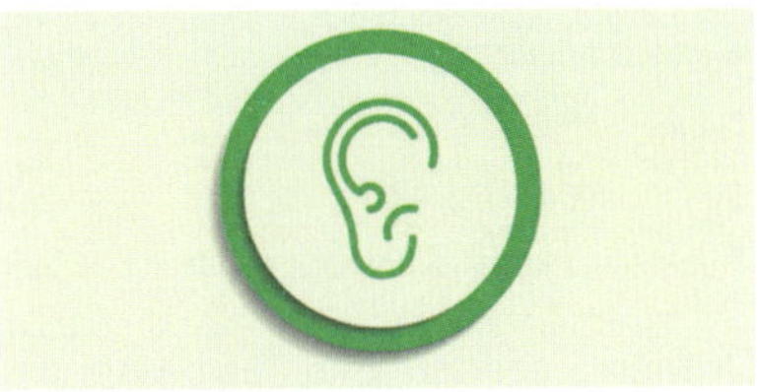

Ma cos'è successo?
Hai visto il telegiornale?

Dove hai letto la notizia?
Su Internet?

ERSTAUNEN AUSDRÜCKEN

- Ma dai!
- Non è possibile!
- Ma è incredibile!

GESCHEHEN KOMMENTIEREN

- È molto strano...
- È un mistero...

129 3 Articoli di giornale – *Zeitungsartikel*

Lesen Sie die Artikel und finden Sie die passenden Titel. Beachten Sie: Vier Titel bleiben übrig!

A

Stamattina Roma si è svegliata sotto venti centimetri di neve! Un evento molto raro per la capitale. I meteorologi hanno previsto un peggioramento del tempo nelle prossime ore. Per questo motivo i romani hanno chiesto la chiusura delle scuole.

B

È stato un successo ieri sera il concerto di Paolo Conte al Teatro dell'Opera di Firenze. È salito sul palco, si è seduto al pianoforte e ha bevuto un bicchiere d'acqua. Poi ha aperto il suo spartito e ha cantato senza pausa per due ore. Alla fine il pubblico si è alzato e ha applaudito per dieci minuti. Il cantautore ha ringraziato commosso con un bel bis!

C

Antonio Manzini ha presentato il suo nuovo libro alla libreria Feltrinelli di Milano. Questa volta al centro del romanzo non c'è il protagonista Rocco Schiavone, ma la storia di una famiglia. Lo scrittore ha risposto con la sua solita ironia alle domande del pubblico che si è divertito molto.

D

Stamattina i carabinieri di Bergamo hanno ricevuto una misteriosa telefonata. Una voce di donna ha dato un indirizzo preciso e poi ha riattaccato. Sono andati subito sul posto e hanno trovato davanti alla porta di un palazzo una borsa, piena di soldi e con la foto di un anziano. Per ora non hanno ancora identificato l'uomo.

____ 1. Grande successo di Paolo Conte in Sicilia.

____ 2. Giallo a Bergamo: di chi è quella borsa?

____ 3. Manzini presenta a Milano un nuovo libro su Rocco Schiavone.

____ 4. Maltempo al Sud: è caos sulle autostrade.

____ 5. Prima tappa del tour di Conte.

____ 6. In libreria l'ultimo romanzo di Manzini.

____ 7. Bergamo: trovato un uomo in una borsa.

____ 8. Tempo invernale su tutta Italia: neve al Nord e al Centro.

4 Bildrecherche

Zeitungsartikel werden oft durch Fotos illustriert. Wählen Sie zu jedem Artikel der Übung 3 das passende Bild aus. Es sind zwei Fotos zu viel.

____ A ____ B ____ C ____ D

5 I quotidiani – *Die Tageszeitungen*

130

Ordnen Sie jeder Artikelüberschrift eine Rubrik der Tageszeitung zu.

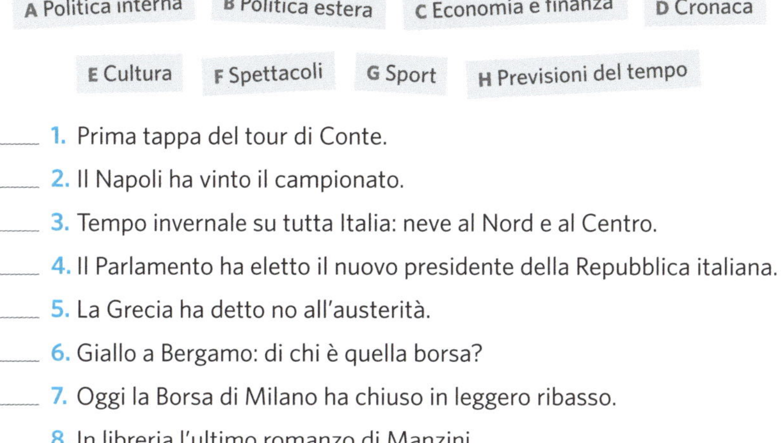

A Politica interna   B Politica estera   C Economia e finanza   D Cronaca

E Cultura   F Spettacoli   G Sport   H Previsioni del tempo

____ 1. Prima tappa del tour di Conte.

____ 2. Il Napoli ha vinto il campionato.

____ 3. Tempo invernale su tutta Italia: neve al Nord e al Centro.

____ 4. Il Parlamento ha eletto il nuovo presidente della Repubblica italiana.

____ 5. La Grecia ha detto no all'austerità.

____ 6. Giallo a Bergamo: di chi è quella borsa?

____ 7. Oggi la Borsa di Milano ha chiuso in leggero ribasso.

____ 8. In libreria l'ultimo romanzo di Manzini.

6 Das **passato prossimo** der reflexiven Verben

In den Texten der Übung 3 finden Sie reflexive Verben (s. Lektion 5) in der Vergangenheit. Unterstreichen Sie sie und ergänzen Sie die Tabelle.

sedersi *sich hinsetzen*

si è svegliata	svegliarsi
______	sedersi
si è alzato	______
______	divertirsi

7 Die Bildung des **passato prossimo** bei reflexiven Verben

Wie wird das **passato prossimo** der reflexiven Verben gebildet? Ergänzen Sie das Schema.

Das **passato prossimo** der reflexiven Verben wird wie folgt gebildet:

Reflexivpronomen + Präsens des Verbs ______ + Partizip Perfekt

Sehen Sie hier nochmals die Reflexivpronomen:

Singular	Plural
______	______
ti	vi
______	si

ANDERS ALS IM DEUTSCHEN

Die reflexiven Verben verlangen anders als im Deutschen das Hilfsverb **essere**. Das Partizip wird ans Subjekt angeglichen.

	si è seduto		si è svegliata
	si sono seduti		si sono svegliate

ERINNERN SIE SICH?

Die Verneinung **non** steht auch im **passato prossimo** vor dem Reflexivpronomen: Non **si è divertito.** *Er hat sich nicht amüsiert.*

8 Die Bildung des Partizips bei den reflexiven Verben

Wie wird das Partizip bei den reflexiven Verben gebildet? Ergänzen Sie das Schema.

1. alz**arsi** → alz______
2. sed**ersi** → sed______
3. divert**irsi** → divert______

Die Partizipien der reflexiven Verben werden regelmäßig gebildet.
Achtung: Das **-si** am Ende des Infinitivs bezeichnet das Reflexivpronomen.

9 Reflexive Verben im **passato prossimo**

Setzen Sie die reflexiven Verben ins **passato prossimo**, wie im Beispiel.

1. (loro) svegliarsi ______________________
2. (tu) alzarsi ______________________
3. (lui) lavarsi ______________________
4. (noi) vestirsi ______________________
5. (io) truccarsi ______________________
6. (voi) riposarsi ______________________
7. (loro) rilassarsi ______________________
8. (lei) prepararsi ______________________
9. (tu) arrabbiarsi ______________________
10. (noi) annoiarsi ______________________
11. (io) addormentarsi ______________________

131

10 Verben mit unregelmäßigen Partizipien

In den Übungen 2, 3 und 5 haben Sie Formen im **passato prossimo** gesehen. Lesen Sie wieder die Zeitungsartikel, unterstreichen Sie die Verbformen mit unregelmäßigen Partizipien und ergänzen Sie die Tabelle.

passato prossimo	Infinitiv
hai letto	leggere
è successo	succedere
hai visto	vedere
____________	prevedere
____________	chiedere
è stato	____________
____________	salire
ha bevuto	____________
____________	aprire
ha scritto	____________
____________	rispondere
ha dato	____________
ha vinto	vincere
ha eletto	eleggere
ha detto	dire
ha chiuso	chiudere

A MEMORIA

Die unregelmäßigen Partizipien sollten Sie auswendig lernen.
Hier ein paar weitere wichtige Verben:
venire → è venuto
conoscere → ha conosciuto
mettere → ha messo
prendere → ha preso.

11 Cos'è successo? – *Was ist passiert?*

Hier lesen Sie weitere Nachrichten. Ergänzen Sie diese mit den richtigen Formen des **passato prossimo**. Kreuzen Sie die Sätze an, deren Verben ein unregelmäßiges Partizip haben.

☐ 1. La riforma purtroppo non **(dare)** ______________ i risultati sperati.

☐ 2. Ieri il cancelliere tedesco **(incontrare)** ______________ il presidente degli Stati Uniti.

☐ 3. I poliziotti **(trovare)** ______________ il killer.

☐ 4. La settimana scorsa il Papa **(scrivere)** ______________ al leader cinese.

☐ 5. Questo selfie **(fare)** ______________ il giro del mondo!

☐ 6. Il Ministro dell'Economia **(soggiornare)** ______________ all'Hotel Ritz.

12 Nicht reflexiv

Soggiornare (*sich aufhalten*) ist auf Italienisch nicht reflexiv. In dieser Übung finden Sie weitere Verben, die im Italienischen nicht reflexiv sind, aber im Deutschen reflexiv sind. Übersetzen Sie die folgenden Sätze.

1. cambiare 2. peggiorare 3. migliorare

ZUSTANDSWECHSEL

Diese Verben drücken einen Zustandswechsel aus und werden mit dem Hilfsverb **essere** gebildet.

1. Die Welt hat sich verändert.

Il mondo ______________

2. Seine Gesundheit hat sich verschlechtert.

La sua salute ______________

3. Das Wetter hat sich verbessert.

Il tempo ______________

13 Einige Adverbien in Verbindung mit dem passato prossimo

Einige Adverbien haben in Sätzen mit **passato prossimo** eine besondere Stellung: zwischen Hilfsverb und Partizip.

Per ora non hanno ancora identificato l'uomo.

(non) + Hilfverb + **ancora** + Partizip Perfekt
già
mai

14 Non ... ancora o già? – *Noch nicht oder schon?*

132

Bilden Sie die Sätze im **passato prossimo** mit **non ... ancora** oder mit **già**, wie im Beispiel.

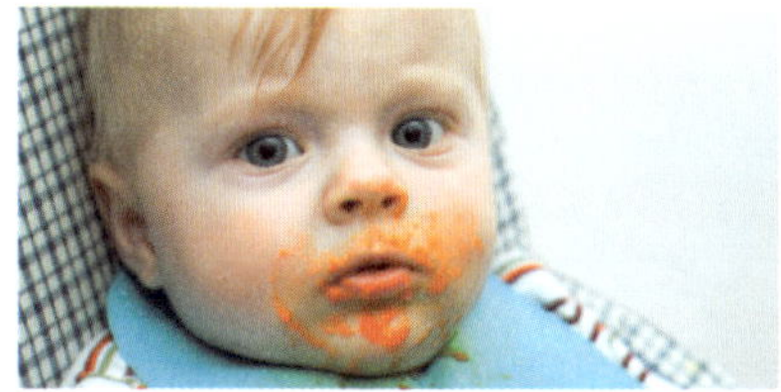

1. (mangiare)

Ha già mangiato.

2. (bere)

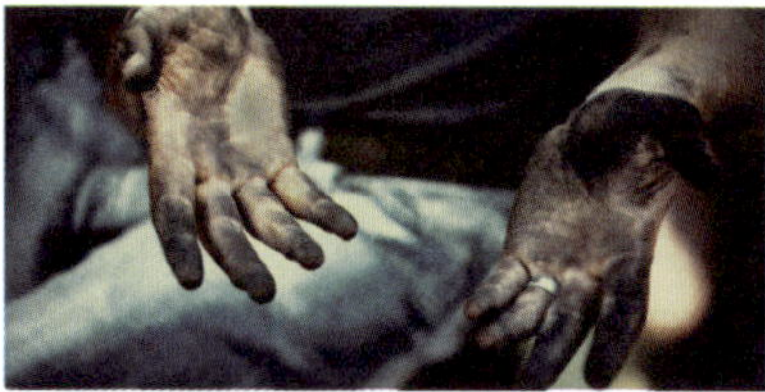

3. (lavarsi)

4. (addormentarsi)

15 Cose in comune – *Gemeinsamkeiten*

133

Sehen Sie sich die Übersicht an und schreiben Sie die Dialoge, wie im Beispiel.

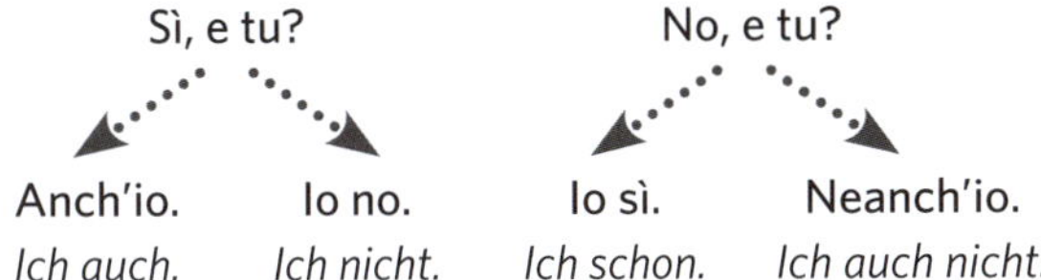

1. prendere l'aereo – sì – sì

   • *Hai mai preso l'aereo?* • *Sì. E tu?* • *Anch'io!*

2. scrivere una poesia – no – sì

3. vedere un'opera lirica a teatro – no – no

4. conoscere una persona su Internet – sì – no

16 E a te? – *Und dir?*

134

Sehen Sie sich die Übersicht an und beantworten Sie die Fragen.

1. Non mi piace ascoltare le notizie alla radio. E a te?

   Neanche a me./A me sì.

2. Mi piacciono i fumetti. E a te?

3. Mi piace leggere il "Corriere della Sera". E a te?

4. Non mi piacciono i programmi sportivi. E a te?

MEDIEN

il cinema ..... *das Kino*
i fumetti ..... *die Comics*
i giornali ..... *die Zeitungen*
i libri ..... *die Bücher*
la pubblicità ..... *die Werbung*
la radio ..... *der Rundfunk*
le riviste ..... *die Zeitschriften*
la televisione ..... *das Fernsehen*

DIE PRESSE

il quotidiano ..... *die Tageszeitung*
il periodico ..... *die Zeitschrift*
il settimanale ..... *die Wochenzeitung*
il mensile ..... *das Monatsheft*
la notizia ..... *die Nachricht*
l'articolo ..... *der Artikel*
Politica interna ..... *Innenpolitik*
Politica estera ..... *Außenpolitik*
Economia ..... *Wirtschaft*
Finanza ..... *Finanzen*
Cronaca ..... *Tagesereignisse*
Cultura ..... *Kultur*
Spettacoli ..... *Veranstaltungen*
Sport ..... *Sport*
Previsioni del tempo ..... *Wettervorhersage*

UNREGELMÄSSIGE PARTIZIPIEN

aperto ..... *geöffnet*
bevuto ..... *getrunken*
chiesto ..... *gefragt*
chiuso ..... *geschlossen*
conosciuto ..... *kennengelernt*
dato ..... *gegeben*
detto ..... *gesagt*
letto ..... *gelesen*
messo ..... *gestellt*
preso ..... *genommen*
risposto ..... *geantwortet*
salito ..... *gestiegen*
scritto ..... *geschrieben*
sentito ..... *gehört*
successo ..... *passiert*
venuto ..... *gekommen*
vinto ..... *gewonnen*
visto ..... *gesehen*

DAS PASSATO PROSSIMO DER REFLEXIVEN VERBEN

Das **passato prossimo** der reflexiven Verben wird immer mit **essere** gebildet und das Partizip dem Bezugswort angeglichen. Die Verneinung **non** steht auch im **passato prossimo** vor dem Reflexivpronomen: **Oggi non** mi sono riposato. *Ich habe mich heute nicht ausgeruht.*

ADVERBIEN IN VERBINDUNG MIT DEM PASSATO PROSSIMO

Einige Adverbien haben in Sätzen mit **passato prossimo** eine besondere Stellung:
(non) + Hilfverb + **ancora / già / mai** + Partizip Perfekt
Non **sono** mai **stato in Italia.** *Ich bin noch nie in Italien gewesen.*

QUANDO ERO PICCOLA... 14

Die Vergangenheit übt immer ihren Einfluss auf die Gegenwart aus. In Italien wird diese enge Verbindung zwischen „damals“ und „jetzt“ durch ein sehr berühmtes Zitat aus dem Roman **Il Gattopardo** des Schriftstellers Giuseppe Tomasi di Lampedusa besonders gut wiedergegeben: „Wenn wir wollen, dass alles bleibt, wie es ist, dann ist es nötig, dass alles sich verändert“. Auf Italienisch gibt es sogar ein eigenes Wort: **il gattopardismo**. Es bedeutet, dass man sich zwar scheinbar an die neue Zeit anpasst, jedoch nur um die eigenen Privilegien zu erhalten.

1 La vita – *Das Leben*

Ordnen Sie jedem Alter den passenden Begriff zu.

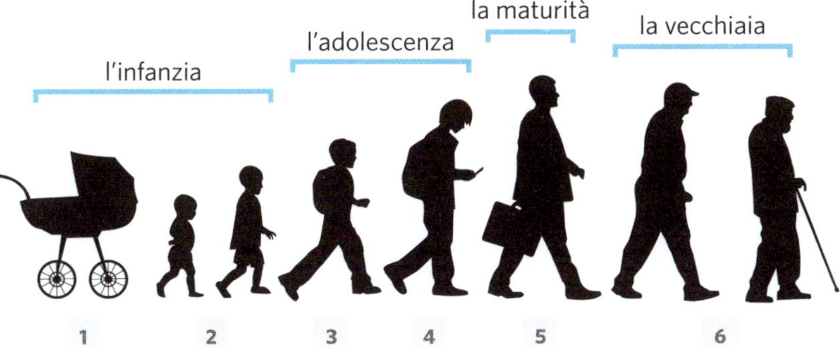

____ **A** l'adulto

____ **B** il bambino

____ **C** il neonato

____ **D** il giovane

____ **E** l'anziano

____ **F** l'adolescente

136

2 Date importanti – *Wichtige Daten*

Ordnen Sie jedem Bild das passende Ereignis zu.

DAS DATUM

Um zu sagen in welchem Jahr ein Ereignis stattfand, benutzt man im Italienischen die Präposition **in** in Verbindung mit dem bestimmten Artikel: **Nel 2023...**

1

2

3

4

5

6

____ A Nel 1978 mi sono laureato.

____ B Nel 1980 mi sono sposato.

____ C Nel 1985 è nato mio figlio.

____ D Nel 1997 mi sono trasferito all'estero.

____ E Nel 2001 sono diventato professore.

____ F Nel 2013 sono andato in pensione.

137

3 Allora e ora – *Damals und heute*

Clara erzählt, wie es früher war und wie es heute ist. Lesen Sie den Text.

QUANDO ERO PICCOLA...	ORA...
Quando ero piccola, abitavo con i miei genitori in una grande casa di campagna.	Ora abito con il mio ragazzo in un piccolo appartamento nella periferia di Milano.
Andavo a scuola quasi sempre a piedi. Ma a volte prendevo la bicicletta.	Da due anni lavoro a Milano, devo prendere ogni giorno la macchina.
Ero una bambina vivace e mi sentivo sempre felice. Mi piaceva tanto giocare con le bambole in giardino.	Sono una persona tranquilla e curiosa. E mi piace tantissimo viaggiare!

4 Autobiografia - *Autobiografie*

138

Lesen Sie den folgenden Auszug aus einer Autobiografie. Lesen Sie dann die Sätze unten und wählen Sie jeweils die passenden Wörter aus.

Quando ero piccolo, io e mio padre vivevamo a Torino in un piccolo appartamento. I nonni invece abitavano in campagna. Ogni domenica mio padre mi portava a pranzo da loro. Arrivavamo sempre in ritardo!

A quei tempi davanti alla casa c'era un grande giardino con tanti alberi e fiori. La cucina era grande, luminosa e piena di odori invitanti. Mia nonna era molto anziana, ma ancora energica. E poi era così affettuosa con me! Ogni volta mi preparava il mio dolce preferito, la crostata di mele. Mio nonno invece era molto severo.

Dopo pranzo, mentre i "grandi" prendevano il caffè in giardino, io giocavo con Leo, il figlio dei vicini.

24

Era un bambino un po' timido e preferiva portarmi ogni volta in camera sua: era bellissima e piena di giochi, un vero paradiso!

Mi ricordo in particolare di una domenica. Faceva molto caldo. La cucina quel giorno era stranamente vuota, i nonni – così dicevano i grandi – erano in cielo da due giorni. Mentre mi guardavo attorno seduto sul divano, ho sentito improvvisamente la voce di mia nonna. Poi devo essermi addormentato e quando mi sono svegliato, ero nel mio letto, a casa, a Torino. Solo un brutto sogno?

Nel 1985 ci siamo trasferiti nella casa di campagna dei nonni.

25

ritardo *Verspätung*
odori *Gerüche*
crostata di mele *Apfelkuchen*
severo *streng*
Mi ricordo *ich erinnere mich*
cielo *Himmel*
sogno *Traum*

1. Il protagonista andava **tutte le domeniche / qualche domenica** a pranzo dai nonni.
2. Come dolce la nonna preparava **sempre / spesso** la crostata di mele.
3. Leo portava il protagonista **qualche volta / regolarmente** in camera sua.
4. **Una domenica / Ogni domenica** il protagonista si è addormentato sul divano dei nonni.

5 In passato – *Früher*

Lesen Sie die Autobiografie noch einmal. Finden und ordnen Sie dann die Sätze den Kategorien zu.

1. azioni abituali – *Gewohnheiten*

mi portava a pranzo da loro

____

____

preferiva portarmi ogni volta in camera

2. descrizione di situazioni – *Beschreibung von Zuständen*

io e mio padre vivevamo a Torino

____

____

erano in cielo da due giorni

3. descrizione di persone – *Beschreibung von Personen*

era molto anziana, ma ancora energica

____

____

era un bambino un po' timido

4. descrizione di luoghi – *Beschreibung von Orten*

c'era un grande giardino

era grande, luminosa e piena di odori

____

____

5. due azioni parallele – *zwei gleichzeitige Handlungen*

ero piccolo – vivevamo a Torino

____

6 Das imperfetto

139

Das **imperfetto** ist eine weitere Zeitform der Vergangenheit. Abgesehen von wenigen Ausnahmen ist die Bildung des **imperfetto** regelmäßig. Lesen Sie die folgenden Verbformen aus der Übung 4 und ergänzen Sie die Verbtabellen. Zur Kontrolle können Sie sich die drei Verbkonjugationen anschließend auch anhören.

Verben auf **-are**: **io guardavo, lei preparava, noi arrivavamo, loro abitavano**

Verben auf **-ere**: **noi vivevamo, loro prendevano**

Verben auf **-ire**: **lui preferiva**

DIE BILDUNG DES IMPERFETTO

Anhand der regelmäßigen Endungen der Verben auf **-are** können Sie die Formen der Verben auf **-ere** und **-ire** einfach erschließen.

-ARE

guardare			
io	______	noi	______
tu	**guard-avi**	voi	**guard-avate**
lui, lei, Lei	______	loro	______

-ERE

prendere			
io	______	noi	______
tu	**prend-evi**	voi	**prend-evate**
lui, lei, Lei	______	loro	______

-IRE

preferire			
io	______	noi	______
tu	**prefer-ivi**	voi	**prefer-ivate**
lui, lei, Lei	______	loro	______

140 7 Das Verb essere und die Sonderformen

Einige Verben haben unregelmäßige Formen im **imperfetto**. Ergänzen Sie zuerst die Verbkonjugation des Verbs **essere**. Die fehlenden Formen finden Sie in der Übung 4. Finden Sie dann die Infinitive zu den beiden unregelmäßigen Verben.

UNREGELMÄSSIG

essere			
io	______	noi	**eravamo**
tu	**eri**	voi	**eravate**
lui, lei, Lei	______	loro	______

faceva – ______ dicevano – ______

FARE - DIRE

Diese Verben ändern den Stamm im **imperfetto** und folgen der Konjugation der Verben auf **-ere**:
fare → **facevo**, **facevi**, ... **dire** → **dicevo**, **dicevi**, ...

8 Kindheitserinnerungen

Vervollständigen Sie die Sätze mit den richtigen Formen des **imperfetto**.

1. Quando io **(avere)** ______ quattro anni, mi **(piacere)** ______ tantissimo gli aerei.

2. Quando noi **(abitare)** ______ a Roma, **(andare)** ______ allo zoo ogni domenica.

3. Quando la domenica i miei genitori non **(dovere)** ______ lavorare, **(dormire)** ______ fino a tardi.

9 Von der Vergangenheit erzählen

Wenn man über die Vergangenheit spricht, verwendet man sowohl das **imperfetto** als auch das **passato prossimo**.

Mentre mi guardavo **attorno...** ↘ **imperfetto** *Während ich mich umsah ...*	ho sentito **improvvisamente...** ↘ **passato prossimo** *hörte ich plötzlich ...*
Quando mi sono svegliato**,** ↓ **passato prossimo** *Als ich aufgewacht bin,*	ero **nel mio letto, a casa, a Torino.** ↘ **imperfetto** *lag ich in meinem Bett, zu Hause, in Turin.*

IMPERFETTO

- bei Handlungen von unbestimmter Dauer, bei gewohnheitsmäßigen und wiederholten Handlungen
- zur Beschreibung von Personen, Sachen, Orten oder Zuständen

mi guardavo, ero

PASSATO PROSSIMO

- bei Handlungen oder Zuständen, die abgeschlossen sind
- bei Handlungen, die gerade eben passiert sind
- bei einmaligen Handlungen

ho sentito, mi sono svegliato

10 Imperfetto und passato prossimo

Imperfetto und **passato prossimo** sind zwei Zeiten der Vergangenheit. Aber wann wird das **imperfetto** benutzt? Und wann das **passato prossimo**?

imperfetto	passato prossimo
unbegrenzte Zeit	abgeschlossene Zeit
für den Hintergrund	für den Vordergrund
Das **imperfetto** antwortet auf die Fragen: Was war? Wie war es?	Das **passato prossimo** antwortet auf die Fragen: Was ist passiert? Was hat jemand gemacht?

141

11 Quante domande! – *So viele Fragen!*

Ergänzen Sie die Fragen mit den passenden Zeitformen der Verben. Benutzen Sie die 2. Person Singular.

DA PICCOLO...

1. A che ora **(andare)** ________________ a letto?
2. Dove **(vivere)** ________________?
3. Cosa **(fare)** ________________ di pomeriggio?
4. Con chi **(giocare)** ________________?

IERI...

5. A che ora **(svegliarsi)** ________________?
6. Con chi **(pranzare)** ________________?
7. **(lavorare)** ________________ fino a tardi?
8. **(andare)** ________________ al cinema?

12 Signalwörter

Einige Signalwörter können auch bei der Wahl der Zeit helfen. Suchen Sie in diesen Beispielen die Adverbien oder Zeitangaben und ergänzen Sie die Tabelle.

Ogni domenica mio padre mi portava...

A quei tempi davanti alla casa c'era...

...ho sentito improvvisamente la voce di mia nonna.

Ogni volta mi preparava il mio dolce preferito...

Arrivavamo sempre in ritardo!

Nel 1985 ci siamo trasferiti nella casa...

1. mit imperfetto	2. mit passato prossimo
Ogni domenica	________________
________________	________________
________________	
________________	

13 Imperfetto oder passato prossimo?

142

Vervollständigen Sie den Text mit den vorgegebenen Verben im **imperfetto** oder **passato prossimo**.

~~abitare~~ piacere conoscere avere andare essere divertirsi

Zustandsbeschreibung:	Da piccola Sara *abitava* in un casale di campagna con i suoi genitori,
Personenbeschreibung:	___ una ragazzina timida, ___ pochi amici
Gewohnheiten:	e le ___ solo leggere libri e suonare il pianoforte.
Aufgetretene Handlungen:	Poi a un certo punto ___ in Inghilterra per migliorare il suo inglese.
Abgeschlossene Handlungen:	A Londra ___ tanti ragazzi simpatici e ___ tantissimo!

14 Gleichzeitige Ereignisse: parallel

Lesen Sie diese beiden Sätze aus der Übung 4. Die Handlungen laufen in beiden Sätzen zeitlich parallel in der Vergangenheit ab. Welche Zeitform wird dafür jeweils im Haupt- und Nebensatz benutzt? Welche Konjunktionen verbinden die Haupt- und Nebensätze miteinander?

Quando ero piccolo, io e mio padre vivevamo a Torino in un piccolo appartamento.

...mentre i "grandi" prendevano il caffè in giardino, io giocavo con Leo.

Beachten Sie, dass **quando** *wenn/jedes Mal wenn* und auch *als* bedeutet.

1. Zeitform im Hauptsatz: ___.
2. Zeitform im Nebensatz: ___.
3. Konjunktionen: ___ oder ___.

15 Gleichzeitige Ereignisse: nicht parallel

Lesen Sie nun die Sätze. Sie finden auch in der Vergangenheit statt, verlaufen jedoch nicht paralell. Eine Handlung läuft bereits und dauert noch an, während das andere Ereignis einsetzt. Ergänzen Sie das Schema mit den Zeiten.

Mentre mi guardavo attorno seduto sul divano, ho sentito improvvisamente...	Quando mi sono svegliato, ero nel mio letto, a casa, a Torino.

1. Zeitform bei einem einsetzenden, abgeschlossenen Ereignis: ________________

2. Zeitform bei einer andauernden Handlung: ________________

143

16 Die Konjunktion mentre

Vervollständigen Sie die Sätze mit den vorgegebenen Verben im **imperfetto** oder **passato prossimo**.

aspettare | cucinare | fare | essere | parlare | giocare | addormentarsi | leggere

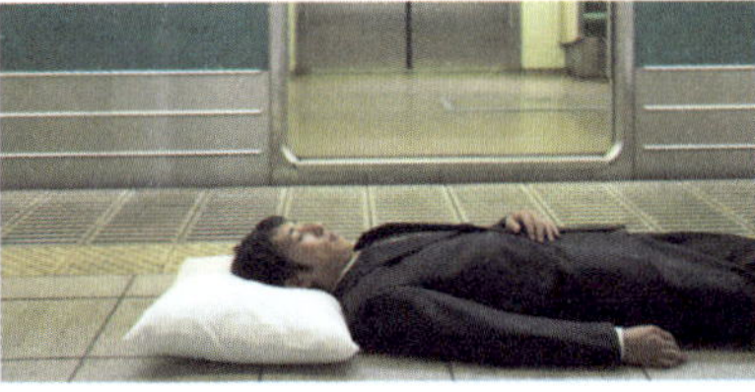

1. Mentre aspettava il treno, ________________.

2. Mentre la madre ________________, il bambino ________________.

3. Mentre ________________ in auto, ________________ con me al telefono.

4. Mentre Marco ________________ colazione, ________________ il giornale.

ABC

DAS LEBEN

l'infanzia .... *die Kindheit*
l'adolescenza .... *die Jugend*
la maturità .... *die Erwachsenenzeit*
la vecchiaia .... *das Alter*
il / la neonato / a .... *das Alter*
il / la bambino / a .... *das Kind*
l'adolescente .... *der / die Jugendliche*
il / la giovane .... *der junge Mann / die junge Frau*
l'adulto / a .... *der / die Erwachsene*
l'anziano / a .... *der alte Mann / die alte Frau*

ZEITANGABEN

quando .... *wenn, als*
mentre .... *während*
regolarmente .... *jedes Mal*
ogni volta .... *jedes Mal*
a quei tempi .... *damals*
allora .... *damals*
poi .... *dann*
improvvisamente .... *plötzlich*
a un certo punto .... *irgendwann, zu einem bestimmten Zeitpunkt*

ÜBER DIE VERGANGENHEIT ERZÄHLEN

Quando ero piccola... .... *Als ich ein Kind war ...*
Quando avevo 4 anni... .... *Als ich 4 Jahre alt war ...*
A quei tempi abitavo... .... *Damals wohnte ich ...*
Ogni domenica andavamo... .... *Jeden Sonntag gingen wir ...*
Mi ricordo in particolare... .... *Ich erinnere mich im Besonderen ...*
A un certo punto sono andato... .... *Irgendwann bin ich ... gegangen.*

§

DAS IMPERFETTO

Für Handlungen mit einer unbestimmten Dauer, Gewohnheiten oder sich wiederholende Handlungen oder Beschreibungen von Personen, Sachen, Orte und Zustände in der Vergangenheit müssen Sie das **imperfetto** verwendet. Die meisten Verben sind im **imperfetto** regelmäßig. Nur das Verb **essere** ist völlig unregelmäßig.

- Verben auf **-are**: **io guardavo, tu guardavi, lui / li / Lei guardava, noi guardavamo, voi guardavate, loro guardavano**
- Verben auf **-ere**: **io prendevo, tu prendevi, lui / li / Lei prendeva, noi prendevano, voi prendevate, loro prendevano**
- Verben auf **-ire**: **io preferivo, tu preferivi, lui / li / Lei preferiva, noi preferivamo, voi preferivate, loro preferivano**
- **essere: io ero, tu eri, lui / li / Lei era, noi eravamo, voi eravate, loro erano**

PASSATO PROSSIMO VS. IMPERFETTO

Passato prossimo und **imperfetto** unterscheiden sich im Gebrauch.

- Im **passato prossimo** stehen die Handlungen oder Zuständen, die abgeschlossen sind, oder Handlungen, die gerade eben passiert sind. Es antwortet auf die Frage: „Was ist passiert?".
- Mit dem **imperfetto** beschreibt man dagegen die Begleitumstände und den Hintergrund eines Geschehens, das in seinem Verlauf ohne ein zeitliches Ende dargestellt wird. Es antwortet auf die Fragen: „Was war?", „Wie war es?".

15 FESTE E FESTIVITÀ

In Italien werden sowohl kirchliche Feste als auch historische Jahrestage gefeiert. Viele katholische Feste sind in Italien keine Feiertage (z. B. Karfreitag, Pfingsten und Christi Himmelfahrt) oder werden mit profanen Traditionen verbunden. Das ist z. B. der Fall der **Epifania** (Heilige Dreikönige). Der 6. Januar ist bekannt für die **Befana**, eine hässliche Hexe, die den Kindern Geschenke und Süßigkeiten in einen Strumpf steckt. Für die Geschichte Italiens sind dagegen der 25. April (Befreiung vom Faschismus) und der 2. Juni (Fest der Republik) von Bedeutung.

144

1 Feiertage in Italien

Ordnen Sie jedem Datum den passenden Feiertag zu.

1

2

3

4

5

6

7

8

9

10

11

12

____ A Pasqua*
____ B Primo dell'anno
____ C Pasquetta*
____ D Natale
____ E Ferragosto
____ F Festa della Liberazione
____ G Ognissanti
____ H Festa dell'Immacolata
____ I Epifania
____ J Festa del Lavoro
____ K Santo Stefano
____ L Festa della Repubblica

* Ostern und Ostermontag fallen nicht jedes Jahr auf das gleiche Datum.

2 Festeggiamenti - *Feiern*

145

Hören Sie sich die Aussagen zu den verschiedenen Festen an und lesen Sie mit.

VON FESTEN UND TRADITIONEN ERZÄHLEN

A Capodanno è tradizione mangiare le lenticchie. A mezzanotte si brinda con lo spumante, si guardano i fuochi d'artificio e ci si diverte tanto.

Il 25 aprile è una data storica. Si festeggia la liberazione dell'Italia dall'occupazione nazista e dal regime fascista.

GEBURTSTAG ERFRAGEN UND ANTWORTEN

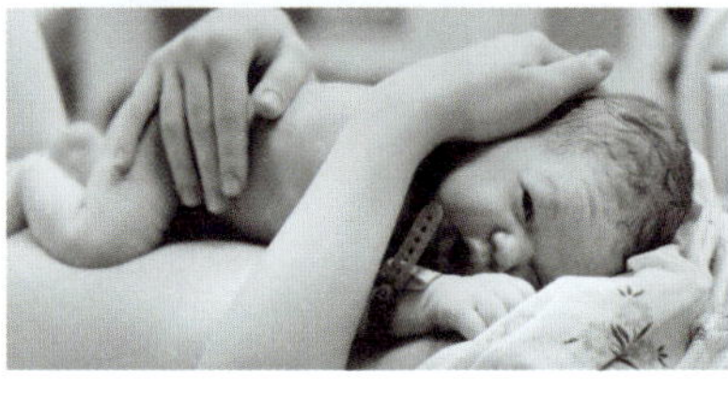

- Quando sei nato?
- Quand'è il tuo compleanno?
- Quando compi gli anni?
- Il 12 maggio.

DAS DATUM

Zur Angabe des Datums benutzt man die Grundzahlen. Die einzige Ausnahme bildet der Erste jeden Monats, hier verwendet man die Ordnungszahl: **il primo gennaio**.

146

3 Regali - *Geschenke*

Caterina hat heute Geburtstag und hat ihre Freunde eingeladen. Hören Sie den Dialog ein erstes Mal: Welche Geschenke bekommt Caterina? Kreuzen Sie an.

1 ☐

2 ☐

3 ☐

4 ☐

146

4 Wann sagen Sie was?

Verbinden Sie die Elemente zu sinnvollen Sätzen. Hören Sie dann den Dialog noch einmal und ordnen Sie die Sätze der passenden Kategorie zu. Bei welcher Gelegenheit werden diese Sätze benutzt?

pensierino *kleine Aufmerksamkeit*

1. Tanti auguri a te,	___	A regalo è per te.
2. Ma è	___	B non dovevi.
3. Grazie tante,	___	C un pensierino!
4. Tieni, questo	___	D tanti auguri a te!
5. Tanti auguri e	___	E bellissimo, grazie!
6. Ti ho comprato	___	F cento di questi giorni!

I. ein Geschenk bekommen

___

___

II. ein Geschenk überreichen

___

___

III. jemandem gratulieren

___

___

5 Glückwünsche

147

Ordnen Sie jedem Bild den passenden Glückwunsch zu.

1

2

3

4

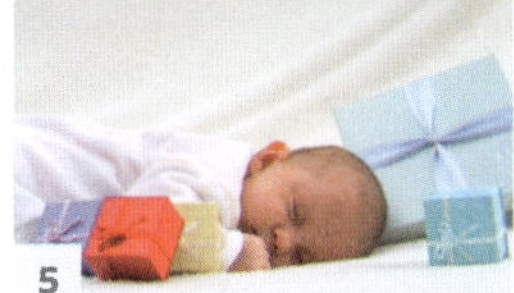
5

6

_____ A Buon compleanno!

_____ B Congratulazioni!

_____ C Buon Natale!

_____ D Felicitazioni!

_____ E Buon anno nuovo!

_____ F In bocca al lupo!

IN BOCCA AL LUPO!

Diese Redewendung bedeutet: *Ich drücke dir die Daumen!*

6 Biglietto di auguri – *Glückwunschkarte*

148

Ordnen Sie die Ereignisse der richtigen Glückwunschkarte zu.

Matrimonio | ~~Nascita~~ | Laurea | Compleanno

1. *Nascita*

2. ______________________

3. ______________________

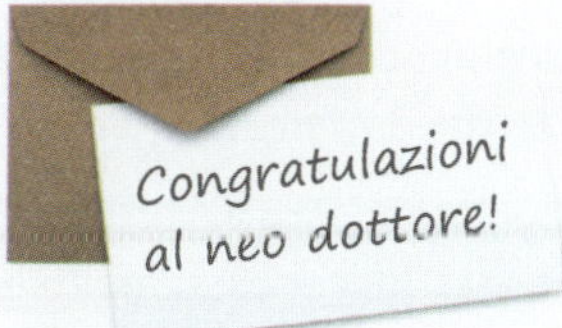

4. ______________________

7 Die betonten Objektpronomen

Im Italienischen unterscheidet man zwischen unbetonten und betonten Objektpronomen. Aber wann werden sie verwendet? Lesen Sie die Sätze der Sprechblasen und ergänzen Sie dann die Regel.
Schließlich vervollständigen Sie die Tabelle mit den fehlenden betonten Objektpronomen.

1. Questo regalo è per te!

2. Io ho invitato lei, non lui...

Man benutzt die betonten Objektpronomen:

1. nach einer ____________

2. bei besonderer Hervohebung des Objektes.

BEACHTEN SIE:

Bis auf die ersten zwei Personen Singular entsprechen die betonten Objektpronomen den Subjektpronomen (siehe Lektion 1).

me	noi
_____	_____
_____ / _____ / Lei	_____

8 Betont oder unbetont?

149

Ergänzen Sie den Dialog, indem Sie zwischen unbetonten und betonten Objektpronomen auswählen. Hören Sie sich anschließend den Dialog an.

- Domani c'è la festa di Caterina, **le / a lei** dobbiamo ancora comprare il regalo!
- Hai ragione... Oggi vado in centro con Stefania. Vieni con **ci / noi**?
- Oggi non posso, **mi / a me** ha telefonato mia madre, devo andare con **le / lei** dal dottore. Domani?
- Va benissimo, ora avverto Stefania. Ma per il regalo hai qualche idea? Sai, io non **la / lei** conosco molto bene...
- Sì, vorrei passare in libreria. A Caterina piace così tanto leggere! Oppure un portafoglio o una borsa...
- Sono tutte ottime idee! Allora **ti / te** passiamo a prendere domani alle tre!

9 Torta di compleanno – *Geburtstagstorte*

Lösen Sie das Bilderrätsel. Mit den eingerahmten Buchstaben erhalten Sie den Gegenstand, den eine Geburtstagstorte immer haben muss!

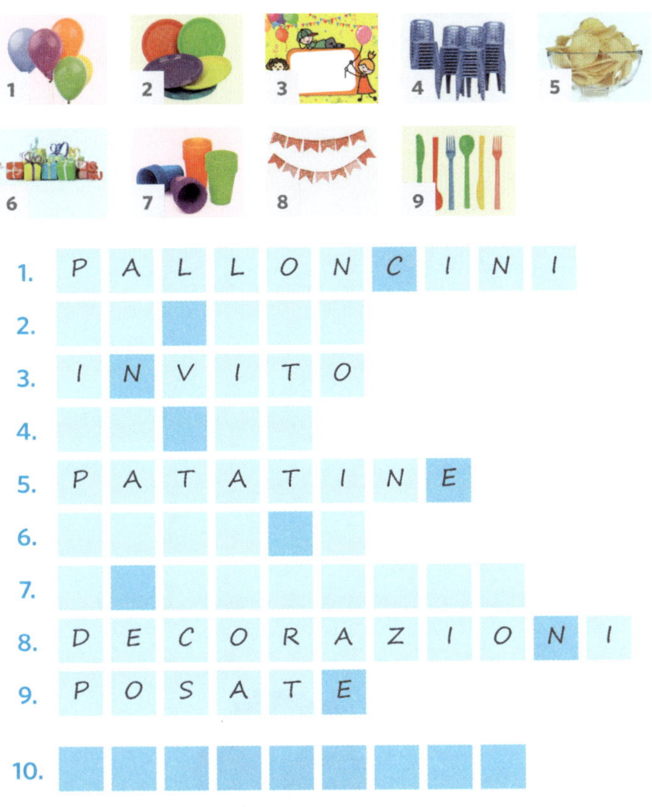

PENSIERINO / CANDELINE

Mit dem Suffix **-ino** kann man Verkleinerungsformen bilden.

10 Brindare – *Anstoßen*

Sie haben schon gelernt, dass die Präposition **di** als Angabe des Inhalts oder Materials benutzt wird. Als Verwendungszweck wird dagegen die Präposition **da** verwendet. Ergänzen Sie.

1. Un bicchiere ______ vino.

2. Un bicchiere ______ vetro.

3. Un bicchiere ______ vino.

11 Das passato prossimo mit den Pronomen lo, la, li, le

Lesen Sie, was Caterina über ihre Freundin Maria sagt. Was merken Sie? Ergänzen Sie die Regel, indem Sie die richtige Antwort ankreuzen.

> L'ho invitata, ma è all'ospedale.

LO UND LA

1. Sie werden vor den Formen von **avere**
   - ☐ **A** apostrophiert.
   - ☐ **B** nicht apostrophiert.

MIT LO, LA, LI UND LE

2. Das Partizip (mit **avere** als Hilfsverb)
   - ☐ **A** bleibt unverändert.
   - ☐ **B** wird an das Objekt angeglichen.

12 Hochzeitsfeier

150

Eine Hochzeitsfeier wird organisiert: Beantworten Sie die Fragen, wie im Beispiel.

1. Hai ordinato la torta?

   No, non l'ho ordinata. ____________________

2. Hai spedito gli inviti?

   Sì, ____________________

3. Hai comprato le scarpe per il vestito?

   Sì, ____________________

4. Hai invitato tua cugina?

   No, ____________________

13 Hervorhebung des direkten Objekts

Sehen Sie sich die normale Satzstellung in der ersten Sprechblase an. Was passiert, wenn man das direkte Objekt besonders hervorheben möchte? Lesen Sie den Satz in der zweiten Sprechblase und ergänzen Sie dann das Schema mit der neuen Satzstellung.

1. Adoro i peluche!

2. I peluche li adoro!

1. Verb + direktes Objekt
2. ______ + ______ + ______

14 Die Verteilung der Aufgaben

151

Man muss nun entscheiden, wer was macht. Beantworten Sie die Fragen, wie im Beispiel.

1. Chi sceglie le bomboniere?
   Le bomboniere le scelgo io!
2. Chi compra i confetti?
   ______
3. Chi porta gli anelli?
   ______
4. Chi chiama il fotografo?
   ______

FALSCHE FREUNDE

Confetti sind Mandelpralinen, die den Gästen zur Hochzeit geschenkt werden. Die kleinen Papierstücke, die man am Karneval in die Luft wirft, heißen **coriandoli**.

152

15 Die Wiedergabe des deutschen „man“

Wie erzählt man im Allgemeinen von Festen und Traditionen? Lesen Sie die folgenden Sätze, die Sie bereits aus der Übung 2 kennen. In diesen Sätzen wird die unpersönliche **si**-Form benutzt, die dem deutschen *man* entspricht. Zu jedem Beispielsatz finden Sie unten die passende Regel. Sehen Sie sich an, wie diese Konstruktion gebildet wird und ergänzen Sie die Regel mit Singular oder Plural.

1. Si brinda con lo spumante!

2. Si festeggia la liberazione dell'Italia!

3. Si guardano i fuochi d'artificio!

4. E ci si diverte tanto!

1. Wenn kein **direktes Objekt** im Satz vorhanden ist:
   si + Verb in der 3. Person Singular
2. Wenn ein **direktes Objekt** im **Singular** vorhanden ist:
   si + Verb in der 3. Person Singular + direktes Objekt im Singular
3. Wenn ein **direktes Objekt** im **Plural** vorhanden ist:

   si + Verb in der 3. Person ________________ + direktes Objekt im ________________
4. Bei **reflexiven Verben** trifft **si** (*man*) auf **si** (*sich*). Um diese Wiederholung zu vermeiden, wird **si** im Sinne von *man* zu **ci**:

   ci + reflexives Verb in der 3. Person ________________

16 Feste e tradizioni – *Feste und Traditionen* 153

Bilden Sie Sätze in der unpersönlichen **si**-Form, wie im Beispiel.

1. Cosa si fa a Carnevale?

mascherarsi

Ci si maschera.

tirare i coriandoli

____

mangiare dolci fritti

____

2. Cosa si fa a Natale?

aprire i regali

____

mangiare il panettone

____

festeggiare in famiglia

____

17 Proverbi – *Sprichwörter* 154

Was bedeuten diese Sprichwörter? Unterstreichen Sie den richtigen Satzteil.

1. "Natale con i tuoi, Pasqua con chi vuoi."
   → Il Natale si festeggia **con gli amici / con i parenti**.
2. "Anno nuovo, vita nuova!"
   → Dal 1° gennaio **si cambia / tutto resta uguale**.
3. "L'Epifania, tutte le feste si porta via."
   → Il 6 gennaio è **il primo / l'ultimo** giorno delle feste natalizie.

FEIERTAGE

Primo dell'anno	*Neujahrstag*
Epifania	*Dreikönigsfest*
Pasqua	*Ostern*
Pasquetta	*Ostermontag*
Festa della Liberazione	*Jahrestag der Befreiung*
Festa del Lavoro	*Tag der Arbeit*
Festa della Repubblica	*Fest der Republik*
Ferragosto	*Mariä Himmelfahrt*
Ognissanti	*Allerheiligen*
Festa dell'Immacolata	*unbefleckte Empfängnis*
Natale	*Weihnachten*
Santo Stefano	*Stephanstag*

GLÜCKWÜNSCHE

Buon anno nuovo!	*Frohes Neues Jahr!*
Buon compleanno!	*Herzlichen Glückwunsch zum Geburtstag!*
Buon Natale!	*Frohe Weihnachten!*
Congratulazioni!	*Ich gratuliere!*
Felicitazioni!	*Glückwunsch!*
Tanti auguri!	*Herzlichen Glückwunsch!*

FESTE UND PARTY

Quand'è il tuo compleanno?	*Wann hast du Geburtstag?*
Questo regalo è per te!	*Dieses Geschenk ist für dich!*
Grazie, non dovevi!	*Danke, das hätte nicht sein müssen.*
Il 25 aprile si festeggia ...	*Am 25. April feiert man ...*
A Natale si mangia il panettone.	*Zu Weihnachten isst man Panettone.*

DIE BETONTEN OBJEKTPRONOMEN

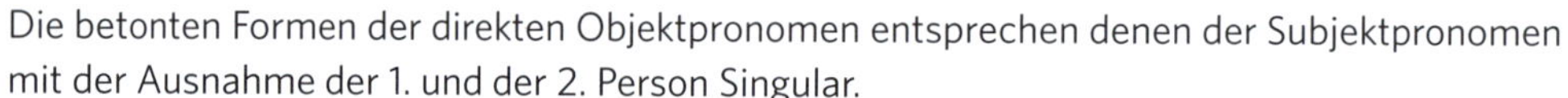

Die betonten Formen der direkten Objektpronomen entsprechen denen der Subjektpronomen mit der Ausnahme der 1. und der 2. Person Singular.

- Formen: **me, te, lui, lei, Lei, noi, voi, loro**
- Gebrauch: in Verbindung mit Präpositionen und bei Betonung oder besonderer Hervorhebung des Objekts **Vieni con me?** *Kommst du mit mir?*

DAS PASSATO PROSSIMO MIT DEN PRONOMEN LO, LA, LI, LE

Wird das **passato prossimo** mit **avere** gebildet, bleibt das Partizip Perfekt normalerweise unverändert. Wenn aber die Pronomen **lo**, **la**, **li** oder **le** vor dem **passato prossimo** stehen, muss die Endung des Partizips dem Objektpronomen angeglichen werden: **I miei genitori? Sì, li ho chiamati.** *Meine Eltern? Ja, ich habe sie angerufen.*
Die Pronomen **lo** und **la** werden vor den Formen von **avere** zu **l'** abgekürzt.

DIE WIEDERGABE DES DEUTSCHEN „MAN"

Das unpersönliche „man" wird im Italienischen meist durch eine **si**-Konstruktion wiedergegeben.

- Bei Verben ohne Objekt wird die 3. Person Singular verwendet.
- Bei Verben mit direktem Objekt wird die 3. Person Singular bzw. Plural verwendet, abhängig ob das Objekt im Singular oder Plural ist.
- Bei reflexiven Verben wird **si** zu **ci**.

VORREI… 16

Wenn es um die Benutzung von Smartphones und Social Media geht, sind die Italiener ganz weit vorne. Das betrifft nicht nur Teenager, auch Erwachsene haben eine ganz enge Beziehung zu ihren Mobiltelefonen. Sie telefonieren gerne, sie kaufen online und verbringen viel Zeit in sozialen Netzwerken im Internet. Jedoch ist Italien im Vergleich zu den anderen europäischen Ländern rückständig in Bezug auf freie Wi-Fi, Surf-Geschwindigkeit und auf die Verbreitung des Netzes in Schulen, Bibliotheken, Museen - besonders im Süden des Landes.

1 Internet - *Das Internet*

155

Ordnen Sie jedem Satz das passende Bild zu.

INTERNET

Beachten Sie: Auf Italienisch wird das Wort **Internet** ohne Artikel benutzt!

1

2

3

4

5

6

_____ A Bello il tuo profilo!

_____ B Sei su Facebook?

_____ C Scrivo su un blog.

_____ D Vuoi partecipare al forum?

_____ E Ora scarico il file.

_____ F Quale motore di ricerca usi?

2 Lo smartphone - *Das Smartphone*

156

Ordnen Sie jeder Aktion das passende Ikon zu.

1

2

3

4

5

6

_____ A andare su Internet

_____ B telefonare

_____ C guardare un video

_____ D scrivere un messaggio / sms

_____ E comprare online

_____ F mandare una mail

157

3 Wünsche, Ratschläge, Vorschläge, Gefallen und Vermutungen

Hören Sie sich die folgenden Aussagen und Fragen an und lesen Sie sie mit.

EINEN WUNSCH ÄUSSERN

Vorrei cambiare lavoro! E anche marito!

RATSCHLÄGE GEBEN

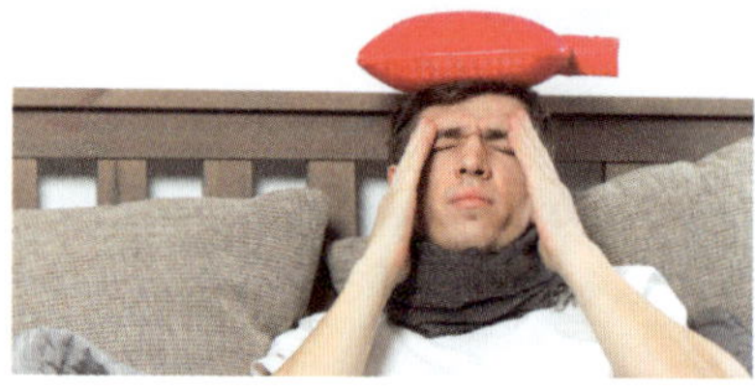

Al posto tuo chiamerei subito un dottore!

VORSCHLÄGE MACHEN

Ti andrebbe di sposarmi?

HÖFLICH UM ETWAS BITTEN

Mia mamma è molto arrabbia-ta... mi aiutereste, per favore?

VERMUTUNGEN ÄUSSERN

Sembrerebbe una lampada...

4 Sul forum - *Im Forum*

158

Drei Personen beschreiben in einem Forum ihre Probleme und bitte um Ratschläge. Lesen Sie die drei Einträge und die verschiedenen Ratschläge: Was passt zusammen?

1

Aiuto, è urgente! I genitori del mio ragazzo vengono stasera a cena, ma in casa non c'è niente da mangiare! Mi dareste un buon consiglio? Sono così nervosa!

2

Ieri sono andato al compleanno di un amico e ho conosciuto una ragazza bellissima! Si chiama Alice e studia Storia. Il mio amico però non la conosce. Vorrei tanto rivederla, cosa fareste al posto mio?

3

Dopo cinque anni di relazione Tommaso mi ha lasciato per la mia migliore amica. Sono così depressa! Cosa dovrei fare secondo voi per stare meglio?

___ **A** Io parlerei con il tuo amico e gli chiederei di organizzare un'altra festa!

___ **B** Al tuo posto scriverei una mail alla tua amica. O forse preferiresti chiamarla?

___ **C** Io non resterei a casa a piangere, ma uscirei ogni sera!

___ **D** Mio fratello è cuoco! Ti aiuterebbe volentieri! Avresti voglia di chiamarlo?

___ **E** Io sono libero. Prenderesti un caffè con me? ;-) Sarebbe bello, no?

___ **F** Perché non ordinate semplicemente 4 pizze? I tuoi suoceri capirebbero, no?

___ **G** Al tuo posto andrei all'università e la cercherei là. Se sei fortunato, potresti incontrarla!

___ **H** Io li inviterei al ristorante! Potrebbe essere una buona idea, no?

5 Consigli – *Ratschläge*

Lesen Sie die Einträge aus der Übung 4 noch einmal. Wie können Sie um einen Rat bitten? Wie einen Ratschlag geben? Ergänzen Sie die Tabelle mit den verschiedenen Möglichkeiten.

1. chiedere un consiglio	2. dare un consiglio
Mi dareste un buon consiglio?	*Io parlerei con il tuo amico...*
______	______
______	______

6 Sentimenti e desideri – *Gefühle und Wünsche*

159

Hören Sie, wie sich die drei Personen des Forums fühlen. Ergänzen Sie dann die Sätze mit den passenden Adjektiven und Verben. Achten Sie auf die richtigen Endungen der Adjektive.

agitato | distrutto | sfortunato | stare | piangere | essere single

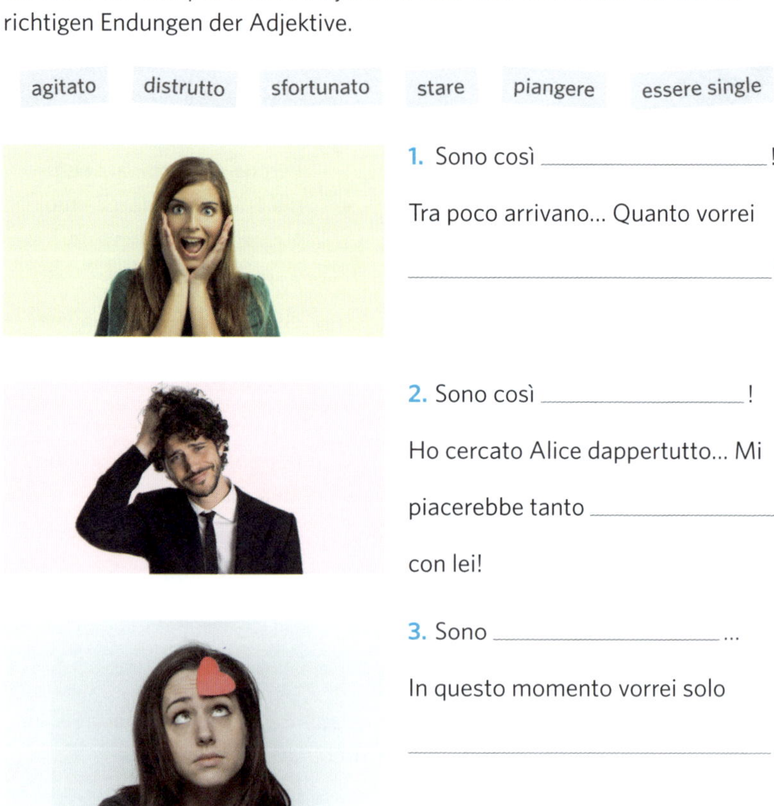

1. Sono così ______!
Tra poco arrivano... Quanto vorrei ______!

2. Sono così ______!
Ho cercato Alice dappertutto... Mi piacerebbe tanto ______ con lei!

3. Sono ______...
In questo momento vorrei solo ______.

7 Das condizionale presente

🎧 160

Das **condizionale presente** wird verwendet, um Wünsche, Ratschläge, Vorschläge, Gefallen und Vermutungen auszudrücken. Mit Hilfe folgender Verbformen aus der Übung 4 können Sie die drei Verbkonjugationen ergänzen.

Verben auf **-are**: **io parlerei, lui aiuterebbe**

Verben auf **-ere**: **tu prenderesti, io scriverei**

Verben auf **-ire**: **io uscirei, tu preferiresti, loro capirebbero**

-ARE

parlare			
io	______	noi	parl-eremmo
tu	parl-eresti	voi	parl-ereste
lui, lei, Lei	______	loro	parl-erebbero

-ERE

prendere			
io	______	noi	______
tu	______	voi	______
lui, lei, Lei	______	loro	______

-IRE

uscire			
io	______	noi	usc-iremmo
tu	______	voi	usc-ireste
lui, lei, Lei	usc-irebbe	loro	______

BEACHTEN SIE:

- Die Endungen der regelmäßigen Verben auf **-are** und auf **-ere** sind gleich: **-erei**, **-eresti**, **-erebbe**, **-eremmo**, **-ereste**, **-erebbero**
  Bei den Verben auf **-care** und **-gare** wird vor **e** ein **-h-** eingefügt, um die Aussprache von c bzw. g zu erhalten:
  cercare → **io cercherei**
- Die Endungen der regelmäßigen Verben auf **-ire** fangen mit einem **-i-** an: **-irei**, **-iresti**, **-irebbe**, **-iremmo**, **-ireste**, **-irebbero**

161

8 Das **condizionale** bei Wünschen

Diese Personen träumen von einem neuen Leben. Ergänzen Sie die Sätze mit den angegebenen Verben im **condizionale**.

1. **(prendere)** ______________ il primo aereo e **(partire)** ______________ per i Caraibi!

2. **(comprare)** ______________ volentieri una casa più grande e ci **(piacere)** ______________ avere un bel giardino!

9 Das **condizionale** bei Ratschlägen

Lesen Sie die folgenden Sätze und wandeln Sie sie in die 1. Person Plural um.

1. Io parlerei con il tuo amico.
   Noi parleremmo con il tuo amico.
2. Al tuo posto scriverei una mail alla tua amica.
   Al tuo posto noi ______________
3. Io non resterei a casa a piangere, ma uscirei ogni sera!
   ____
4. Io li inviterei al ristorante.
   ____

AUF RATSCHLÄGE REAGIEREN

Einen Rat kann man annehmen:
Buona idea! Grazie per il consiglio. *Gute Idee. Danke für den Rat.*
... oder ablehnen:
Non so, ma grazie lo stesso. *Ich weiß nicht, aber trotzdem danke.*

10 Die unregelmäßigen Formen des **condizionale presente**

162

Die folgenden Verben aus den Texten des Forums haben unregelmäßige Formen im **condizionale**. Diese Verben kann man in drei verschiedene Gruppen einteilen. Lesen Sie dazu die Erklärung und ordnen Sie dann die Verben aus den Texten der entsprechenden Gruppe zu, wie im Beispiel.

GRUPPE 1:

Einige Verben verlieren das erste **e** der Endung, z. B.:
sapere → io saprei

GRUPPE 2:

Einige Verben bilden die Zeit mit doppeltem **r**:
venire → io verrei

GRUPPE 3:

Die Endungen einiger kurzen Verben auf **-are** fangen mit einem **a** an:
stare → io starei

~~berrei~~ dareste vorrei fareste dovrei andrei avresti potresti

Gruppe 1	Gruppe 2	Gruppe 3
	berrei – bere	

163 11 Das condizionale presente von essere

Das Verb **essere** hat besondere Formen. Ergänzen Sie die Verbkonjugation.

Sarebbe bello rivedersi!

UNREGELMÄSSIG

essere			
io	s-arei	noi	______
tu	s-aresti	voi	______
lui, lei, Lei	______	loro	______

164 12 Das condizionale bei Vorschlägen

Ergänzen Sie die Sätze mit den richtigen Formen des **condizionale**. Kreuzen Sie die Sätze an, die einen Vorschlag ausdrücken.

☐ **1.** Che fate stasera? Vi **(andare)** ______ di venire a cena da noi?

☐ **2.** Oggi **(io - dovere)** ______ lavorare, ma esco lo stesso!

☐ **3.** **(voi - avere)** ______ voglia di andare a teatro domani?

☐ **4.** Se per te va bene, **(noi - potere)** ______ andare in treno.

☐ **5.** **(tu - potere)** ______ chiudere la finestra?

☐ **6.** **(tu - venire)** ______ con me in piscina?

13 Das condizionale bei Vermutungen

165

Mit dem **condizionale** kann man auch eine Annahme oder einen Zweifel ausdrücken. Ergänzen Sie die Sätze mit den richtigen Formen.

1. Secondo me Luca non **(sapere)** ______________ fare questo esercizio, è troppo difficile.
2. Se non sbaglio, il figlio di Mario **(dovere)** ______________ avere la tua stessa età.
3. Rispondi tu al telefono? **(potere)** ______________ essere i tuoi genitori.
4. I miei nuovi coinquilini **(sembrare)** ______________ simpatici!
5. È arrivata una lettera. **(dovere)** ______________ essere della banca.
6. **(potere)** ______________ essere una matita ecologica.

coinquilini *Mitbewohner*
matita *Bleistift*

14 Das condizionale bei höflichen Bitten

166

Das **condizionale** können Sie auf Italienisch häufig hören. Man kann sich damit höflicher, aber auch nuancierter ausdrücken. Ordnen Sie die Sätze von sehr höflich (1) bis weniger höflich (5).

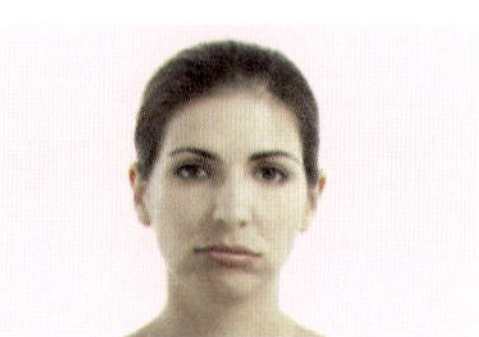
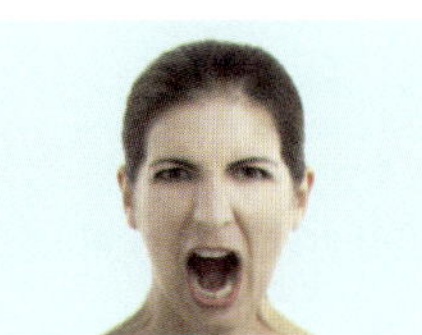

___ Mi farebbe un caffè?
___ Vorrei un caffè.
___ Voglio un caffè!
___ Sarebbe così gentile da farmi un caffè, per favore?
___ Potrebbe farmi un caffè, per favore?

 167

15 Das Adjektiv **buono**

In der Übung 4 haben Sie den Ausdruck **un buon consiglio** gesehen. Wie verhält sich dieses Adjektiv?

♂	un	buon	consiglio
	un	buon	amico
	un	buono	studente

♀	una	buona	soluzione
	una	buon'	amica

Wenn **buono** vor einem männlichen Substantiv im Singular steht, enden seine Formen wie die des unbestimmten Artikels.

Vor einem weiblichen Substantiv, das mit Vokal beginnt, kann **buona** apostrophiert werden, muss aber nicht!

168

16 Unregelmäßige Steigerungsformen

Sie haben bereits den Ausdruck **la mia migliore amica** gesehen. **Migliore** ist eine unregelmäßige Steigerungsform. Die folgenden Adjektive und Adverbien haben ebenfalls unregelmäßige Steigerungsformen. Ergänzen Sie die Tabelle mit den passenden Formen.

peggiore migliore maggiore peggio meglio minore

buono – ______	cattivo – *peggiore*
grande – ______	piccolo – *minore*
bene – ______	male – ______

Wählen Sie nun bei den folgenden Sätzen die richtige Steigerungsform aus.

1. Francesco è ancora oggi il mio **migliore / maggiore** amico.
2. Luisa ha 3 anni meno di me, è la mia sorella **maggiore / minore**.
3. Ho preso l'aspirina poco fa e già mi sento **meglio / peggio**.

INTERNET UND SMARTPHONE

il blog	*der Blog*
il file	*die Datei*
la mail	*die E-Mail*
il messaggio	*die SMS*
il sito Internet	*die Internetseite*
il motore di ricerca	*die Suchmaschine*
il profilo	*das Profil*
andare su Internet	*ins Internet gehen*
comprare online	*online kaufen*
scaricare	*herunterladen*

WÜNSCHE UND RATSCHLÄGE

Vorrei...	*Ich möchte ...*
Mi piacerebbe...	*Ich würde gern ...*
Sarebbe bello...	*Es wäre schön ...*
Mi dareste un buon consiglio?	*Würdet ihr mir einen guten Rat geben?*
Cosa fareste al posto mio?	*Was würdet ihr an meiner Stelle tun?*
Cosa dovrei fare per...?	*Was sollte ich tun, um ...?*
Io non resterei a casa.	*Ich würde nicht zu Hause bleiben.*
Al tuo posto andrei...	*An deiner Stelle würde ich ... gehen.*
Perché non ordinate...?	*Wieso bestellt ihr ... nicht?*
Grazie per il consiglio!	*Danke für den Rat!*
Grazie lo stesso.	*Danke trotzdem.*

VORSCHLÄGE, VERMUTUNGEN UND GEFALLEN

Ti andrebbe di...?	*Möchtest du ...?*
Avresti voglia di...?	*Hättest du Lust ...?*
Potremmo andare...	*Wir könnten ... gehen.*
Verresti con me?	*Würdest du mit mir kommen?*
Dovrebbe essere...	*Es müsste ... sein.*
Potrebbe essere...	*Es könnte ... sein.*
Potreste aiutarmi?	*Könntet ihr mir helfen?*
Potrebbe farmi un caffè, per favore?	*Könnten Sie mir bitte einen Kaffee machen?*

DAS CONDIZIONALE PRESENTE

Das **condizionale presente** wird verwendet, um Wünsche, Ratschläge, Vorschläge, Gefallen und Vermutungen auszudrücken.
Bildung: Die Infinitivendungen **-are**, **-ere** und **-ire** werden durch die Endungen des **condizionale presente** ersetzt.
Verben auf **-are / -ere**: **-erei, -eresti, -erebbe, -eremmo, -ereste, -erebbero**
Verben auf **-ire**: **-irei, -iresti, -irebbe, -iremmo, -ireste, -irebbero**

DAS ADJEKTIV BUONO

Wenn **buono** vor einem männlichen Substantiv steht, enden seine Formen wie die des unbestimmten Artikels: **un** buon **padre, un** buon **amico, un** buono **studente, una** buona **madre, una** buon'**amica.**

UNREGELMÄSSIGE STEIGERUNGSFORMEN

Einige Adjektive und Adverbien haben neben den regelmäßigen auch unregelmäßige Steigerungsformen: **buono – migliore, cattivo – peggiore, grande – maggiore, piccolo – minore, bene – meglio, male – peggio.** Die unregelmäßigen Formen werden oft für abstrakte Begriffe oder im übertragenen Sinn verwendet.

17 NON MI SENTO BENE…

Die italienische Verfassung erkennt das Recht auf die Gesundheit aller Leute an und das italienische Gesundheitswesen (**Servizio Sanitario Nazionale**) ist ein staatliches System, das die Fürsorge aller Bürger sichert. Obwohl das italienische Gesundheitswesen eines der effizientesten in Europa ist, liegen die Probleme auf der Hand: die Wartelisten sind in Italien unglaublich lang und auch die Qualität der Leistungen ist manchmal nicht zufriedenstellend. In der Folge muss man sich oft an das teurere Privatsystem wenden.

169

1 Le parti del corpo – *Körperteile*

Ordnen Sie jedem Körperteil den passenden Begriff zu.

Der **David** von **Michelangelo** gilt als eine der bekanntesten Skulpturen der Kunstgeschichte und als Vorbild der männlichen Schönheit. Die Statue auf der berühmten **Piazza della Signoria** in Florenz ist nur eine Kopie! Das Original steht in der **Galleria dell'Accademia**.

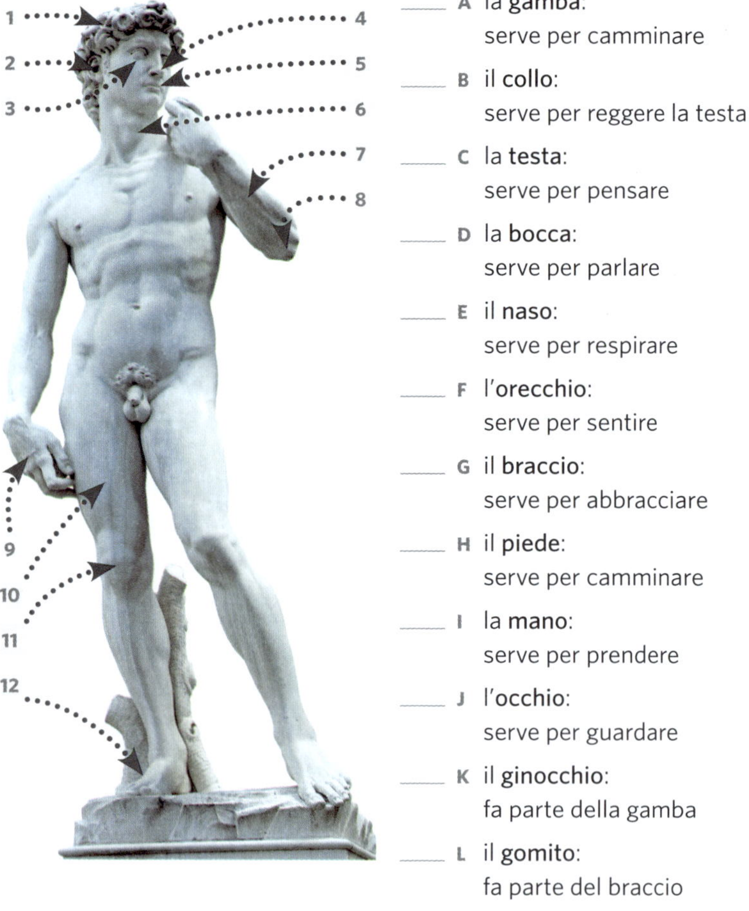

___ **A** la **gamba**: serve per camminare

___ **B** il **collo**: serve per reggere la testa

___ **C** la **testa**: serve per pensare

___ **D** la **bocca**: serve per parlare

___ **E** il **naso**: serve per respirare

___ **F** l'**orecchio**: serve per sentire

___ **G** il **braccio**: serve per abbracciare

___ **H** il **piede**: serve per camminare

___ **I** la **mano**: serve per prendere

___ **J** l'**occhio**: serve per guardare

___ **K** il **ginocchio**: fa parte della gamba

___ **L** il **gomito**: fa parte del braccio

2 La salute - *Die Gesundheit*

170

Hören Sie sich die Aussagen rund um das Thema Gesundheit an und lesen Sie sie anschließend.

EMPFEHLUNGEN FÜR EINE GESUNDE ERNÄHRUNG

Mangia tanta verdura ed evita i grassi!

Non mangiare troppi dolci! Fanno male.

DAS PASSENDE HEILMITTEL ZUR KRANKHEIT

Ho la tosse da giorni, non mi passa più...

Allora prendi questo sciroppo omeopatico!

MEDIKAMENTE EMPFEHLEN

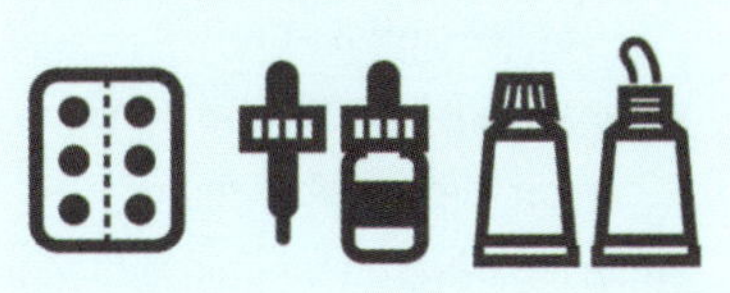

Prendi queste pastiglie!

Prendi queste gocce!

Metti questa pomata!

171 3 Vivere in modo sano - *Gesund leben*

Lesen Sie die drei Faltblätter: Es handelt sich um Ratschläge für ein gesundes Leben. Dann lesen Sie die Gewohnheiten einiger Personen. Kreuzen Sie die Namen der Personen an, die nach diesen Ratschlägen gesund leben.

1. Mangia sano!

- A tavola varia le tue scelte.
- Bevi molta acqua.
- Fai sempre una sana colazione.
- Non saltare i pasti.
- Mangia frutta e verdura ogni giorno.
- Consuma il pesce almeno 2-3 volte alla settimana.
- Sta' attento al sale.
- Leggi attentamente le etichette dei prodotti.

2. Fai movimento!

- Se è possibile, vai al lavoro o a scuola a piedi.
- Sii attivo il più possibile (giardinaggio, lavori domestici...).
- Cerca di camminare almeno 30 minuti al giorno.
- Non prendere sempre l'auto.
- Pratica con regolarità attività sportive.
- Abbi cura del tuo corpo.

3. E infine...

- Dormi almeno 8 ore a notte.
- Se vuoi bere alcol, fallo con moderazione e mai a digiuno.
- L'alcol in gravidanza è pericoloso: evitalo!
- Fa' attenzione all'interazione tra alcol e farmaci.
- Non prendere troppi farmaci inutili.
- Se fumi, ricordati che smettere è possibile.
- Cerca di ridurre lo stress e rilassati!

☐ **Paola:** mangia molta insalata e usa poco sale.

☐ **Giulio:** va in piscina due volte alla settimana.

☐ **Leone:** fuma solo tre sigarette al giorno.

☐ **Alice:** ama la carne e non fa mai colazione.

☐ **Nico:** beve un bicchiere di vino durante i pasti.

☐ **Viola:** va all'università in bicicletta.

☐ **Marzia:** si cura con l'omeopatia.

☐ **Alessio:** va a dormire tardi e si sveglia presto.

4 È bene... - *Es ist gut ...*

Die Ratschläge aus dem Prospekt können auch anders ausgedrückt werden. Verbinden Sie die Sätze.

1. A tavola varia le tue scelte.
2. Cerca di ridurre lo stress.
3. Non saltare i pasti.
4. Pratica con regolarità attività sportive.
5. Fa' attenzione all'interazione tra alcol e farmaci.
6. Sii attivo il più possibile.

____ **A** Si deve fare sport regolarmente.

____ **B** È bene non bere quando si prendono farmaci.

____ **C** Un'alimentazione varia è importante.

____ **D** Lo stress fa male alla salute.

____ **E** Il movimento fa bene alla salute.

____ **F** È bene mangiare tre volte al giorno.

5 Problemi di salute - *Gesundheitsprobleme*

172

Hören Sie, welche Gesundheitsprobleme diese Personen haben und schreiben Sie die vorgegebenen Sätze unter die entsprechenden Bilder.

~~Ho il raffreddore.~~ | Ho mal di stomaco. | Ho mal di gola. | Ho la tosse. | Ho mal di testa. | Ho la febbre.

1

Ho il raffreddore.

2

____

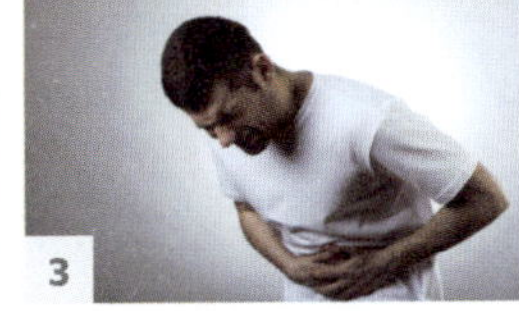
3

____

4

____

5

____

6

____

173

6 Der Imperativ: Du-Form

Der **imperativo** wird gebraucht, um einen Befehl oder eine Aufforderung auszusprechen. Ergänzen Sie die Tabelle mit Hilfe folgender Anweisungen aus der Übung 3.

Mangia **frutta e verdura ogni giorno!**

Leggi **attentamente le etichette dei prodotti!**

Dormi **almeno otto ore a notte!**

Non prendere **sempre l'auto!**

Imperativ	1. Endungen des Imperativs bei den Verben auf:
mangia!	-are → ______
leggi!	-ere → ______
dormi!	-ire → ______
	2. Bildung der verneinten Form:
non prendere!	→ ______ + ______

BEACHTEN SIE:

Die Imperativformen der Verben auf **-ere** und **-ire** sind identisch mit den entsprechenden Formen des Präsens (auch bei den Verben mit der Stammerweiterung **-isc-**).

7 Der Imperativ im Plural

Schreiben Sie nun die Anweisungen aus den Sprechblasen der Übung 6 in die 2. Person Plural, wie im Beispiel.

Die Imperativformen im Plural sind identisch mit den entsprechenden Formen des Präsens, auch in der verneinten Form.

1. *Mangiate* frutta e verdura ogni giorno!
2. ______ attentamente le etichette dei prodotti!
3. ______ almeno otto ore a notte!
4. ______ sempre l'auto!

8 Ascolta! - *Hör mal!*

174

Schreiben Sie die Imperativformen und verbinden Sie anschließend die Sätze, so dass zu jedem Problem die passende Aufforderung folgt.

1. Oggi fa molto freddo.
2. Ho mal di schiena.
3. Sono molto stressata.
4. Ho bisogno di una vacanza.
5. Posso prendere queste gocce?
6. Ho bisogno di rilassarmi.

____ A **(mettere)** ____________ questa pomata!

____ B **(prendere)** ____________ la mia sciarpa!

____ C **(chiedere)** ____________ al medico!

____ D **(ascoltare)** ____________ un po' di musica!

____ E **(partire)** ____________ con me!

____ F **(lavorare)** ____________ di meno!

9 Verneinte Formen

Ergänzen Sie die Befehle mit dem Imperativ (2. Person Singular) in der verneinten Form. Benutzen Sie die vorgegebenen Verben.

prendere | ~~consumare~~ | fumare | mangiare | bere

1. Non consumare mai piatti pronti!
2. ____________ più di un caffè al giorno!
3. ____________ frutta e verdura non biologica!
4. ____________ alcol!
5. ____________!

10 Die Stellung der Pronomen beim Imperativ

Und was passiert, wenn ein Pronomen auf einen bejahten Imperativ trifft?

L'alcol in gravidanza è pericoloso: evitalo!

DAS PRONOMEN...

- ☐ **A** steht vor dem Verb.
- ☐ **B** wird an das Verb angehängt.

BEIM VERNEINTEN IMPERATIV

Beim verneinten Imperativ gibt es zwei Möglichkeiten: Entweder wird das Pronomen vor den Infinitiv gestellt oder angehängt. Beim Anhängen entfällt das **e** am Ende des Infinitivs:
non lo evitare! / non evitarlo!

175

11 Fai pure! - *Bitte sehr!*

Beantworten Sie die Fragen, indem Sie den Imperativ mit Pronomen benutzen, wie im Beispiel.

PURE

Pure ist eine Modalpartikel, das mit dem Imperativ unbeschränkte Zustimmung ausdrückt
prendila pure *nimm sie ruhig / nur / doch*

1. Posso prendere la tua macchina?
   → *Sì, prendila pure!*
2. Posso telefonarti domani?
   → *No, non telefonarmi / non mi telefonare!*
3. Posso chiudere la porta?
   → *No,* ______
4. Posso scrivere a Giuseppe?
   → *Sì,* ______
5. Posso prenotare l'albergo?
   → *Sì,* ______

12 Der Imperativ der reflexiven Verben

176

Auch die Reflexivpronomen werden an den Imperativ angehängt. Geben Sie Befehle, indem Sie die Verben in den Imperativ setzen.

Cerca di ridurre lo stress e rilassati!

1. (tu - riposarsi)

Riposati!

2. (voi - lavarsi)

3. (tu - alzarsi)

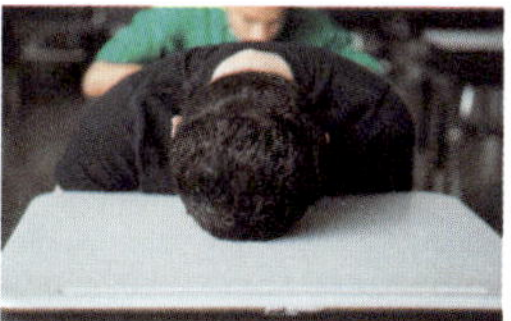

4. (tu - svegliarsi)

5. (voi - divertirsi)

13 Der verneinte Imperativ der reflexiven Verben

177

Beim verneinten Imperativ der reflexiven Verben gibt es auch die Möglichkeit, das Pronomen voranzustellen oder anzuhängen. Schreiben Sie die ersten drei Sätze der Übung 12 in der verneinten Imperativform wieder.

1. Non riposarti! /
2.
3.

178 14 Unregelmäßige Formen des Imperativs

Die folgenden Verben haben unregelmäßige Imperativformen. Lesen Sie die Beispielsätze und ergänzen Sie die Tabelle. Die Formen mit dem Apostroph sind verkürzte Formen.

Fai una sana cólazione!

Fa' attenzione!

Vai al lavoro a piedi!

Sii attivo!

Abbi cura del tuo corpo!

Sta' attento!

Essere und **avere** haben auch in der 2. Person Plural im Imperativ unregelmäßige Formen:
essere → siate!
avere → abbiate!

fare	_____ / _____
stare	stai / _____
andare	_____ / va'
dare	dai / da'
dire	di'
essere	_____
avere	_____

15 Dammi un consiglio! – *Gib mir einen Rat!*

Werden unbetonte Objektpronomen oder Reflexivpronomen an die Imperativformen **fa'**, **sta'**, **va'**, **da'** oder **di'** angehängt, verdoppelt sich der Anfangskonsonant des Pronomens (außer bei **gli**). Übersetzen Sie die folgenden Sätze.

Se vuoi bere, fallo con moderazione!

1. Sag es deinem Vater! _____
2. Gib mir die Zeitung! _____
3. Mach ihm ein Foto! _____

16 Besondere Pluralformen

179

Einige Körperteile, die im Singular männlich sind, werden im Plural weiblich und enden dabei auf **-a**. Hören Sie und ergänzen Sie das Schema mit den Substantiven im Plural.

il braccio →	________
il ginocchio →	________
l'orecchio →	________

17 Metafore – *Metaphern*

180

Hier sehen Sie einige Redewendungen mit Körperteilen. Ordnen Sie jeder Wendung die passende Erklärung zu.

1. Il mio capo è una persona alla **mano**.
2. Questa casa costa un **occhio** della testa!
3. Ornella è il mio **braccio** destro!
4. Certo che tuo figlio è di **bocca** buona!
5. Oggi ho un diavolo per **capello**.
6. Lui sì che ha **naso** per gli affari!
7. Ieri sera hai alzato un po' troppo il **gomito**, eh?
8. Gianna ha proprio la **lingua** lunga.

___ A Mangia di tutto.
___ B Ha intuito.
___ C È una persona informale.
___ D Parla troppo.
___ E Hai bevuto troppo.
___ F È una persona fondamentale sul lavoro.
___ G Sono molto arrabbiato.
___ H È molto cara.

lingua *Zunge, Sprache*

KÖRPERTEILE

la bocca ... *der Mund*
il braccio ... *der Arm*
il collo ... *der Hals*
la gamba ... *das Bein*
il ginocchio ... *das Knie*
il gomito ... *der Ellenbogen*
la mano ... *die Hand*
il naso ... *die Nase*
l'occhio ... *das Auge*
l'orecchio ... *das Ohr*
il piede ... *der Fuß*
la testa ... *der Kopf*

GESUNDHEITSPROBLEME UND MEDIKAMENTE

Ho mal di gola. ... *Ich habe Halsschmerzen.*
Ho mal di stomaco. ... *Ich habe Magenschmerzen.*
Ho mal di testa. ... *Ich habe Kopfschmerzen.*
Ho la febbre. ... *Ich habe Fieber.*
Ho il raffreddore. ... *Ich bin erkältet.*
Ho la tosse. ... *Ich huste.*
le gocce ... *die Tropfen*
la pastiglia ... *die Tablette*
la pomata ... *die Salbe*
lo sciroppo ... *der Saft*

RATSCHLÄGE FÜR EIN GESUNDES LEBEN

Bevi molta acqua! ... *Trink viel Wasser!*
Mangia frutta e verdura! ... *Iss Obst und Gemüse!*
Non saltare i pasti! ... *Lass keine Mahlzeit ausfallen!*
Sta' attento al sale! ... *Pass auf Salz auf!*
Vai al lavoro a piedi! ... *Geh zu Fuß zur Arbeit!*
Sii attivo! ... *Sei aktiv!*
Dormi almeno 8 ore a notte! ... *Schlaf mindestens 8 Stunden pro Nacht!*
Rilassati! ... *Entspanne dich!*

DER IMPERATIV (2. PERSON SINGULAR UND PLURAL)

- Du-Form des bejahten Imperativs: Verben auf **-are** die Endung **-a**, bei Verben auf **-ere** und **-ire** die Endung **-i**.
- Du-Form des verneinten Imperativs: **non** + Infinitiv **Non bere!** *Trink nicht!*
- Die Imperativformen im Plural sind identisch mit den entsprechenden Formen des Präsens, auch in der verneinten Form.
- Bei der reflexiven Verben werden die Reflexivpronomen an den Imperativ angehängt: **Rilassati!** *Entspann dich!*
  Beim verneinten Imperativ der reflexiven Verben gibt es auch die Möglichkeit, das Pronomen voranzustellen: **Non rilassarti! / Non ti rilassare!** *Entspann dich nicht!*

DIE STELLUNG DER PRONOMEN BEIM IMPERATIV

- Wenn ein Pronomen auf einen bejahten Imperativ trifft, wird es an das Verb angehängt: **Mangialo!** *Iss es!*
- Beim verneinten Imperativ kann das Pronomen vor dem Infinitiv stehen oder angehängt werden. Dabei entfällt der Endvokal **e** des Infinitivs: **Non lo mangiare! / Non mangiarlo!** *Iss es nicht!*

AL LAVORO! 18

Auch in Italien, wie in Deutschland, spielt „Vitamin B" bei der Arbeitssuche eine wichtige Rolle. Das wird **la raccomandazione** genannt, die Empfehlung von jemandem, der mit dem potentiellen Arbeitgeber verwandt oder befreundet ist. Oft geht es ohne gar nicht und das in einem Land, in dem die Arbeitslosigkeit hoch ist, besonders im Süden, unter Frauen und Jugendlichen. Wegen dieser Situation verlassen viele das Land, vor allem oft gebildete Leute, u.a. Akademiker oder Forscher und deshalb spricht man von **fuga dei cervelli** (*Flucht der Gehirne*).

1 Il mondo del lavoro – *Die Arbeitswelt*

🎧 181

Ordnen Sie jedem Satz das passende Bild zu.

1

2

3

4

5

6

7

8

9

____ **A** 2000 euro al mese è un buono **stipendio**, no?

_3_ **B** Ieri ho firmato il mio primo **contratto** di lavoro!

____ **C** Ecco il mio **biglietto da visita**!

____ **D** Il mio capo mi ha concesso l'**orario flessibile**.

____ **E** Mario ha fatto **carriera** in pochi anni.

_2_ **F** Sono triste. **Mi hanno** appena **licenziato**.

____ **G** Lavori **part-time** o **a tempo pieno**?

____ **H** Sono un **libero professionista**.

_4_ **I** Sono stanca. Ho fatto troppi **straordinari**.

182

2 Il colloquio di lavoro - *Das Vorstellungsgespräch*

Was sagt der Arbeitgeber? Und der Kandidat? Hören Sie zu und lesen Sie.

DATORE DI LAVORO

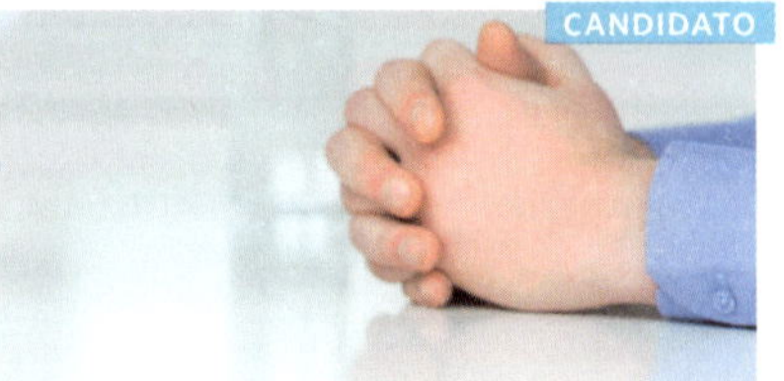
CANDIDATO

Datore di lavoro:	Prego, si accomodi. Vuole qualcosa da bere? Mi dica, quali sono i suoi punti di forza?
Candidato:	Sono una persona dinamica e creativa. Mi piace molto lavorare in gruppo.
Datore di lavoro:	Ha qualche esperienza nel settore della grafica? Mi faccia vedere il suo portfolio.
Candidato:	Sì, ecco, guardi. Questi sono alcuni lavori che ho fatto di recente.
Datore di lavoro:	Senta, ancora due domande: quali lingue conosce? Quali programmi sa usare?
Candidato:	Conosco l'inglese e il tedesco e so usare molto bene Photoshop.
Datore di lavoro:	Benissimo. Allora non prenda altri appuntamenti per domani. Vada dalla mia segretaria e...

3 Il curriculum – *Der Lebenslauf*

Ergänzen Sie Saras Lebenslauf mit den vorgegebenen Ausdrücken.

Competenze linguistiche | Interessi | Esperienze professionali | Informazioni personali | Istruzione e formazione | Competenze informatiche

1. ______	Sara Manetti Via Guelfa 5, 50129 Firenze +39 340 6553345 sara.manetti@gmail.com
2. ______	
gennaio 2020 - oggi	Traduttrice freelance (francese → italiano) per diverse case editrici
giugno 2018 - agosto 2020	Insegnante di italiano presso la scuola Dante Alighieri di Firenze
maggio 2015 - aprile 2017	Giornalista per il quotidiano "La Nazione"
3. ______	
giugno 2019	Master in Traduzione editoriale, Università di Siena
2009- 2014	Laurea in Lettere moderne, Università di Firenze
4. ______	italiano: madrelingua francese: livello avanzato (C2)
5. ______	Pacchetto Office (Word e Excel), Internet
6. ______	Lingue straniere, letteratura, arte contemporanea

183

4 Annunci di lavoro – *Stellenanzeigen*

Lesen Sie die zwei Stellenanzeigen: Welche könnte Sara interessieren? Warum? Ordnen Sie dann jedem hervorgehobenen Begriff die passende Erklärung zu.

LAVORO E FAMIGLIA IN ITALIA

Arbeitende Mütter haben Recht auf einen Mutterschutz (**congedo maternità**), der fünf Monate dauert. Den Eltern steht auch die Elternzeit (**congedo parentale**) zu, die insgesamt zehn Monate dauert.

A

Importante casa editrice ricerca un / a redattore / trice per la collana di narrativa straniera.

Si richiede:

- Laurea in Lettere
- minima esperienza nel settore
- disponibilità immediata per **sostituzione maternità**
- Ottima conoscenza di una lingua straniera europea

Si offre:

- contratto **a tempo determinato**
- possibilità di **telelavoro**

Per **candidarsi** inviare il CV a: sudedizioni@gmail.com

B

Importante agenzia di traduzione cerca traduttori **neolaureati** per un **tirocinio** di formazione di 6 mesi.

Si richiede:

- Laurea in Lingue Straniere
- Ottima conoscenza del francese e dell'inglese

Si offre:

- possibilità di **assunzione**

Inviare **lettera di motivazione** e CV a: traductio@gmail.com

1. sostituzione maternità
2. a tempo determinato
3. telelavoro
4. candidarsi
5. neolaureati
6. tirocinio
7. assunzione
8. lettera di motivazione

___ A per un periodo di tempo limitato
___ B stage
___ C chi ha appena finito l'università
___ D lavoro anche da casa
___ E inizio del rapporto di lavoro
___ F proporsi per un posto di lavoro
___ G presentazione della propria persona e delle proprie competenze
___ H prendere il posto di una collega con un figlio appena nato

5 Die Höflichkeitsform des Imperativs

184

Ergänzen Sie die Erklärung mit Hilfe der folgenden Beispiele aus der Übung 2.

Ecco, guardi. Questi sono alcuni lavori...

Allora non prenda altri appuntamenti...

Senta, ancora due domande...

Prego, si accomodi. Mi dica...

1. Endungen des Imperativs bei den Verben auf:

-are → ________, z. B. **guardi!**

-ere → ________, z. B. **prenda!**

-ire → ________, z. B. **senta!**

BEACHTEN SIE:

Im Imperativ bleibt die Stammerweiterung **-isc-** bei den Verben auf **-ire** erhalten. Z. B. **finisca!**

2. Bildung der verneinten Form:

________ + ________, z. B. **non prenda!**

3. Die Objektpronomen und die Reflexivpronomen

☐ stehen vor dem Verb ☐ werden ans Verb angehangt

z. B. **si accomodi! / mi dica!**

6 Du-Form oder Sie-Form?

185

Lesen Sie die folgenden Sätze. Handelt es sich um eine informelle oder formelle Aussage? Kreuzen Sie an.

	informale	formale
1. Aspetti qui un momento, l'avvocato arriva subito.	☐	☐
2. Per quel certificato chiedi in segreteria.	☐	☐
3. Cerca di arrivare puntuale all'appuntamento.	☐	☐
4. Legga questo libro sulle strategie di marketing.	☐	☐
5. Mi parli delle sue precedenti esperienze di lavoro.	☐	☐
6. Chiamami domani, ora non posso stare al telefono.	☐	☐

186

7 Unregelmäßige Formen

Die folgenden Verben haben unregelmäßige Imperativformen. Suchen Sie sie in der Übung 2 und ergänzen Sie die Tabelle.

dire	______	essere	*sia*
fare	______	avere	*abbia*
andare	______		
stare	*stia*		
dare	*dia*		

187

8 Ein anspruchsvoller Chef

Ergänzen Sie die Sätze mit den Imperativformen der angegebenen Verben, wie im Beispiel.

1. **(finire)** *Finisca* subito questo lavoro, è urgente!
2. **(telefonare)** ______ all'avvocato Fianchino!
3. **(rispondere)** ______ alle mail!
4. **(dire)** ______ al signor Salmeri che arrivo subito!
5. **(fare)** ______ alcune fotocopie di questo contratto!
6. **(riposarsi)** ______ nel weekend, sembra molto stanca.
7. Domani **(non arrivare)** ______ in ritardo!
8. **(avere)** ______ pazienza, oggi sono un po' stressato!

9 Die Verben sapere und conoscere im Präsens

188

Sie wissen bereits, dass das Verb **sapere** *wissen* oder *können* im Sinne einer erlernten Fähigkeit bedeuten kann (siehe Lektion 8). Auch das Verb **conoscere** hat verschiedene Bedeutungen. Lesen Sie die folgenden Sätze und versuchen Sie, die Übersetzungen von **conoscere** herauszufinden.

1. Conosco l'inglese e il tedesco...

2. Conosci questo libro?

3. Vorrei conoscere nuove persone!

conoscere

1. beherrschen

2. ____________

3. ____________

10 Die Verben sapere und conoscere in der Vergangenheit

189

Die Verben **sapere** und **conoscere** haben eine unterschiedliche Bedeutung, je nachdem ob man sie im **imperfetto** oder im **passato prossimo** benutzt. Lesen Sie die Sätze der Sprechblasen und finden Sie die jeweilige Übersetzungen der beiden Verben heraus.

1. Ho saputo che Giulio si è sposato!

2. Davvero?!? Non lo sapevo!

sapere

passato prossimo 1. erfahren

imperfetto 2. ____________

3. Dove hai conosciuto tuo marito? A Roma?

4. No, a Firenze. Quand'ero a Roma, lo conoscevo già!

conoscere

passato prossimo 3. ____________

imperfetto 4. ____________

190 11 Unbestimmte Pronomen und Adjektive

Die unbestimmten Pronomen und Adjektive stehen für eine unbestimmte Menge. Die Person bzw. die Sache ist entweder unbekannt oder ihre Menge ist nicht näher bestimmt. Lesen Sie die folgenden Beispiele und anschließend die Regeln.

Ha qualche esperienza nel settore della grafica?

Questi sono alcuni lavori...

Vuole qualcosa da bere?

QUALCHE

Qualche (*einige / ein paar*) kann nur als Adjektiv gebraucht werden, ist unveränderlich und steht vor einem Substantiv im Singular.

ALCUNI / -E

Alcuni / e (*einige / ein paar*) steht dagegen vor einem Substantiv im Plural und wird an dieses angeglichen. Es kann auch als Pronomen verwendet werden:
Ho molte amiche. Alcune lavorano con me. *Ich habe viele Freundinnen. Einige arbeiten mit mir.*

QUALCOSA

Qualcosa (*etwas*) ist ein unveränderliches Pronomen und kann (wie **niente**) mit einem Verb oder einem Adjektiv verbunden werden:
- **qualcosa** + **da** + Verb, z. B. **qualcosa da mangiare** *etwas zu essen*
- **qualcosa** + **di** + Adjektiv, z. B. **qualcosa di buono** *etwas Gutes*

Wählen Sie nun die richtigen Pronomen oder Adjektive in den Sätzen hier.

1. Ho lavorato **qualche / alcuni** anni in una biblioteca.
2. Giovanni ha **qualche / alcuni** problema sul lavoro.
3. Ho incontrato **alcuni / alcune** colleghe al bar.
4. Ti vedo molto stanco. Posso fare **qualche / qualcosa** per te?
5. Avete letto **qualcosa da / qualcosa di** interessante ultimamente?
6. Sono in pensione, ma cerco sempre **qualcosa da / qualcosa di** fare.

12 Personenbezeichnungen: die Bildung der weiblichen Substantive

191

Die meisten Personen- und Berufsbezeichnungen auf **-o** und **-e** haben eine weibliche Form auf **-a**.
Einige haben jedoch andere Formen. Sehen Sie sich die Tabelle an und finden Sie dann die weiblichen Formen zu den Bezeichnungen unten.

männlich	weiblich
-o: l'amico	-a: l'amica
-e: il signore il professore	-a, -essa: la signora la professoressa
-tore: lo scrittore aber: il dottore	-trice: la scrittrice la dottoressa

GESCHLECHTERFRAGE

Für einige Berufe (z. B. **medico** und **ingegnere**) gibt es nur die männliche Form, die meist auch für Frauen benutzt wird:
Mia moglie è medico. *Mein Frau ist Ärztin.*

1. l'attore → ______
2. il pittore → ______
3. il cameriere → ______
4. il segretario → ______

192 13 Personenbezeichnungen: unveränderte Formen

Einige Personen- und Berufsbezeichnungen haben nur eine Form für Männer und Frauen. In diesem Fall ist der Artikel entscheidend. Sehen Sie sich die Tabelle an und finden Sie anschließend die weiblichen Formen zu den Bezeichnungen unten.

♂	♀
-ante: il cantante	-ante: la cantante
-ente: il cliente aber: lo studente	-ente: la cliente la studentessa
-ista: il dentista	-ista: la dentista

1. il giornalista → ______
2. il consulente → ______
3. il tassista → ______
4. l'insegnante → ______
5. il barista → ______

CHE LAVORO FAI?

Sie haben schon gelernt, dass man mit **essere** + Berufsbezeichnung den Beruf angeben kann (siehe Lektion 2). Man kann auch das Verb **fare** + Berufsbezeichnung mit Artikel dafür benutzen:
Mia moglie fa l'insegnante. *Mein Frau ist Lehrerin.* (wörtl. macht die Lehrerin)

ARBEITSWELT

l'assunzione	*die Einstellung*
il candidato	*der Kandidat*
il colloquio di lavoro	*das Vorstellungsgespräch*
il contratto	*der Vertrag*
il curriculum	*der Lebenslauf*
il datore di lavoro	*der Arbeitgeber*
l'esperienza professionale	*die Berufserfahrung*
il libero professionista	*der Freiberufler*
lo stipendio	*der Lohn*
gli straordinari	*die Überstunden*
il tirocinio	*das Praktikum*

BERUFSBEZEICHNUNGEN

l'attore / l'attrice	*der / die Schauspieler / in*
il / la cameriere / a	*der / die Kellner / in*
il / la cantante	*der / die Sänger / in*
il / la dentista	*der / die Zahnarzt / ärztin*
il / la dottore / essa	*der / die Arzt / Ärztin*
l'insegnante	*der / die Lehrer / in*
il / la pittore / trice	*der / die Maler / in*
il / la professore / essa	*der / die Professor / in*
lo / la scrittore / trice	*der / die Schriftsteller / in*
il / la traduttore / trice	*der / die Übersetzer / in*

VORSTELLUNGSGESPRÄCH

Mi dica...	*Sagen Sie mir ...*
Quali sono i suoi punti di forza?	*Was sind Ihre persönlichen Stärken?*
Ha qualche esperienza nel settore...?	*Haben Sie schon Erfahrungen im Bereich ...?*
Mi faccia vedere...	*Zeigen Sie mir bitte ...*
Quali lingue conosce?	*Welche Sprachen beherrschen Sie?*
Quali programmi sa usare?	*Welche Softwares können Sie benutzen?*

DER IMPERATIV (HÖFLICHKEITSFORM)

- Der Imperativ in der Sie-Form hat bei Verben auf **-are** die Endung **-i**, bei Verben auf **-ere** und **-ire** die Endung **-a**.
- Die verneinte Form wird mit **non** + Imperativform gebildet: **Non dorma!** *Schlafen Sie nicht!*
- Die Objektpronomen und die Reflexivpronomen stehen vor dem Verb: Si **rilassi!** *Entspannen Sie sich!*

UNBESTIMMTE PRONOMEN UND ADJEKTIVE

Die unbestimmten Pronomen und Adjektive stehen für eine unbestimmte Menge.

- **Qualche** steht nur mit Substantiven im Singular: qualche **minuto** *einige Minuten.*
- **Alcuni / e** steht dagegen vor einem Substantiv im Plural und wird an dieses angeglichen: alcune **colleghe** *einige Kollegen.*
- **Qualcosa** ist unveränderlich und kann mit **da** + Verb oder **qualcosa di** + Adjektiv verbunden werden: qualcosa **di interessante da leggere** *etwas Interessantes zu lesen.*

PERSONEN- UND BERUFSBEZEICHNUNGEN

- Personen- und Berufsbezeichnungen auf **-o** und **-e** bilden die weibliche Form auf **-a**.
- Endet die männliche Form auf **-tore**, wird die weibliche meist auf **-trice** gebildet.
- Personen- und Berufsbezeichnungen auf **-ante**, **-ente** und **-ista** haben für beide Geschlechter nur eine Form.

19 PROGETTI PER IL FUTURO

In Italien, in der Familie oder mit Freunden, diskutiert man gerne über Politik und welche Partei man wählt ist kein Geheimnis. Nach dem Ende des Zweiten Weltkriegs hat in Italien fast ununterbrochen die **Democrazia Cristiana** regiert. Anfang der 1990er Jahre führte **Mani Pulite** (*Saubere Hände*, der Name umfangreicher Untersuchungen gegen Korruption auf politischer Ebene) zum Zusammenbruch des alten Parteiensystems und zu den beiden entgegengesetzten Lagern **centrosinistra** und **centrodestra**, die im Laufe der Jahre abgwechselnd die Regierung stellten.

193

1 Il tempo – *Das Wetter*

Ordnen Sie jedem Satz das passende Bild zu.

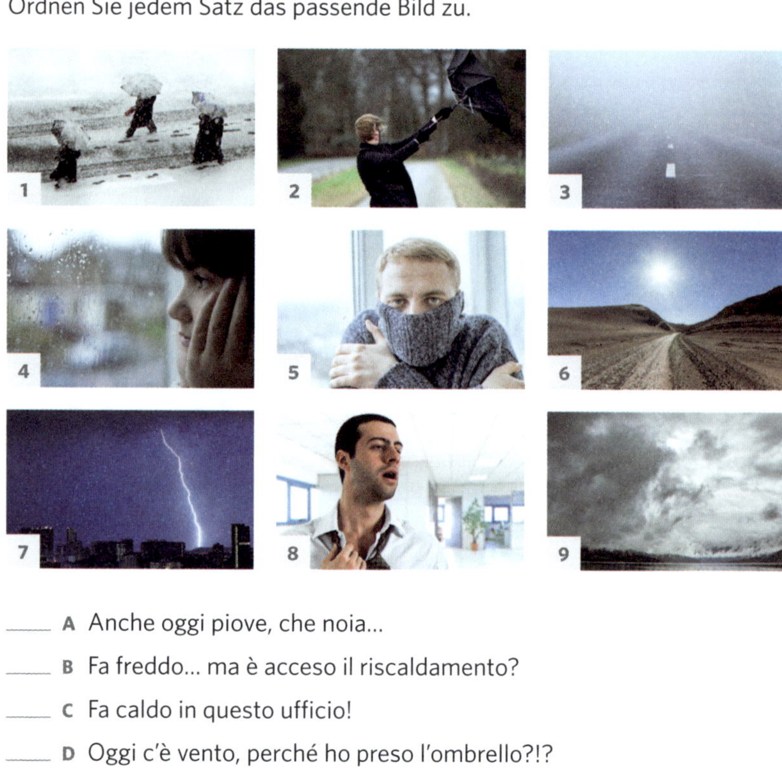

____ **A** Anche oggi piove, che noia...

____ **B** Fa freddo... ma è acceso il riscaldamento?

____ **C** Fa caldo in questo ufficio!

____ **D** Oggi c'è vento, perché ho preso l'ombrello?!?

____ **E** Nevica, ma noi usciamo lo stesso.

____ **F** È nuvoloso, pioverà?

____ **G** Il cielo è sereno e c'è un bel sole!

____ **H** C'è la nebbia. Non vedo niente...

____ **I** Si avvicina il temporale!

2 Il futuro – *Die Zukunft*

194

Hören Sie sich die Aussagen über die Zukunft an und lesen Sie sie anschließend.

ÜBER DIE UNMITTELBARE ZUKUNFT SPRECHEN

Sta per partire.

ÜBER DIE ZUKUNFT SPRECHEN

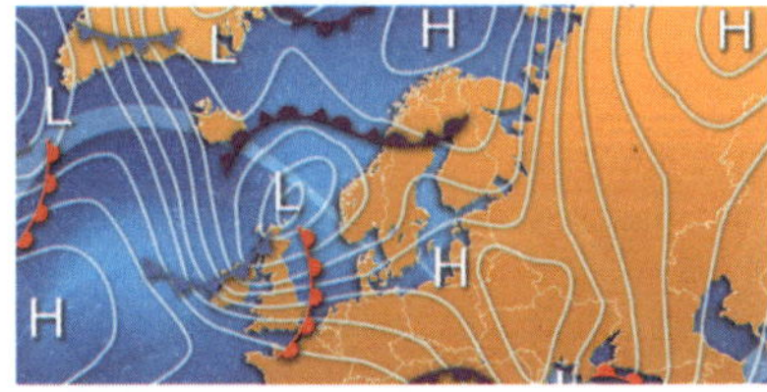

Che tempo farà domani?

ÜBER PLÄNE UND ABSICHTEN SPRECHEN

Che cosa farete dopo la laurea?

Andremo in giro per il mondo e poi forse non torneremo più!

VERMUTUNGEN AUSDRÜCKEN

Saranno degli ecologisti!

195

3 Le promesse della politica – *Die Versprechungen der Politik*

Lesen Sie das Wahlprogramm dieser neuen Partei und ergänzen Sie es mit den vorgegebenen Titeln.

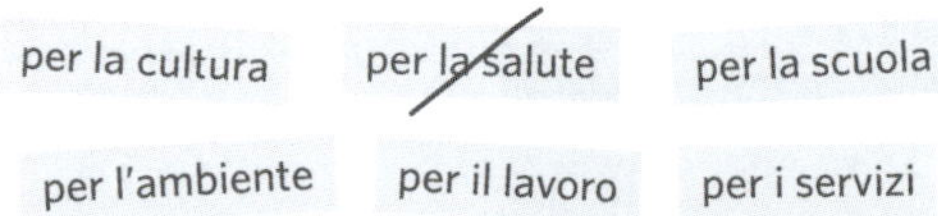

Un nuovo partito: Orizzonte Italia. Ci voterai?

1. *per la salute*
- gli ospedali saranno più efficienti e le cure più sicure
- ridurremo le liste d'attesa
- investiremo sulla prevenzione

2. ______
- il partito aiuterà le imprese a creare occupazione
- i lavoratori avranno maggiori garanzie
- combatteremo la precarietà

3. ______
- daremo più soldi all'università e alla ricerca
- lo Stato assumerà nuovi insegnanti
- la scuola sarà un luogo sicuro

4. ______
- apriremo nuovi asili nido per i più piccoli e nuovi centri per gli anziani
- miglioreremo i trasporti pubblici
- tutti potranno accedere a Internet

5. ______
- faremo la raccolta differenziata in tutti i comuni d'Italia
- promuoveremo l'energia pulita
- in città gireranno solo autobus a metano

6. ______
- proporremo musei gratuiti per tutti i giovani
- ogni quartiere avrà la sua biblioteca
- apriranno nuovi teatri

Si voterà tra due settimane, il 25 e 26 maggio, dalle 7 alle 23

4 Il sondaggio – *Die Umfrage*

196

Lesen Sie die Profile von drei Wählern und sagen Sie, wer die Partei „Orizzonte Italia" wählen wird.

A

Antonella, mamma di tre gemelli, è un'insegnante precaria. Abita lontano dai nonni e ha bisogno di un asilo nido.

☐

B

Giorgio è un imprenditore, abita con la sua famiglia al mare. Vorrebbe pagare meno tasse e avere una barca più grande.

☐

C

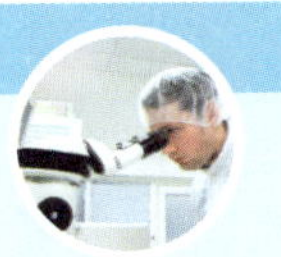

Luca è un neolaureato in Biologia, vorrebbe trovare lavoro in Italia e non all'estero. La sua vera passione è il teatro.

☐

5 Le parole della politica – *Die Begriffe der Politik*

197

Ordnen Sie jedem Begriff das passende Bild zu.

1

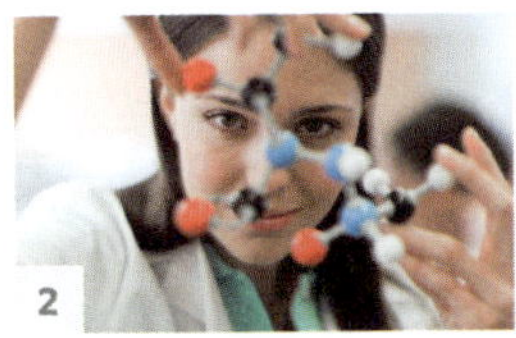
2

3

4

5

6

___ A la raccolta differenziata

___ B l'asilo nido

___ C l'energia pulita

___ D la ricerca

___ E la precarietà

___ F le liste d'attesa

198

6 Das futuro semplice

Das **futuro semplice** entspricht dem deutschen Futur I und dient zur Beschreibung von Geschehen oder Vorhaben, die in der Zukunft liegen. Es wird analog zum **condizionale** gebildet (siehe Lektion 16).
Mit Hilfe folgender Verbformen aus der Übung 3 ergänzen Sie die Verbkonjugationen.

Verben auf **-are**: **tu voterai**, **lui aiuterà**, **noi miglioreremo**, **loro gireranno**

Verben auf **-ere**: **lui assumerà**, **noi combatteremo**

Verben auf **-ire**: **noi investiremo**, **loro apriranno**

-ARE

votare			
io	**vot-erò**	noi	______
tu	______	voi	**vot-erete**
lui, lei, Lei	______	loro	______

-ERE

assumere			
io	______	noi	______
tu	______	voi	______
lui, lei, Lei	______	loro	______

-IRE

aprire			
io	**apr-irò**	noi	______
tu	**apr-irai**	voi	**apr-irete**
lui, lei, Lei	**apr-irà**	loro	______

BEACHTEN SIE:

- Die Endungen der regelmäßigen Verben auf **-are** und auf **-ere** sind gleich! Die Endungen der regelmäßigen Verben auf **-ire** fangen mit einem **-i** an.
- Bei den Verben auf **-care** und **-gare** wird vor **e** ein **-h-** eingefügt, um die Aussprache des **c** bzw. **g** zu erhalten:
  cercare → **noi cercheremo**

7 Predire il futuro – *Die Zukunft vorhersagen*

Ergänzen Sie die Vorhersagen mit den passenden Verbformen im **futuro semplice**.

1. **(trovare)** Troverai un nuovo lavoro e **(conoscere)** ________ persone molto interessanti! E a luglio **(arrivare)** ________ una bella sorpresa nella tua vita!
2. **(finire)** ________ presto l'università, ma **(continuare)** ________ a studiare. A settembre però **(giocare)** ________ al lotto e la tua vita **(cambiare)** ________!

8 Das futuro semplice von essere

🎧 199

Das Verb **essere** hat besondere Formen auch im **futuro**. Ergänzen Sie die Verbkonjugation.

Gli ospedali saranno più efficienti e le cure più sicure.

La scuola sarà un luogo sicuro.

UNREGELMÄSSIG

essere			
io	s-arò	noi	________
tu	s-arai	voi	________
lui, lei, Lei	________	loro	________

200

9 Die unregelmäßigen Formen des futuro semplice

Die Verben mit unregelmäßigen Formen im **futuro** sind die gleichen wie beim **condizionale** (siehe Lektion 16). Ordnen Sie die folgenden Verben zur entsprechende Gruppe zu.

GRUPPE 1:

Einige Verben verlieren das erste **e** der Endung, z. B.:
dovere → io dovrò

GRUPPE 2:

Einige Verben bilden die Zeit mit doppeltem **r**:
venire → io verrò

GRUPPE 3:

Die Endungen einiger kurzen Verben auf **-are** fangen mit einem **a** an:
stare → io starò

ridurremo · andremo · avrà · proporremo · daremo · faremo · potranno · dovrete · berremo · vorranno · saprai

Gruppe 1	Gruppe 2	Gruppe 3
	ridurremo – ridurre	

10 Die Zeitangaben tra und fra

201

Die gleichwertigen Präpositionen **tra** und **fra** werden in der Bedeutung von *in* verwendet. Lesen Sie die Zeitangaben und schreiben Sie dann die Daten mit **tra**, wie im Beispiel.

oggi	domani	dopodomani	tra un mese / il mese prossimo
11 / 05 / 23	12 / 05	13 / 05	11 / 06 / 23

Si voterà tra due settimane.

1. 18 / 05 / 23 *tra una settimana*
2. 11 / 11 / 23 ____________
3. 11 / 05 / 24 ____________

11 Planen oder vermuten?

Ergänzen Sie die Sätze mit den passenden Verbformen im **futuro semplice**. Sagen Sie dann, ob es sich um einen Plan oder eine Vermutung handelt.

	A pianificare	B supporre
1. Non mi sento bene... **(avere)** ____________ la febbre?	☐	☐
2. Tra due mesi Ivan **(andare)** ____________ a Berlino per lavoro.	☐	☐
3. Non trovo le chiavi di casa... **(essere)** ____________ nella borsa?	☐	☐
4. La settimana prossima **(venire)** ____________ a trovarti, promesso!	☐	☐
5. Siamo a Parigi. Domani **(fare)** ____________ una passeggiata in centro.	☐	☐

202

12 Die unmittelbare Zukunft

Lesen Sie die Regel und ergänzen Sie dann die Sätze mit den Verben.

UNMITTELBARE ZUKUNFT

Um auszudrücken, dass man im Begriff ist, etwas zu tun, oder dass eine Handlung unmittelbar bevorsteht, wird eine Konstruktion mit **stare per** benutzt.

stare **per** + Infinitiv **Sta per partire.** *Er wird gleich gehen.*

Diese Konstruktion wird im Präsens, im **imperfetto** und zum Ausdruck einer Vermutung auch im Futur verwendet.

~~cominciare~~ uscire piovere chiudere arrivare

1. Spegni il cellulare! Lo spettacolo sta per cominciare !
2. Prendi l'ombrello. __________ .
3. Luca ha appena chiamato, __________ .
4. Scusami, non posso aiutarti, __________ !
5. Sono le sette e venti, sbrigati! Il negozio __________ .

13 Vicino o lontano? – *Nah oder fern?*

Ergänzen Sie die Sätze mit den Verbformen im **futuro semplice** oder mit der Konstruktion **stare per**.

1. La lezione **(finire)** __________ , ancora un paio di minuti e poi vado a prendermi un caffè!
2. L'anno prossimo **(io - iscriversi)** __________ all'università.
3. Sai quante persone **(venire)** __________ alla festa?
4. Non far rumore! Finalmente Lina **(addormentarsi)** __________ .
5. Che emozione! Tra un mese **(io - diventare)** __________ padre!

14 Die unpersönlichen Verben

203

Die unpersönlichen Verben haben, wie im Deutschen, kein bestimmtes Subjekt und stehen in der 3. Person Singular.

DIE NIEDERSCHLÄGE

A Torino **piove**.

A Bolzano **nevica**.

UNPERSÖNLICHE AUSDRÜCKE MIT FARE

A Bari **fa** caldo.

A Trento **fa** freddo.

In Sicilia **fa** brutto.

In Puglia **fa** bello.

WETTER IN DER VERGANGENHEIT

Bei Verben, die das Wetter beschreiben, kann das **passato prossimo** sowohl mit **essere** als auch mit **avere** gebildet werden:
Ieri è **piovuto** / ha **piovuto.** *Gestern hat es geregnet.*

15 Metafore – *Metaphern*

204

Ergänzen Sie die Sätze mit den fehlenden Wörtern. Überprüfen Sie dann die Lösung mit Hilfe der Hördatei.

1. Non uscire senza cappello! C'è un sole che spacca le pietre!
2. Oggi la temperatura è bassissima: -10°. Fa un freddo ____________!
3. Cielo a ____________, acqua a catinelle!
4. Oggi c'è una nebbia che si taglia con il ____________!

WELT DER POLITIK

l'ambiente	*die Umwelt*
la cultura	*die Kultur*
il lavoro	*die Arbeit*
la prevenzione	*die Vorbeugung*
le promesse	*die Versprechen*
la ricerca	*die Forschung*
la salute	*die Gesundheit*
i servizi	*die Dienste*
il sondaggio	*die Umfrage*
lo Stato	*der Staat*
il voto	*die Wahl*
votare	*wählen*

WETTER

C'è la nebbia.	*Es ist neblig.*
C'è vento.	*Es ist windig.*
È nuvoloso.	*Es ist bewölkt.*
È sereno.	*Es ist heiter.*
Fa bello.	*Das Wetter ist schön.*
Fa brutto.	*Das Wetter ist schlecht.*
Fa caldo.	*Es ist warm.*
Fa freddo.	*Es ist kalt.*
Nevica.	*Es schneit.*
Piove.	*Es regnet.*

UNMITTELBARE HANDLUNGEN, PLÄNE, VERMUTUNGEN

Sta per piovere.	*Es fängt gleich an zu regnen.*
Sto per uscire.	*Ich bin gerade dabei wegzugehen.*
Cosa farai?	*Was wirst du tun?*
Andrò a Berlino.	*Ich werde nach Berlin fahren.*
Non mi sento bene.	*Es geht mir nicht gut.*
Avrò la febbre?	*Ob ich wohl Fieber habe?*

DAS FUTURO SEMPLICE

- Das **futuro semplice** beschreibt Zustände und Ereignisse, die in einer noch fernen Zukunft liegen. Häufig verwendet man das **futuro semplice** auch, um eine Vermutung zu äußern. Für Ereignisse in der nahen Zukunft benutzt man, ähnlich wie im Deutschen, meist das Präsens.
- Bildung: Die Infinitivendungen wird durch die Endungen ersetzt.
  Verben auf **-are** und **-ere**: **-erò**, **-erai**, **-erà**, **-eremo**, **-erete**, **-eranno**
  Verben auf **-ire**: **-irò**, **-irai**, **-irà**, **-iremo**, **-irete**, **-iranno**
  essere: **io** sarò, **tu** sarai, **lui**, **lei**, **Lei** sarà, **noi** saremo, **voi** sarete, **loro** saranno

STARE PER + INFINITIV

Um auszudrücken, dass man im Begriff ist, etwas zu tun, oder dass eine Handlung unmittelbar bevorsteht, wird eine Konstruktion mit **stare per** + Infinitiv benutzt: Sta per **piovere.** *Es wird gleich regnen.*

UNPERSÖNLICHE VERBEN UND AUSDRÜCKE

Unpersönliche Verben und Ausdrücke haben wie im Deutschen kein bestimmtes Subjekt und stehen in der 3. Person Singular (ohne Pronomen). Dazu gehören die Verben, die das Wetter beschreiben: **piove** *es regnet*, **fa caldo / freddo** *es ist warm / kalt*.

LA DOLCE VITA 20

„La dolce vita" (*Das süße Leben*) ist ein Schwarzweißfilm von Federico Fellini aus dem Jahr 1960, in dem es um das Leben der Reichen und Schönen im Rom der 50er Jahre geht. Bis heute gilt der Film als Klassiker. Besonders berühmt ist die Szene, in der Anita Ekberg nachts im Trevi-Brunnen badet. Der Begriff **paparazzo** (*Pressefotograf*) hat auch seinen Ursprung in diesem Film: In „La dolce vita" ist es der Nachname eines Fotoreporters. Das Wort wird heute in einigen Sprachen für einen sensationsgierigen Pressefotografen verwendet.

1 Le bellezze d'Italia – *Die Sehenswürdigkeiten Italiens*

205

Ordnen Sie jeder Sehenswürdigkeit das passende Bild zu.

1

2

3

4

5

6

7

8

9

10

11

____ **A** il Duomo di Milano

____ **B** il Ponte di Rialto (Venezia)

____ **C** i Nuraghi (Sardegna)

____ **D** la Mole Antonelliana (Torino)

____ **E** i Trulli (Alberobello - Puglia)

____ **F** il Colosseo (Roma)

____ **G** Pompei (Golfo di Napoli)

____ **H** la Valle dei Templi (Agrigento)

____ **I** la Galleria degli Uffizi (Firenze)

____ **J** il Palazzo Ducale (Urbino - Marche)

____ **K** i Sassi di Matera (Basilicata)

206

2 Viaggiare - *Reisen*

Hier sehen Sie einige Sätze, die Sie während einer Reise in Italien gebrauchen oder hören könnten.

EINE REISE PLANEN

- Vorrei andare a Pisa per un fine settimana. Ci vieni anche tu?

EINE RESERVIERUNG MACHEN

- Vorrei prenotare una stanza. Ne avete una tranquilla?

UM HILFE BITTEN UND HILFE ANBIETEN

- Scusi, mi può aiutare?
- Mi puoi dare una mano?

- Come posso aiutarla?
- Ha bisogno di aiuto?
- Le serve una mano?

DEN VERLAUF EINER HANDLUNG AUSDRÜCKEN

- Sto volando!

3 La città eterna - *Die ewige Stadt*

207

Giovanni plant gerade eine Reise nach Rom. Er möchte ein Zimmer reservieren. Hören Sie den Dialog und kreuzen Sie dann die Aussagen an, die stimmen.

1. Giovanni viaggia...
   - ☐ **A** con la sua famiglia.
   - ☐ **B** con un bambino.
   - ☐ **C** da solo.
2. Giovanni prenota...
   - ☐ **A** una stanza al 1° piano.
   - ☐ **B** una doppia che dà sulla strada.
   - ☐ **C** una doppia che dà sul cortile.
3. La stanza prenotata ha...
   - ☐ **A** l'aria condizionata.
   - ☐ **B** il bagno con vasca.
   - ☐ **C** il ventilatore.

PRONTO!

Wenn man sich am Telefon meldet, sagt man in Italien das Wort **pronto**! Es bedeutet eigentlich *bereit* ... zu sprechen!

4 La prenotazione - *Die Reservierung*

Giovanni soll das Zimmer im Internet buchen. Hören Sie den Dialog noch einmal und füllen Sie die Online-Reservierung mit den entsprechenden Informationen aus.

Gentile Signor Pinelli,

come da accordi telefonici, le confermo la prenotazione di una doppia con bagno, possibilmente silenziosa (più lettino e connessione a Internet).

Data di arrivo: 1. ________ Data di partenza: 2. ________

Numero di adulti: 3. _____ Numero di bambini: 4. _____

Cordiali saluti,
Giovanni Moretti

INVIA

208

5 Albergo a tre stelle – *Ein 3-Sterne-Hotel*

Ein Zimmer sollte entsprechend ausgestattet sein. Ordnen Sie jedem Bild das passende Wort zu.

1

2

3

4

5

6

____ A il bagnoschiuma e lo shampoo
____ B gli asciugamani e l'accappatoio
____ C le pantofole
____ D l'asciugacapelli
____ E l'aria condizionata
____ F la cassaforte

6 Inizio e fine – *Anfang und Ende*

Lesen Sie die folgenden Ausdrücke, die in einer E-Mail oder in einem Brief benutzt werden. Handelt es sich um eine Anredeformel oder eine Schlussformel? Ist es eher informell oder formell? Kreuzen Sie an.

	inizio	fine	informale	formale
1. Cordiali saluti	☐	☒	☐	☒
2. Baci	☐	☐	☐	☐
3. Cara Laura	☐	☐	☐	☐
4. Gentile Signor Bianchi	☐	☐	☐	☐
5. Un abbraccio e a presto!	☐	☐	☐	☐
6. Distinti saluti	☐	☐	☐	☐

7 Das Adverbialpronomen ci

Das Adverbialpronomen **ci** bezieht sich auf zuvor genannte Orts- oder Richtungsangaben und bedeutet *dort / dorthin*. Es steht in der Regel vor dem konjugierten Verb. Lesen Sie die Beispiele und die Regel.

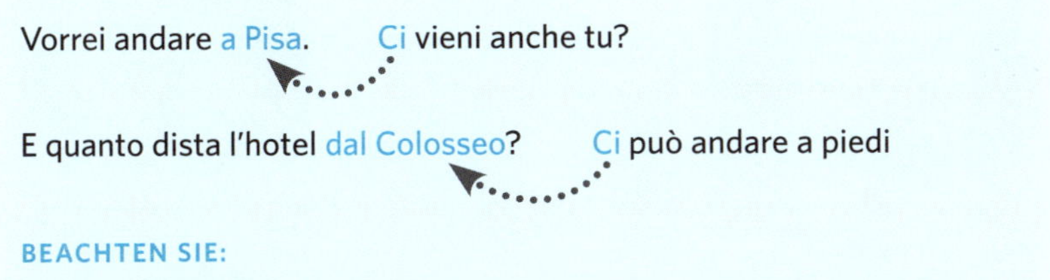

BEACHTEN SIE:

Für die Adverbialpronomen gelten die gleichen Stellungsregeln wie für die unbetonten Objektpronomen (s. Lek. 17 und Lek. 18):
Andiamoci! = *Fahren wir dorthin!*

8 L'interrogatorio – *Das Verhör*

Beantworten Sie die Fragen, indem Sie das Adverbialpronomen **ci** benutzen. Unterstreichen Sie auch die zuvor genannten Orts- oder Richtungsangaben, wie im Beispiel.

1. Vai <u>all'università</u> domani? → *No, non ci vado.*
2. Ritorni spesso in Italia? → *Sì,* ________
3. Vieni al cinema stasera? → *No,* ________
4. Sei mai stato in Sicilia? → *Sì,* ________
5. Vai in vacanza quest'estate? → *No,* ________
6. Abiti ancora in quel monolocale? → *Sì,* ________

9 Das Adverbialpronomen ne

Das Adverbialpronomen **ne** bezieht sich auf zuvor genannte Sachen und bezeichnet eine Teilmenge davon. Es steht in der Regel vor dem konjugierten Verb. Lesen Sie die Beispiele und die Regel.

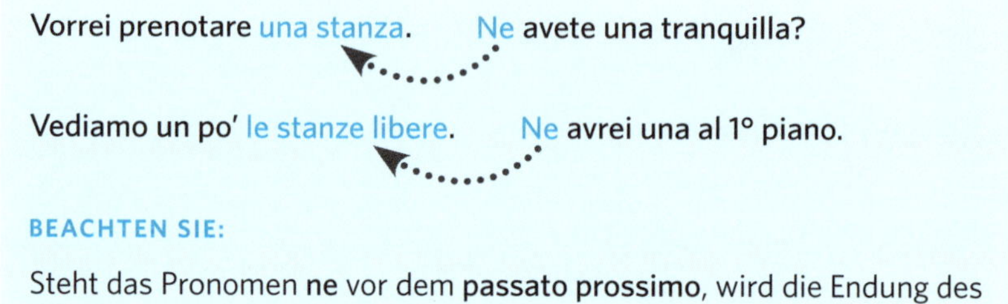

BEACHTEN SIE:

Steht das Pronomen **ne** vor dem **passato prossimo**, wird die Endung des Partizips Perfekt an die Mengenangaben angeglichen, auf die sich **ne** bezieht:
Quanti musei hai visitato oggi? - Ne ho visitati tre.

10 Mengenangaben mit ne

Ergänzen Sie die Sätze, indem Sie das Adverbialpronomen **ne** benutzen und die Mengenangaben auswählen.

chilo | scatole | tazzina | fetta | mazzi

1. È buonissima questa torta! ______ prendo un'altra ______________.
2. Le patate sono finite. ______ compro un ______________, va bene?
3. Non trovo le medicine. Strano, ieri ______ ho comprate due ______________.
4. C'è ancora del caffè? ______ voglio ancora una ______________.
5. Mi piacciono molto le rose. ______ voglio comprare tre ______________.

11 Die Wiedergabe von „brauchen"

209

Lesen Sie einige Sätze aus der Übung 3 und ergänzen Sie die Regel.

Ha bisogno di un lettino, vero?

Ci vuole la prenotazione.

Ci vogliono dieci minuti.

Per quante notti vi serve la stanza?

Mi servono per lavorare.

Um das Verb *brauchen* wiederzugeben, stehen im Italienischen verschiedene Verben und Wendungen zur Verfügung.

1. **avere bisogno di** → brauchen
2. **Ci vuole** + Objekt im Singular → Man braucht
   Ci vogliono + Objekt im ______ → ______
3. Vi **serve** + Objekt im ______ → Ihr braucht
   Mi **servono** + Objekt im ______ → ______

Bei der Wendung **vi serve / mi servono** wird das Subjekt des deutschen Satzes zum indirekten Objekt bzw. Objektpronomen im Italienischen.
Merken Sie sich auch die Wendung:
Ti serve niente? *Brauchst du etwas?*

12 Un'escursione in montagna – Eine Bergwanderung

Cosa ci vuole per un'escursione in montagna? *Was braucht man für eine Bergwanderung?* Ergänzen Sie die Sätze mit **ci vuole** oder **ci vogliono**.

1. ______________ delle scarpe da trekking.
2. ______________ una giacca a vento.
3. ______________ guanti e berretto.
4. ______________ uno zaino grande.
5. ______________ una macchina fotografica.

13 Cosa Le serve per la spiaggia?

Was brauchen Sie für den Strand? Bilden Sie Sätze wie im Beispiel.

Mi serve Mi servono	1. il costume da bagno. 2. la crema solare. 3. gli occhiali da sole. 4. l'asciugamano. 5. le infradito.

1. *Mi serve il costume da bagno.*
2. ______________
3. ______________
4. ______________
5. ______________

14 Das gerundio presente

Das **gerundio presente** ist eine unveränderliche Verbform und wird vom Infinitiv abgeleitet. Ergänzen Sie das Schema.

1. volare → vol_______
2. cadere → cad**endo**
3. partire → part**endo**

Sto volando!

BEACHTEN SIE:

bere → bev**endo**
dire → dic**endo**
fare → fac**endo**

15 Cosa stai facendo? – *Was machst du gerade?*

Mit der Verlaufsform **stare** + **gerundio** beschreibt man, was gerade geschieht. Auf die konjugierte Form von **stare** folgt direkt das **gerundio**. Sehen Sie sich die Bilder an und beschreiben Sie, was die Personen gerade tun.

1. Sta pensando.
2. ____________
3. ____________
4. ____________
5. ____________
6. ____________

DIE VERLAUFSFORM

Diese Konstruktion wird im Präsens, im **imperfetto** und zum Ausdruck einer Vermutung auch im Futur verwendet:
Cosa starà facendo Clara in questo momento? *Was macht Clara wohl jetzt gerade?*

210 16 Paesaggio e monumenti – *Landschaft und Sehenswürdigkeiten*

Ordnen Sie die angegebenen Wörter der richtigen Kategorie zu.

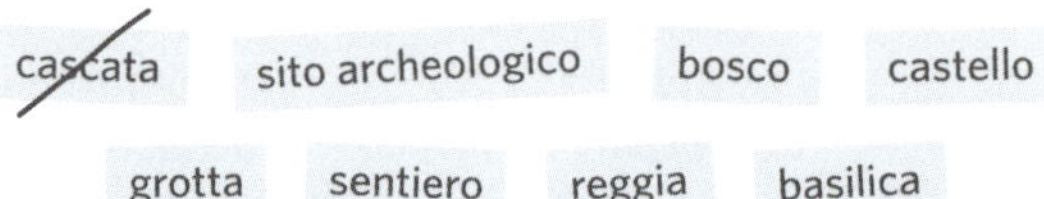

PAESAGGIO

1

cascata

MONUMENTI

2

211 17 Reclamare – *Sich beschweren*

Falls Sie mit der Unterkunft nicht zufrieden sind, könnten Sie die folgenden Ausdrücke benutzen. Ordnen Sie jedem Bild die passende Beschwerde zu.

1

2

3

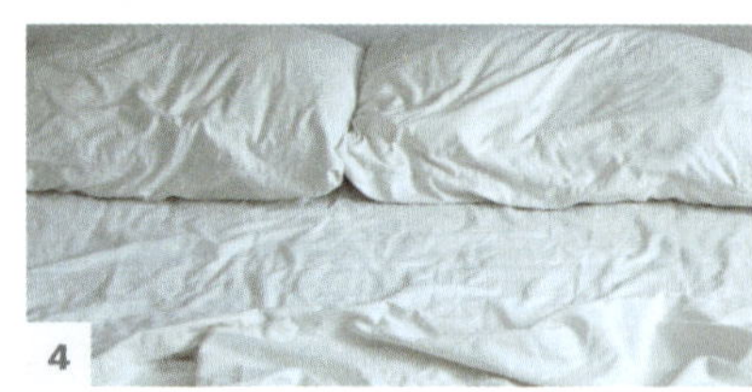

4

___ A Il televisore non funziona!

___ B Il lavandino perde!

___ C Le lenzuola sono sporche!

___ D Il vetro della finestra è rotto!

SEHENSWÜRDIGKEITEN UND NATUR

la basilica ... *die Basilika*
il castello ... *das Schloss*
il duomo ... *der Dom*
la galleria ... *die Galerie*
il monumento ... *das Denkmal*
il palazzo ... *der Palast*
la reggia ... *der Königspalast*
il sito archeologico ... *die Ausgrabungsstätte*
il bosco ... *der Wald*
la cascata ... *der Wasserfall*
la grotta ... *die Grotte*
il sentiero ... *der Pfad*

IM REISEGEPÄCK

l'asciugamano ... *das Handtuch*
il berretto ... *die Mütze*
il costume da bagno ... *der Badeanzug*
la crema solare ... *die Sonnencreme*
la giacca a vento ... *die Windjacke*
le infradito ... *die Flip-Flops*
la macchina fotografica ... *die Kamera*
gli occhiali da sole ... *die Sonnenbrille*
le scarpe da trekking ... *die Trekkingschuhe*

RESERVIEREN

Vorrei prenotare una stanza. ... *Ich möchte ein Zimmer reservieren.*
Ne avete una silenziosa? ... *Haben Sie ein ruhiges?*
La camera è con bagno? ... *Ist das Zimmer mit Bad?*
C'è l'aria condizionata? ... *Ist eine Klimaanlage vorhanden?*
Siamo in tre. ... *Wir sind zu dritt.*
Ho una doppia che dà sulla strada / sul cortile ... *Ich habe ein Doppelzimmer mit Blick auf die Straße / den Hof.*
Ha bisogno di un lettino? ... *Brauchen Sie ein Kinderbett?*
Per quante notti vi serve la stanza? ... *Für wie viele Nächte brauchen Sie das Zimmer?*
Ci vuole la prenotazione. ... *Man braucht eine Reservierung.*

DIE ADVERBIALPRONOMEN **CI** UND **NE**

- Das Adverbialpronomen **ci** bezieht sich auf zuvor genannte Orts- oder Richtungsangaben und bedeutet *dort / dorthin*: **A Roma? No, non ci sono mai stato.** *In Rom? Nein, ich war noch nie dort.*
- Das Adverbialpronomen **ne** drückt eine Teilmenge einer bereits erwähnten Sache aus, im Sinne von *davon*: **Buona questa torta, ne vorrei una fetta.** *Dieser Kuchen ist lecker, ich möchte ein Stück davon.*

DIE VERLAUFSFORM **STARE + GERUNDIO**

Die Verlaufsform wird verwendet, um zu beschreiben, was gerade geschieht. Das Verb **stare** wird dabei konjugiert und direkt vom **gerundio** gefolgt. Im Deutschen wird die Wendung übersetzt mit *gerade etwas tun*: **Sta piovendo.** *Es regnet gerade.* **Sto bevendo un caffè.** *Ich trinke gerade einen Kaffee.*

- Das **gerundio** ist eine unveränderliche Verbform und wird vom Infinitiv abgeleitet: vol**are** → vol**ando**, cad**ere** → cad**endo**, part**ire** → part**endo**.
- Einige Ausnahmen bei der Bildung: **bere** → **bevendo**, **dire** → **dicendo**, **fare** → **facendo**

ANHANG

LEKTION 1

1.
1. C, **2.** I, **3.** B, **4.** G, **5.** A, **6.** H, **7.** D, **8.** E, **9.** F

2.
1. Danke, **2.** Nudel, **3.** Café, **4.** Zentrum, **5.** Straße der Liebe

4.
2. Buonasera, formell, abends, **3.** Buongiorno, formell, morgens, **4.** Ciao, informell, morgens / nachmittags / abends

5.
3

6.
2. Leonardo, **3.** Margherita, **4.** Pinocchio

7.
1. B, **2.** C, **3.** A

9.
sono, è, sono, ho, abbiamo, hanno

11.
1. abita, Lavora, **2.** Canta, suona, Abitano, **3.** Parla

14.
2. Johannes è tedesco, di Colonia.
3. Mario e Antonio sono italiani, di Chieti.
4. Ellen e Olaf sono svedesi, di Stoccolma.
5. William è inglese, di Edimburgo.
6. Camila è spagnola, di Madrid. 7. Sophie e Amélie sono svizzere, di Ginevra.

15.
2. Dimitri lavora a Atene. **3.** Oliver e John sono di / a Londra. **4.** Alain e Stéphanie abitano in Francia. **5.** Carmen lavora a Barcellona.
6. Alessio è di / a Roma. **7.** Io abito a New York.
8. Loro lavorano in Russia.

16.
Kiosk, Garage

18.
1

LEKTION 2

2.
1. H, **2.** C, **3.** I, **4.** F, **5.** D, **6.** E, **7.** A, **8.** G, **9.** B

3.
Sie duzen sich. **1.** B, **2.** A, **3.** B, **4.** A

4.
2. Abita a Torino? **3.** Che cosa studia?
4. Quante lingue parla? **5.** Quanti anni ha?

5.
1. D, **2.** A, **3.** B, **4.** C

6.
2. bene, **3.** abbastanza bene, **6.** male, **7.** malissimo

7.
1. Frage, **2.** Aussage, **3.** Frage, **4.** Aussage

8.
sto, stai, sta

9.
1. Che cosa, **2.** chi, **3.** Come, **4.** dove, **5.** Perché, **6.** Quanti

10.
Vokal, l'italiano, lo spagnolo,
la musica, l'arte, Konsonant, Vokal

12.
3. l', Non, l', **4.** Non, **5.** Non, **6.** lo, no

13.
Bei der **2.** Person Plural. vedo, vedi, vediamo, sento, senti, sentiamo

14.
1. scriviamo, **2.** Conoscete, **3.** Rispondi, **4.** Dormono, **5.** parte

15.
ventiquattro, venticinque, ventisei, ventisette, ventinove;
Zahlenbild: Sizilien

LEKTION 3

1.
1. J, **2.** G, **3.** A, **4.** I, **5.** D, **6.** C, **7.** K, **8.** F, **9.** L, **10.** E, **11.** B, **12.** H

3.
2

4.
1. D, **2.** A, **3.** C, **4.** B

5.
1. cliente, **2.** cameriere, **3.** cameriere, **4.** cliente, 2, 4, 3, 1

6.
1. B, **2.** A, **3.** C

8.
bevande: birra W, cappuccino M, aranciata W, vino M,
cibi: carne W, zucchina W, torta W, pomodoro M

10.
2 caffè, 3 antipasti, 3 spumanti, 4 minestroni, 2 torte, 2 aranciate

11.
Vokal, un antipasto, uno spumante, una torta, un'aranciata

12.
1. panino, 2. yogurt, stracchino,
3. pizza, mozzarella, 4. insalata, acqua

13.
c'è un coltello, un cucchiaio, un cucchiaino, un tovagliolo, ci sono due bicchieri, due piatti

14.
1. media, grande, birre piccole, medie, grandi,
2. naturale, frizzante, acque naturali, frizzanti,
3. caldo, freddo, tè caldi, freddi,
4. mista, verde, insalate miste, verdi,
5. grigliata, ripiena, zucchine grigliate, ripiene

15.
2. Sì, ho paura. 3. Sì, ho sete. 4. Sì, ho freddo.
5. Sì, ho sonno. 6. Sì, ho caldo.

LEKTION 4

1.
1. B, 2. F, 3. G, 4. C, 5. D, 6. E, 7. H, 8. A

3.
1. mangiare, vado da Maxime, 2. andare ai concerti, leggo libri, suono il violino, 3. vado a vedere mostre, faccio sport, vado a ballare

4.
1. D, 2. C, 3. A

5.
2. molto. 3. abbastanza. 4. non molto. 5. per niente.

6.
1. E / L, 2. B / G, 3. A / I, 4. C / F, 5. H / J, 6. D / K

7.
2. Mi piace, 3. Non mi piacciono, 4. Mi piace,
5. Non mi piacciono, 6. Mi piace

8.
2. Non mi piace per niente giocare a tennis.
3. Mi piacciono molto i dolci. 4. Non mi piace molto la musica barocca.

10.
1. capisce, 2. finiscono, 3. apre, 4. spedisco, 5. offri

11.
2. Fa shopping. 3. Fa la doccia. 4. Fa una telefonata.
5. Fa danza. 6. Fa i compiti.

12.
faccio, fa

13.
vado, vanno, andiamo, andate

15.
2. vanno in, 3. va da, 4. vai a, 5. vado a, 6. andate in

16.
2. ballare, 3. leggere, 4. cucinare, 5. giocare,
6. passeggiare, 7. cantare

LEKTION 5

1.
1. G, 2. E, 3. A, 4. H, 5. C, 6. F, 7. B, 8. D

3.
1. vero, 2. falso, 3. falso, 4. falso, 5. falso

4.
lunedì, martedì, mercoledì, giovedì, domenica

5.
1. in ufficio, 2. a casa, 3. a casa, 4. in ufficio,
5. in ufficio

7.
2. ogni pomeriggio, 3. di sera, 4. la notte = tutte le notti = ogni notte

8.
niente, nessuno, mai

9.
2. Non conosciamo nessuno.
3. Non prendiamo niente.
4. non siamo mai a casa.

10.
mi, ci

11.
si alza, si lava, mangia, si trucca, si veste, scappa, torna, studia, è, va, si rilassa

13.
1. Come vi chiamate?
2. La mattina mi sveglio sempre presto.
3. Di solito quando ti alzi?
4. La sera non si addormenta mai presto.

14.
usciamo, uscite

15.
bevo, beve

17.
1. C, 2. A, 3. E, 4. B, 5. D

LEKTION 6

1.
1. M, 2. C, 3. P, 5. I, 10. N, 14. G, 15. D, 17. L, 18. T

3.
1. A, B, 2. A, B, D, E, H, 3. A

4.
trecento, quattrocento, cinquecento, seicento, settecento, ottocento, novecento, tremila, novemila, ventimila, trentamila, duecentomila, trecentomila

5.
aprile, maggio, luglio, agosto, settembre, ottobre, novembre, dicembre, gennaio, febbraio

6.
del, della, delle

7.
dell', della, dello, del, degli, delle, dei

8.
1. C, E, **2.** A, D, F, **3.** B, G, H

9.
1. seicentosettantacinque euro,
2. quattromilacinquecento euro,
3. dodicimila euro, **4.** quattrocentomila euro

10.
alla, agli, alle,
dallo, dall', dalla, dai, dagli, dalle

12.
1. F, in, **2.** D, in, **3.** G, dal, **4.** B, in, **5.** I, in, **6.** H, al, **7.** C, in, **8.** E, dal

13.
vuoi, vuole, volete

14.
2. Silvia, **3.** peperoni, **4.** olive, **5.** olio

15.
mi, ti, lo, li, le

16.
2. Le compro io! **3.** Li porto io! **4.** Lo compro io! **5.** Le porto io! **6.** La compro io!

LEKTION 7

2.
1. F, **2.** G, **3.** A, **4.** E, **5.** B, **6.** C, **7.** H, **8.** I, **9.** D

3.
1. cena a casa di Luca, **2.** domenica, **3.** andare al cinema, **4.** venerdì, **5.** festa, **6.** sabato

4.
2. E, **4.** B, **5.** D, **6.** C, **7.** G, **8.** I, **9.** K, **10.** H

5.
2. Sono le ventitré e quaranta. È mezzanotte meno venti. **3.** Sono le dodici e cinquanta. È l'una meno dieci. **4.** Sono le quindici e quindici. Sono le tre e un quarto.

6.
1. All', **2.** alle, **3.** Dalle, alle, **4.** a, **5.** Dalle, alle

7.
1. B, **2.** D, **3.** F, **4.** A, **5.** C, **6.** E

8.
vengo, vieni, viene, vengono

9.
posso, puoi, possiamo, devo, dobbiamo

11.
1. posso, devo, **2.** puoi, dobbiamo,
3. vogliamo, Possiamo

12.
2. Puoi andare al supermercato? **3.** Potete comprare il pane? **4.** Possiamo venire alla festa?

13.
1. C, **2.** A, **3.** D, **4.** B

14.
mi, ti, gli, ci, vi, gli

15.
2. ti, **3.** ci, **4.** non gli, **5.** mi,
rispondere, mandare, chiedere, telefonare, parlare

16.
do, dai, diamo, danno

LEKTION 8

1.
1. H, **2.** C, **3.** D, **4.** E, **5.** G, **6.** I, **7.** B, **8.** F, **9.** A

3.
1. girare, **2.** prendere, **3.** andare

4.
1. C, **2.** E, **3.** B, **4.** A

5.
2

6.
so, sai, sa

7.
2. Non lo so. **3.** Noi sappiamo l'italiano.
4. Mi sa dire dov'è la posta?

9.
1. accanto alla / vicino alla / a destra della, **2.** tra, **3.** dietro, **4.** davanti all', **5.** sotto

12.
1. paghi, **2.** Mangiamo, **3.** studi, **4.** Giochiamo, **5.** Cerchi, **6.** Cominciamo

13.
1. biblioteche, **2.** colleghe, **3.** parchi, **4.** laghi, **5.** medici, **6.** psicologi

14.
1. farmacie, **2.** allergie, **3.** camicie, **4.** valigie, **5.** arance, **6.** spiagge

15.
1. banche, **2.** cuochi, **3.** province, **4.** ciliegie, **5.** biologi

16.
1. seconda, terza, **2.** prima, secondo, terza

LEKTION 9

1.
2. K, **5.** J, **6.** I, **7.** G, **8.** F, **9.** C, **10.** B, **12.** A

3.
Anzeige B, **1.** D, **2.** F, **3.** A, **4.** C, **5.** B, **6.** E

4.
2. una villa. **3.** un trilocale. **4.** un attico.

5.
2. doccia, **3.** forno, **4.** poltrona

6.
1. Corridoio (Flur),
2. Lavandino (Wasch- / Spülbecken)

7.
sull', sulla, sugli, nello, nell', nella, negli, nelle

8.
1. nell', **2.** nei, **3.** sulla, **4.** nello, **5.** sullo, **6.** sul

9.
2. marmo. **3.** plastica. **4.** vetro.

12.
2. poco, molte, **3.** troppo, molta, **4.** troppi, molti, **5.** molto, molto, **6.** poca, molto

13.
dodicesimo, tredicesimo, quindicesimo, sedicesimo, diciottesimo, diciannovesimo, ventunesimo, ventiquattresimo, venticinquesimo, ventisettesimo, ventottesimo, centesimo

14.
2. la nona, **3.** l'ottava, **4.** il quarto, **5.** il sesto

15.
1. E, **2.** D, **3.** A, **4.** C, **5.** F, **6.** B

17.
1. bella, bei, belle, bell', bella, **2.** bell', bei, bella, **3.** bella, belle, bel, begli, bel

LEKTION 10

1.
1. Federica, **3.** Cristiana, **4.** Elia, **6.** Elsa, **7.** Candido, **10.** Giacomo, **11.** Giuliano, Federica, **12.** Candido, Elsa, **14.** la nonna, **15.** il figlio, **16.** la cugina

4.
2. E, **3.** D, **4.** A, **5.** B, **6.** C

5.
1. con i capelli bianchi, con gli occhi azzurri, con la barba, con i capelli corti, alta,
2. allegra, molto simpatica, gentile, un po' triste, tranquillo

7.
1. rossi, lisci, **2.** biondi, azzurri,
3. castani, lunghi / lisci

8.
la mia, i miei, le mie, il tuo, la sua, la loro

9.
2. i tuoi libri, **3.** le sue case, **4.** la nostra famiglia, **5.** i vostri amici, **6.** il loro vicino

10.
1. A, **2.** B

11.
1. la mia, **2.** Il loro, **3.** il vostro, **4.** Sua, **5.** i tuoi, **6.** Nostra

12.
1. F, **2.** E, **3.** I, **4.** C, **5.** A, **6.** G, **7.** B, **8.** D, **9.** H

14.
1. sicuramente, **2.** nuovamente, **3.** difficilmente, **4.** facilmente, **5.** tranquillamente, **6.** naturalmente

17.
1. come, **2.** della, **3.** di, **4.** di, **5.** dello, **6.** come

18.
1. zii, **2.** figli

LEKTION 11

2.
1. D, **2.** C, **3.** F, **4.** E, **5.** B, **6.** A

5.
A, C

6.
1. Commessa, **2.** Cliente, **3.** Cliente, **4.** Cliente, **5.** Commessa, **6.** Commessa, **7.** Commessa, **8.** Commessa, **9.** Cliente, **10.** Cliente

9.
1. F, **2.** E, **3.** B, **4.** A, **5.** C, **6.** D

10.
2. un vestito a fiori corto e un paio di scarpe bianche. **3.** una maglietta a pois e una gonna blu corta.

11.
2. Qual, 3. Quali, 4. Che / Quali, 5. Qual, 6. Che / Quali, 7. Che / Quale, 8. Quali

15.
1. quelle, 2. Quei, 3. quelle, 4. quegli

16.
2. Ti piacciono questi pantaloni corti? – Preferisco quelli lunghi. 3. Ti piace questo cappotto pesante? – Preferisco quello leggero. 4. Ti piacciono queste scarpe blu? – Preferisco quelle nere. 5. Ti piace questa giacca elegante? – Preferisco quella sportiva.

18.
2. che, 3. che, 4. della, 5. che, 6. di, 7. che

20.
1. molto bello / bellissimo, 2. molto caldi / caldissimi, 3. molto comoda / comodissima, 4. molto elegante / elegantissima
1. B, 2. A, 3. D, 4. C

LEKTION 12

1.
Ziel: 1. E, 2. A, 3. D, 4. C, 5. B;
Unterkunft: 1. D, 2. B, 3. E, 4. C, 5. A

2.
sono andato, sono stato, ho girato, sono andato, ho visitato, sono tornato, è stato

3.
1. -, 2. -, 3. B, 4. A

4.
Luca82: Sicilia, albergo + bed & breakfast, a giugno, due settimane, Ale85: Valle d'Aosta, campeggio, a luglio, dieci giorni

5.
1. Andiamo, noleggiamo, Visitiamo, mangiamo
2. invita, Facciamo, suoniamo, cantiamo, balliamo

6.
Luca82: partire, siamo andati, passare, abbiamo trovato, visitare, abbiamo dormito, preferire, abbiamo avuto, Ale85: ho accettato, essere, abbiamo ascoltato, abbiamo nuotato, suonare, abbiamo ballato, ricevere

7.
1. avere, 2. essere

8.
1. -ato, 2. -uto, 3. -ito

10.
1. A, 2. B

11.
1. uscita, andata, 2. state, tornate

12.
1. sei stata, 2. ho capito, 3. sei tornato, 4. abbiamo guardato, 5. sono usciti, 6. ha passeggiato

13.
2. due settimane fa, 3. un mese fa, 4. due anni fa

14.
l'anno scorso – sei mesi fa – la settimana scorsa – tre giorni fa – ieri sera – un'ora fa

16.
2. il monte più alto d'Europa, 3. il fiume più lungo d'Italia, 4. il vulcano più attivo d'Europa, 5. la regione più piccola d'Italia

LEKTION 13

1.
1. I, 2. C, 3. G, 4. B, 5. A, 6. D, 7. E, 8. H, 9. F

3.
2. D, 5. B, 6. C, 8. A

4.
1. B, 2. A, 4. C, 6. D

5.
1. F, 2. G, 3. H, 4. A, 5. B, 6. D, 7. C, 8. E

6.
si è seduto, alzarsi, si è divertito

7.
mi, si, ci, essere

8.
1. -ato, 2. -uto, 3. -ito

9.
ti sei alzata, si è lavato, ci siamo vestite, mi sono truccata, vi siete riposati, si sono rilassate, si è preparata, ti sei arrabbiato, ci siamo annoiati, mi sono addormentato

10.
hanno previsto, hanno chiesto, essere, è salito, bere, ha aperto, scrivere, ha risposto, dare

11.
1. ha dato (unregelmäßig), 2. ha incontrato, 3. hanno trovato, 4. ha scritto (unregelmäßig), 5. ha fatto (unregelmäßig), 6. ha soggiornato

12.
1. è cambiato. 2. è peggiorata. 3. è migliorato.

14.
2. Non ha ancora bevuto. **3.** Non si è ancora lavato. **4.** Si è già addormentato.

15.
2. Hai mai scritto...? No. E tu? Io sì!
3. Hai mai visto...? No. E tu? Neanch'io.
4. Hai mai conosciuto...? Sì. E tu? Io no.

16.
2. Anche a me. / A me no. **3.** Anche a me. / A me no. **4.** Neanche a me. / A me sì.

LEKTION 14

1.
1. C, **2.** B, **3.** F, **4.** D, **5.** A, **6.** E

2.
1. F, **2.** A, **3.** B, **4.** D, **5.** C, **6.** E

4.
1. tutte le domeniche, **2.** sempre, **3.** regolarmente, **4.** Una domenica

5.
1. arrivavamo sempre in ritardo, mi preparava il mio dolce, **2.** i nonni abitavano in campagna, faceva molto caldo, **3.** era così affettuosa, era molto severo, **4.** era bellissima, la cucina era vuota, **5.** prendevano il caffè - giocavo con Leo

6.
guardavo, guardava, guardavamo, guardavano, prendevo, prendeva, prendevamo, prendevano, preferivo, preferiva, preferivamo, preferivano

7.
ero, era, erano, fare, dire

8.
1. avevo, piacevano, **2.** abitavamo, andavamo, **3.** dovevano, dormivano

11.
1. andavi, **2.** vivevi, **3.** facevi, **4.** giocavi, **5.** ti sei svegliato, **6.** hai pranzato, **7.** Hai lavorato, **8.** Sei andato

12.
1. sempre, A quei tempi, Ogni volta, **2.** improvvisamente, Nel 1985

13.
era, aveva, piaceva, è andata, ha conosciuto, si è divertita

14.
1. imperfetto, **2.** imperfetto, **3.** quando, mentre

15.
1. passato prossimo, **2.** imperfetto

16.
1. si è addormentato, **2.** cucinava, giocava, **3.** era, parlava, **4.** faceva, leggeva

LEKTION 15

1.
1. B, **2.** I, **3.** A, **4.** C, **5.** F, **6.** J, **7.** L, **8.** E, **9.** G, **10.** H, **11.** D, **12.** K

3.
1, 2, 4

4.
1. D, **2.** E, **3.** B, **4.** A, **5.** F, **6.** C
I. 2 und 3, II. 4 und 6, III. 1 und 5

5.
1. E, **2.** C, **3.** A, **4.** F, **5.** D, **6.** B

6.
2. Compleanno, **3.** Matrimonio, **4.** Laurea

7.
Präposition, te, lui, lei, voi, loro

8.
le, noi, mi, lei, la, ti

9.
2. piatti, **4.** sedie, **6.** regali, **7.** bicchieri, **10.** candeline

10.
1. di, **2.** di, **3.** da

11.
1. A, **2.** B

12.
2. li ho spediti. **3.** le ho comprate. **4.** non l'ho invitata.

13.

2. direktes Objekt + Pronomen + Verb

14.
2. I confetti li compro io! **3.** Gli anelli li porto io! **4.** Il fotografo lo chiamo io!

15.
3. Plural, Plural, **4.** Singular

16.
1. Si tirano i coriandoli. Si mangiano dolci fritti.
2. Si aprono i regali. Si mangia il panettone. Si festeggia in famiglia.

17.
1. con i parenti, **2.** si cambia, **3.** l'ultimo

LEKTION 16

1.
1. B, 2. F, 3. E, 4. D, 5. C, 6. A

2.
1. F, 2. C, 3. A, 4. D, 5. E, 6. B

4.
1. D, F, H, 2. A, G, 3. B, C, E

5.
1. Cosa fareste al posto mio? Cosa dovrei fare per...? 2. Al tuo posto... Perché non...?

6.
1. agitata, essere single, 2. sfortunato, stare, 3. distrutta, piangere

7.
parlerei, parlerebbe, prenderei, prenderesti, prenderebbe, prenderemmo, prendereste, prenderebbero, uscirei, usciresti, uscirebbero

8.
1. Prenderei, partirei, 2. Compreremmo, piacerebbe

9.
2. scriveremmo..., 3. Noi non resteremmo..., ma usciremmo..., 4. Noi li inviteremmo...

10.
1. dovrei - dovere, andrei - andare, avresti - avere, potresti - potere, 2. vorrei - volere, 3. dareste - dare, fareste - fare

11.
sarebbe, saremmo, sareste, sarebbero

12.
1. andrebbe (Vorschlag), 2. dovrei, 3. Avreste (Vorschlag), 4. potremmo (Vorschlag), 5. Potresti, 6. Verresti (Vorschlag)

13.
1. saprebbe, 2. dovrebbe, 3. Potrebbero, 4. sembrerebbero, 5. Dovrebbe, 6. Potrebbe

14.
3 - 4 - 5 - 1 - 2

16.
buono - migliore, grande - maggiore,
bene - meglio, male - peggio
1. migliore, 2. minore, 3. meglio

LEKTION 17

1.
1. C, 2. F, 3. J, 4. E, 5. D, 6. B, 7. G, 8. L, 9. I, 10. A, 11. K, 12. H

3.
Paola, Giulio, Nico, Viola, Marzia

4.
1. C, 2. D, 3. F, 4. A, 5. B, 6. E

5.
2. Ho la tosse. 3. Ho mal di stomaco. 4. Ho la febbre. 5. Ho mal di gola. 6. Ho mal di testa.

6.
1. -a, -i, -i, 2. non + Infinitiv

7.

2. Leggete, 3. Dormite, 4. Non prendete

8.
1. B, Prendi, 2. A, Metti, 3. F, Lavora, 4. E, Parti, 5. C, Chiedi, 6. D, Ascolta

9.
2. Non prendere, 3. Non mangiare, 4. Non bere, 5. Non fumare

10.
B

11.
3. non chiuderla! / non la chiudere!, 4. scrivigli pure!, 5. prenotalo pure!

12.
2. Lavatevi!, 3. Alzati!, 4. Svegliati!, 5. Divertitevi!

13.
1. Non ti riposare! 2. Non lavatevi! / Non vi lavate! 3. Non alzarti! / Non ti alzare!

14.
fai, fa', sta', vai, sii, abbi

15.
1. Dillo a tuo padre!, 2. Dammi il giornale!, 3. Fagli una foto!

16.
le braccia, le ginocchia, le orecchie

17.
1. C, 2. H, 3. F, 4. A, 5. G, 6. B, 7. E, 8. D

LEKTION 18

1.
1. C, 5. A, 6. G, 7. H, 8. D, 9. E

3.
1. Informazioni personali, 2. Esperienze professionali, 3. Istruzione e formazione, 4. Competenze linguistiche, 5. Competenze informatiche, 6. Interessi

4.
A: Sara è laureata in Lettere, ha esperienza nel settore e conosce molto bene il francese.
1. H, 2. A, 3. D, 4. F, 5. C, 6. B, 7. E, 8. G

5.
1. -i, -a, -a, 2. non + Imperativform, 3. stehen vor dem Verb

6.
1. formale, 2. informale, 3. informale, 4. formale, 5. formale , 6. informale

7.
dica, faccia, vada

8.
2. Telefoni, 3. Risponda, 4. Dica, 5. Faccia, 6. Si riposi, 7. non arrivi, 8. Abbia

9.
2. kennen, 3. kennen lernen

10.
2. wissen, 3. kennen lernen, 4. kennen

11.
1. alcuni, 2. qualche, 3. alcune, 4. qualcosa, 5. qualcosa di, 6. qualcosa da

12.
1. l'attrice, 2. la pittrice, 3. la cameriera, 4. la segretaria

13.
1. la giornalista, 2. la consulente, 3. la tassista, 4. l'insegnante, 5. la barista

LEKTION 19

1.
1. E, 2. D, 3. H, 4. A, 5. B, 6. G, 7. I, 8. C, 9. F

3.
2. per il lavoro, 3. per la scuola, 4. per i servizi, 5. per l'ambiente, 6. per la cultura

4.
A, C

5.
1. C, 2. D, 3. A, 4. F, 5. E, 6. B

6.
voterai, voterà, voteremo, voteranno, assumerò, assumerai, assumerà, assumeremo, assumerete, assumeranno, apriremo, apriranno

7.
1. conoscerai, arriverà, 2. Finirai, continuerai, giocherai, cambierà

8.
sarà, saremo, sarete, saranno

9.
1. andremo - andare, avrà - avere, potranno - potere, dovrete - dovere, saprai - sapere, 2. proporremo - proporre, berremo - bere, vorranno - volere, 3. daremo - dare, faremo - fare

10.
2. tra sei mesi, 3. tra un anno

11.
1. Avrò (B), 2. andrà (A), 3. Saranno (B), 4. verrò (A), 5. faremo (A)

12.
2. Sta per piovere, 3. sta per arrivare, 4. sto per uscire, 5. sta per chiudere

13.
1. sta per finire, 2. mi iscriverò, 3. verranno, 4. sta per addormentarsi, 5. diventerò

15.
2. cane, 3. pecorelle, 4. coltello

LEKTION 20

1.
1. D, **2.** A, **3.** B, **4.** I, **5.** J, **6.** F, **7.** G, **8.** E, **9.** K, **10.** C, **11.** H

3.
1. A, **2.** C, **3.** C

4.
1. 15 giugno, **2.** 20 giugno, **3.** due, **4.** uno

5.
1. F, **2.** E, **3.** D, **4.** B, **5.** C, **6.** A

6.
2. fine / informale, **3.** inizio / informale, **4.** inizio / formale, **5.** fine / informale, **6.** fine / formale

8.
2. ci ritorno spesso, **3.** non ci vengo, **4.** ci sono (già) stato, **5.** non ci vado, **6.** ci abito ancora

10.
1. Ne, fetta, **2.** Ne, chilo, **3.** ne, scatole, **4.** Ne, tazzina, **5.** Ne, mazzi

11.
2. Plural, Man braucht, **3.** Singular, Plural, Ich brauche

12.
1. Ci vogliono, **2.** Ci vuole, **3.** Ci vogliono, **4.** Ci vuole, **5.** Ci vuole

13.
2. Mi serve la crema solare. **3.** Mi servono gli occhiali da sole. **4.** Mi serve l'asciugamano. **5.** Mi servono le infradito.

14.
1. -ando

15.
2. Sta dormendo. **3.** Stanno ballando. **4.** Sta bevendo. **5.** Stanno leggendo. **6.** Sta piangendo.

16.
1. bosco, grotta, sentiero, **2.** sito archeologico, castello, basilica, reggia

17.
1. D, **2.** A, **3.** B, **4.** C

A

abbastanza	*ziemlich*
l' abbigliamento	*Kleidung*
abbracciare	*umarmen*
l' abbraccio	*Umarmung*
abitabile	*bewohnbar*
abitare	*wohnen*
l' abito	*Kleidung, Anzug*
abituale	*üblich*
accanto a	*neben*
l' accappatoio	*Bademantel*
accedere	*Zugang haben*
accendere	*anzünden, einschalten*
l' accento	*Akzent*
gli accessori (Pl)	*Accessoires*
accettare	*annehmen*
accomodarsi	*Platz nehmen*
accompagnare	*begleiten*
l' accordo	*Einigung*
come d'accordo	*wie vereinbart*
d'accordo	*einverstanden*
l' acqua	*Wasser*
fuor d'acqua	*auf dem Trockenen*
addormentarsi	*einschlafen*
adesso	*jetzt*
l' adolescente (m / f)	*Jugendliche / r*
l' adolescenza	*Jugend*
adorare	*lieben*
l' adulto	*Erwachsener*
l' aereo	*Flugzeug*
gli affari (Pl)	*Geschäfte*
affettuoso / a	*liebevoll*
affittare	*vermieten, mieten*
l' agenzia (immobiliare)	*(Immobilien-) Agentur*
agitato / a	*aufgeregt*
l' agriturismo	*Ferien auf dem Bauernhof*
aiutare	*helfen*
l' aiuto	*Hilfe*
l' albergo	*Hotel*
l' albero (genealogico)	*(Stamm-) Baum*
l' alcol (m)	*Alkohol*
alcuni / e (Pl)	*einige, ein paar*
l' alimentazione (f)	*Ernährung*
allegro / a	*fröhlich*
allenare	*trainieren*
l' allergia	*Allergie*
allora	*also, damals*
almeno	*mindestens*
alto / a	*groß, laut*
altro	*noch etwas*
altro / a	*andere / r / s*
altruista	*uneigennützig*
alzare	*heben*
alzarsi	*aufstehen*
amare	*lieben*
l' amaro	*Magenbitter*
l' ambiente (m)	*Umwelt*
l' amico	*Freund*
ampio / a	*geräumig*
anche	*auch*
ancora	*noch*
andare	*gehen, fahren, passen*
l' anello	*Ring*
l' angolo	*Ecke*
angolo cottura	*Kochecke*
l' animale (m)	*Tier*
l' anno	*Jahr*
compiere gli anni	*Geburtstag haben*
primo dell'anno	*Neujahrstag*
annoiarsi	*sich langweilen*
l' annuncio (immobiliare)	*(Wohnungs-) Anzeige*
l' annuncio (di lavoro)	*(Stellen-) Anzeige*
antico / a	*antik*
l' antipasto	*Vorspeise*
antipatico / a	*unsympathisch*
l' anziano	*alter Mann*
aperto / a	*offen, geöffnet*
l' appartamento	*Wohnung*
appena	*gerade*
l' appetito	*Appetit*
applaudire	*applaudieren*
l' appuntamento	*Termin, Verabredung*
darsi appuntamento	*sich verabreden*
aprire	*öffnen*
l' arancia	*Orange*
l' aranciata	*Orangenlimonade*
arancione	*orangenfarbig*
l' architetto	*Architekt*
l' aria condizionata	*Klimaanlage*
l' armadio	*Schrank*
arrabbiarsi	*wütend werden*
arrabbiato / a	*verärgert, wütend*
arredato / a	*möbliert*
arrivare	*ankommen*
arrivederci	*auf Wiedersehen*
l' arrivo	*Ankunft*
l' arte (f)	*Kunst*
l' articolo	*Artikel*
artigianale	*handwerklich*
l' ascensore (m)	*Lift, Fahrstuhl*
l' asciugacapelli (m)	*Haartrockner*
l' asciugamano	*Handtuch*
ascoltare	*hören*
l' asilo nido	*Kinderkrippe*
aspettare	*warten, abwarten*
l' aspetto fisico	*Aussehen*
l' aspirina	*Aspirin*
assolutamente	*absolut, unbedingt*
assumere	*einstellen*
l' assunzione (f)	*Einstellung*
l' atmosfera	*Atmosphäre*
attentamente	*vorsichtig*
attento / a	*aufmerksam*
stare attento / a	*aufpassen*
l' attenzione (f)	*Vorsicht*
fare attenzione	*aufpassen*
l' attesa	*Warten*
lista d'attesa	*Warteliste*
l' attico	*Dachwohnung*
l' attività	*Aktivität*
attivo / a	*aktiv*
l' attore / trice	*Schauspieler / in*
attorno	*herum*
guardarsi attorno	*sich umblicken*
attraversare	*überqueren*
l' augurio	*Wunsch, Glückwunsch*
l' austerità	*Strenge*
l' auto (f)	*Auto*
l' autobiografia	*Autobiografie*
l' autobus (m)	*Bus*
l' autostrada	*Autobahn*
l' autunno	*Herbst*
avanzato / a	*fortgeschritten*
avere	*haben*
avvertire	*warnen*
avvicinarsi	*näher treten*
l' avvocato	*Anwalt*

l' azione (f)	*Aktion, Handlung*
azzurro / a	*himmelblau*

B

il bacio	*Kuss*
i baffi (Pl)	*Schnurrbart*
il bagno	*Badezimmer*
il bagnoschiuma	*Schaumbad*
il balcone	*Balkon*
ballare	*tanzen*
le ballerine (Pl)	*Ballerinas (Schuhe)*
il ballo	*Tanz*
il bambino	*Kind*
la bambola	*Puppe*
la banana	*Banane*
la banca	*Bank*
il bar	*Café, Bar*
la barba	*Bart*
la barca	*Boot*
il / la barista	*Barkeeper / Barfrau*
barocco / a	*barock*
la basilica	*Basilika*
il basilico	*Basilikum*
il basket	*Basketball*
basso / a	*klein, niedrig*
bastare	*(aus)reichen*
la bellezza	*Schönheit, Sehenswürdigkeit*
bello / a	*schön*
bene (Adv)	*gut*
stare bene	*gut passen*
va bene	*(es ist) gut, (es ist) in Ordnung*
benvenuto / a	*willkommen*
bere	*trinken*
il berretto	*Mütze*
la bevanda	*Getränk*
bianco / a	*weiß*
la biblioteca	*Bibliothek*
il bicchiere	*Glas*
la bicicletta	*Fahrrad*
andare in bicicletta	*Rad fahren*
il biglietto da visita	*Visitenkarte*
il biglietto di auguri	*Glückwunschkarte*
il bilocale	*Zweizimmerwohnung*
la biologia	*Biologie*
biologico / a	*biologisch*
il biologo	*Biologe*
biondo / a	*blond*
la birra	*Bier*
bis!	*Zugabe!*
il biscotto	*Keks*
il bisogno	*Bedarf*
avere bisogno di	*brauchen*
blu	*blau*
la bocca	*Mund*
la bomboniera	*Gastgeschenk (Hochzeit)*
la borsa	*Tasche, Börse*
il bosco	*Wald*
la bottiglia	*Flasche*
il braccio (le braccia)	*Arm*
il mio braccio destro	*meine rechte Hand*
brindare	*anstoßen*
i broccoli (Pl)	*Brokkoli*
brutto / a	*schlecht*
buio / a	*dunkel*
buonanotte	*gute Nacht*
buonasera	*guten Abend*
buongiorno	*guten Morgen, guten Tag*
buono / a	*gut, fähig, herzensgut*

C

cadere	*hinfallen*
il caffè	*Kaffee, Espresso*
il caffè corretto	*Espresso mit Schuss*
il caffè doppio	*doppelter Espresso*
il caffè macchiato	*Espresso mit etwas Milch*
il calcio	*Fußball*
caldo / a	*warm*
il caldo	*Wärme*
fa caldo	*es ist warm*
ho caldo	*mir ist warm*
cambiare	*ändern*
la camera (doppia)	*(Doppel-) Zimmer*
la camera da letto	*Schlafzimmer*
la camera matrimoniale	*Doppelzimmer*
il cameriere	*Kellner*
il camerino	*Umkleidekabine*
la camicia	*Hemd*
camminare	*laufen*
la campagna	*Land*
il campeggio	*Campingplatz*
la cancelliera	*Kanzlerin*
la candelina	*kleine Kerze*
candidarsi	*sich bewerben*
il candidato	*Kandidat*
il cane	*Hund*
il / la cantante	*Sänger / in*
cantare	*singen*
il / la cantautore / trice	*Liedermacher / in*
la cantina	*Keller*
il canto	*Gesang*
la canzone	*Lied*
il caos	*Chaos*
i capelli (Pl)	*Haare*
capire	*verstehen*
la capitale	*Hauptstadt*
il capo	*Chef*
il cappello	*Hut*
il cappotto	*Mantel*
i carabinieri (Pl)	*ital. Polizeitruppe*
il carattere	*Charakter*
il carciofo	*Artischocke*
carino / a	*nett, hübsch*
la carne	*Fleisch*
il Carnevale	*Karneval*
caro / a	*liebenswert, teuer, lieb*
la carota	*Karotte*
la carriera	*Karriere*
la casa	*Haus*
la casa editrice	*Verlag*
il casale	*Bauernhaus*
la cascata	*Wasserfall*
la cassaforte	*Geldschrank*
castano / a	*braun*
il castello	*Schloss*
casual	*leger*
cattivo / a	*schlecht, böse*
il cavolo	*Kohl*
il cellulare	*Handy*
la cena	*Abendessen*
il centesimo	*Cent*
il centimetro	*Zentimeter*
centrale	*zentral, Haupt-*

il centro	*Zentrum, Stadtmitte*
il centro commerciale	*Einkaufszentrum*
cercare	*suchen, versuchen*
i cereali (Pl)	*Getreide*
il certificato	*Bescheinigung*
certo / a	*gewiss*
a un certo punto	*irgendwann, zu einem bestimmten Zeitpunkt*
che cosa?	*was?*
che?	*was?, welche / r / s?*
chi?	*wer?*
chiamare	*anrufen*
chiamarsi	*heißen*
chiaro / a	*hell*
la chiave	*Schlüssel*
chic	*schick*
chiedere	*fragen*
la chiesa	*Kirche*
il chilo	*Kilo*
la chitarra	*Gitarre*
chiudere	*schließen*
la chiusura	*Schließung*
ciao	*Hallo, Tschüss*
il cibo	*Speise*
il cielo	*Himmel*
la ciliegia	*Kirsche*
il cinema	*Kino*
il cinese	*Chinese, Chinesisch (Sprache)*
cinese	*chinesisch*
la cintura	*Gürtel*
il cioccolato	*Schokolade*
la cipolla	*Zwiebel*
la città (d'arte)	*(Kunst-) Stadt*
classico / a	*klassisch*
il / la cliente	*Kunde / Kundin*
il coinquilino	*Mitbewohner*
la colazione	*Frühstück*
fare colazione	*frühstücken*
la collana	*Reihe*
il / la collega	*Kollege / Kollegin*
il collo	*Hals*
colloquiale	*umgangssprachlich*
il colloquio di lavoro	*Vorstellungsgespräch*
il colore	*Farbe*
il coltello	*Messer*
combattere	*kämpfen*
la combinazione	*Verbindung*
come?	*wie?*
cominciare	*beginnen, anfangen*
il commesso	*Verkäufer*
il commissario	*Kommissar*
commosso / a	*berührt*
comodo / a	*bequem*
la competenza	*Kompetenz*
compiere gli anni	*Geburtstag haben*
i compiti (Pl)	*Hausaufgaben*
il compleanno	*Geburtstag*
il complimento	*Kompliment*
il / la compositore / trice	*Komponist / in*
comprare	*kaufen*
il comune	*Rathaus, Gemeindehaus*
comune	*gemeinsam*
concedere	*gewähren*
il concerto	*Konzert*
la conferma	*Bestätigung*
confermare	*bestätigen*
il confetto	*Pariser Mandel*
il congedo maternità	*Mutterschutz*
il congedo parentale	*Elternzeit*
congratulazioni!	*Ich gratuliere!*
la connessione	*Anschluss*
la conoscenza	*Bekanntschaft, Kenntnis*
fare conoscenza	*sich kennenlernen*
conoscere	*beherrschen, kennen, kennen lernen*
il consiglio	*Empfehlung*
il / la consulente	*Berater / in*
consumare	*verzehren*
contemporaneo / a	*zeitgenössisch*
continuare	*weitergehen, fortsetzen*
il conto	*Rechnung*
il contrario	*Gegenteil*
il contratto (a tempo determinato)	*(befristeter) Vertrag*
cordiale	*freundlich*
il coriandolo	*Konfetti*
il cornetto	*Croissant, Hörnchen*
il corpo	*Körper*
correre	*laufen, rennen*
il corridoio	*Flur*
il corso	*Kurs*
cortese	*freundlich*
il cortile	*Hof*
corto / a	*kurz*
cosa?	*was?*
così	*so*
costare	*kosten*
costoso / a	*teuer*
il costume da bagno	*Badeanzug*
il cotone	*Baumwolle*
la cravatta	*Krawatte*
creare	*schaffen*
creativo / a	*kreativ*
credere	*glauben*
la crema solare	*Sonnencreme*
la cronaca	*Tagesereignisse*
la crostata	*Mürbeteigkuchen mit Obst / Marmelade*
il cucchiaino	*Teelöffel*
il cucchiaio	*Löffel*
la cucina	*Küche*
cucinare	*kochen*
il cugino	*Cousin*
culinario / a	*kulinarisch*
la cultura	*Kultur*
il cuoco	*Koch*
la cura	*Behandlung*
avere cura	*pflegen*
curarsi	*sich pflegen*
curioso / a	*neugierig*
il curriculum	*Lebenslauf*
il cuscino	*Kissen*

D

il danese	*Däne, Dänisch (Sprache)*
danese	*dänisch*
la danza	*Ballett*
dappertutto	*überall*
dare	*geben*
dare del tu / lei	*duzen / siezen*
la data	*Datum*
il datore di lavoro	*Arbeitgeber*
davanti a	*vor*
davvero	*wirklich*
la decorazione	*Dekoration*

il/la dentista	*Zahnarzt/Zahnärztin*
depresso/a	*deprimiert*
la descrizione	*Beschreibung*
desiderare	*wünschen*
il desiderio	*Wunsch*
il dessert	*Nachspeise*
la destra	*Rechte*
a destra	*rechts*
il dialetto	*Dialekt*
il diario	*Tagebuch*
il diavolo	*Teufel*
la dieta	*Diät*
dietro	*hinter*
il difetto	*Fehler*
difficile	*schwer*
il digiuno	*Fasten*
dinamico/a	*dynamisch*
dipingere	*malen*
dire	*sagen*
d(i)ritto	*geradeaus*
disonesto/a	*unehrlich*
dispiacere	*leidtun*
la disponibilità	*Verfügbarkeit*
distare	*entfernt sein*
distinto/a	*hier: freundlich*
distrutto/a	*zerstört*
il divano	*Sofa*
diventare	*werden*
diverso/a	*verschieden*
divertente	*lustig*
il divertimento	*Vergnügen*
divertirsi	*sich vergnügen, Spaß haben*
la doccia	*Dusche*
fare la doccia	*duschen*
il dolce	*Kuchen, Süßigkeit*
dolce	*süß*
la domanda	*Frage*
domani	*morgen*
dopo	*dann, danach*
dopodomani	*übermorgen*
doppio/a	*doppelt*
dormire	*schlafen*
il/la dottore/essa	*Arzt/Ärztin*
dove...?	*wo/wohin...?*
di dove...?	*woher...?*
dovere	*müssen, sollen*
il duomo	*Dom*
durante	*während*

E

ecco	*da (ist)*
ecologico/a	*ökologisch*
l' ecologista (m/f)	*Umweltschützer*
l' economia	*Wirtschaft*
economico/a	*preiswert*
l' economista (m/f)	*Wirtschaftswissenschaftler/in*
editoriale	*Verlags-*
efficiente	*effizient*
egizio/a	*altägyptisch*
egoista	*selbstsüchtig*
elegante	*elegant*
eleggere	*wählen*
l' emozione (f)	*Erregung, Aufregung*
l' energia	*Energie*
energico/a	*kraftvoll*
l' enoteca	*Weinhandlung*
l' Epifania	*Dreikönigsfest*
l' esame (m)	*Prüfung*
l' escursione (f)	*Ausflug, (Berg-)Wanderung*
l' esercizio	*Übung*
l' esperienza (professionale)	*(Berufs-) Erfahrung*
esserci	*da sein*
essere	*sein*
l' estate (f)	*Sommer*
l' estero	*Ausland*
estero/a	*Außen-*
estroverso/a	*extrovertiert*
l' età (f)	*Alter*
eterno/a	*ewig*
l' etichetta	*Etikett*
l' etto	*100 Gramm*
l' euro	*Euro*
europeo/a	*europäisch*
l' evento	*Ereignis*
evitare	*vermeiden*

F

fa	*vor (zeitlich)*
facile	*einfach*
il fagiolino	*grüne Bohne*
la fame	*Hunger*
la famiglia	*Familie*
famoso/a	*berühmt*
la fantasia	*Phantasie*
fare	*machen, tun*
la farmacia	*Apotheke*
il farmaco	*Medikament*
fascista	*faschistisch*
il favore	*Gefallen*
per favore	*bitte*
la febbre	*Fieber*
felice	*froh*
le felicitazioni (Pl)	*Glückwünsche*
fermarsi	*anhalten*
la fermata	*Haltestelle*
il Ferragosto	*Mariä Himmelfahrt*
la festa	*Fest, Feiertag, Party*
il festeggiamento	*Feier*
festeggiare	*feiern*
la festività	*Feiertag*
la fetta	*Scheibe*
il/la figlio/a	*Sohn, Tochter*
il file	*Datei*
finalmente	*endlich*
la finanza	*Finanz*
la fine	*Ende*
il fine settimana	*Wochenende*
la finestra	*Fenster*
finire	*beenden*
fino a	*bis zu*
il fioraio	*Blumenhändler*
il fiore	*Blume*
a fiori	*geblümt*
il fiume	*Fluss*
flessibile	*flexibel*
fondamentale	*wesentlich*
la forchetta	*Gabel*
il formaggio	*Käse*
formale	*formell*
la formazione	*Ausbildung*
il forno	*Backofen*

forse	*vielleicht*
la fortuna	*Glück*
fortunato / a	*glücklich*
la forza	*Kraft*
il punto di forza	*Stärke*
la foto (le foto)	*Foto*
la fotocopia	*Fotokopie*
fotografare	*fotografieren*
il fotografo	*Fotograf*
la fragola	*Erdbeere*
il francese	*Franzose, Französisch (Sprache)*
francese	*französisch*
la Francia	*Frankreich*
fratelli e sorelle	*Geschwister*
il fratello	*Bruder*
freddo / a	*kalt*
il freddo	*Kälte*
fa freddo	*es ist kalt*
ho freddo	*mir ist kalt*
il / la freelance	*Freiberufler*
il frigorifero	*Kühlschrank*
fritto / a	*gebraten*
frizzante	*prickelnd*
la frutta	*Obst*
il fruttivendolo	*Gemüsehändler*
fumare	*rauchen*
il fumetto	*Comic*
il fungo (porcino)	*(Stein-) Pilz*
funzionare	*funktionieren*
il fuoco d'artificio	*Feuerwerk*
fuori	*draußen*
fuor d'acqua	*auf dem Trockenen*
il futuro	*Zukunft*

G

la galleria	*Galerie*
la gamba	*Bein*
il garage	*Garage*
la garanzia	*Garantie*
il gatto	*Katze*
la gelateria	*Eisdiele, Eiscafé*
il gemello	*Zwilling*
i genitori (Pl)	*Eltern*
gentile	*nett, sehr geehrter*
la Germania	*Deutschland*
ghiacciato / a	*gefroren*
già	*schon*
la giacca	*Jacke*
la giacca a vento	*Anorak*
giallo / a	*gelb*
il libro giallo	*Krimi*
il giallo	*Rätsel*
il giapponese	*Japaner, Japanisch (Sprache)*
giapponese	*japanisch*
il giardinaggio	*Gartenarbeit*
il giardino	*Garten*
la ginnastica	*Gymnastik*
fare ginnastica	*turnen*
il ginocchio (le ginocchia)	*Knie*
giocare	*spielen*
il gioco	*Spiel*
la gioia	*Freude*
il giornale	*Zeitung*
il / la giornalista	*Journalist / in*
la giornata (tipo)	*(typischer) Tag*
il giorno	*Tag*
il giovane	*junger Mann*
girare	*abbiegen, herumfahren*
il giro	*Rundfahrt*
andare in giro	*herumfahren*
il giro del mondo	*Weltreise*
gli gnocchi (Pl)	*ital. Kartoffelklößchen*
le gocce (Pl)	*Tropfen*
la gola	*Hals*
il golfo	*Bucht*
il gomito	*Ellenbogen*
la gonna	*Rock*
la grafica	*Computergrafik*
il grafico	*Grafiker*
la grammatica	*Grammatik*
il grammo	*Gramm*
grande	*groß, bedeutend*
il grasso	*Fett*
grasso / a	*dick*
gratuito / a	*kostenlos*
la gravidanza	*Schwangerschaft*
grazie	*danke*
la Grecia	*Griechenland*
il greco	*Grieche, Griechisch (Sprache)*
greco / a	*griechisch*
grigio / a	*grau*
grigliato / a	*gegrillt*
grosso / a	*groß*
la grotta	*Grotte*
il gruppo	*Gruppe*
il guanto	*Handschuh*
guardare	*sehen*
guardare la TV	*fernsehen*
guardarsi attorno	*sich umblicken*
il gusto	*Geschmack*

I

l' idea (f)	*Idee*
identificare	*identifizieren*
ieri	*gestern*
l'altro ieri **(m)**	*vorgestern*
immaturo / a	*unreif*
immediato / a	*sofortig*
l' impegno	*Verpflichtung*
avere un impegno	*verabredet sein*
importante	*wichtig*
l' imprenditore / trice	*Unternehmer / in*
l' impresa	*Unternehmen*
improvvisamente	*plötzlich*
incontrare	*treffen*
incredibile	*unglaublich*
l' incrocio	*Kreuzung*
indimenticabile	*unvergesslich*
l' indirizzo	*Adresse*
l' infanzia	*Kindheit*
infatti	*tatsächlich*
infine	*schließlich*
informale	*informell*
l' informatico	*Informatiker*
informatico / a	*IT-, Informatik-*
l' informazione (f)	*Information*
le infradito (Pl)	*Flip-Flops*
l' ingegnere (m)	*Ingenieur*
l' Inghilterra	*England*
l' inglese	*Engländer, Englisch (Sprache)*

inglese	*englisch*
l' ingresso	*Vorzimmer*
l' inizio	*Anfang*
l' inno	*Hymne*
inoltre	*außerdem*
l' insalata	*Salat*
l' insegnante (m / f)	*Lehrer / in*
insieme	*zusammen*
interamente	*ganz*
l' interazione (f)	*Wechselwirkung*
interessante	*interessant*
l' interesse (m)	*Interesse*
interno / a	*Innen-*
l' interprete (m / f)	*Dolmetscher / in*
l' interrogatorio	*Verhör*
introverso / a	*introvertiert*
l' intuito	*Scharfsinn*
inutile	*nutzlos*
invece	*dagegen*
invernale	*winterlich*
l' inverno	*Winter*
investire	*investieren*
inviare	*schicken*
invitante	*einladend*
invitare	*einladen*
l' invito	*Einladung*
l' ironia	*Ironie*
iscriversi	*sich anmelden*
l' istruzione (f)	*Bildung*
l' italiano	*Italiener, Italienisch (Sprache)*
italiano / a	*italienisch*

K

il killer	*Mörder*

L

là	*dort*
il lago	*See*
la lampada	*Lampe*
il lampione	*(Straßen-) Laterne*
la lana	*Wolle*
largo / a	*breit*
lasciare	*verlassen*
il latte	*Milch*
i latticini (Pl)	*Milchprodukte*
la lattina	*Dose*
la laurea	*Hochschulabschluss*
laurearsi	*den Hochschulabschluss erwerben*
il laureato	*Hochschulabsolvent*
il lavandino	*Waschbecken*
lavare	*waschen*
lavarsi	*sich waschen*
lavorare	*arbeiten*
il / la lavoratore / trice	*Arbeiter / in*
i lavori domestici (Pl)	*Hausarbeit*
il lavoro	*Arbeit, Werk*
il / la leader	*Führer / in*
leggere	*lesen*
leggermente	*leicht*
leggero / a	*leicht*
il legno	*Holz*
lentamente	*langsam*
la lenticchia	*Linse*
lento / a	*langsam*
le lenzuola (Pl)	*Bettwäsche*
il lessico	*Wortschatz*
la lettera	*Brief*
la lettera di motivazione	*Bewerbungsanschreiben*
la letteratura	*Literatur*
le lettere (Pl)	*Literaturwissenschaft*
il lettino	*Kinderbett*
il letto	*Bett*
la lettura	*Lektüre*
la lezione	*Unterrichtsstunde, Lektion*
lì	*dort*
la liberazione	*Befreiung*
libero / a	*frei*
il / la libero / a professionista	*Freiberufler*
la libreria	*Bücherschrank, Buchhandlung*
il libro	*Buch*
il libro giallo	*Krimi*
licenziare	*entlassen*
limitato / a	*beschränkt*
la lingua	*Sprache, Zunge*
la lingua straniera	*Fremdsprache*
linguistico / a	*Sprach-*
il lino	*Leinen*
liscio / a	*glatt*
la lista d'attesa	*Warteliste*
il litro	*Liter*
il livello	*Niveau*
locale	*örtlich*
lontano / a	*fern, weit*
il lotto	*Lottospiel*
la luce	*hier: Strom*
luminoso / a	*hell*
lungo / a	*lang*
il luogo	*Ort*

M

ma	*aber, sondern*
la macchina	*Auto*
la macchina fotografica	*Kamera*
il macellaio	*Metzger*
la macelleria	*Metzgerei*
la madre	*Mutter*
madrelingua	*Muttersprachler-*
la maglia	*Pullover*
la maglietta	*T-Shirt*
magro / a	*schlank*
mai	*nie(mals)*
il maiale	*Schwein*
male (Adv)	*schlecht*
il male	*Schmerzen*
il maltempo	*schlechtes Wetter*
la mamma	*Mutter, Mama*
mancare	*fehlen*
mandare	*schicken*
mangiare	*essen*
la mano	*Hand*
dare una mano	*helfen*
il mare	*Meer*
il marito	*Ehemann*
il marmo	*Marmor*
la marmotta	*Murmeltier*

marrone	*braun*
mascherarsi	*sich verkleiden*
la maternità	*Mutterschaft*
la matita	*Bleistift*
matrimoniale	*Ehe-*
la camera matrimoniale	*Doppelzimmer*
il matrimonio	*Hochzeit*
la mattina	*Vormittag*
la maturità	*Erwachsenenalter*
maturo / a	*reif*
il mazzo	*Strauß*
il meccanico	*Mechaniker*
i media (Pl)	*Medien*
la medicina	*Medikament, Medizin*
il medico	*Arzt*
medio / a	*mittlere / r / s*
meglio (Adv)	*besser*
la mela	*Apfel*
la melanzana	*Aubergine*
la memoria	*Gedächtnis*
a memoria	*auswendig*
meno	*weniger*
il mensile	*Monatsheft*
mentre	*während*
il menù	*Speisekarte*
il mercato	*Markt*
la merenda	*Nachmittagsimbiss*
il mese	*Monat*
il messaggio	*SMS, Nachricht*
la metafora	*Metapher*
il metano	*Methangas*
il meteorologo	*Meteorologe*
la metropolitana	*U-Bahn*
mettere	*stellen, legen, setzen, anziehen*
mettersi	*etw. anziehen*
la mezzanotte	*Mitternacht*
il mezzo di trasporto	*Verkehrsmittel*
mezzo / a	*halb*
il mezzogiorno	*Mittag*
il miele	*Honig*
migliorare	*verbessern*
il minestrone	*Suppe*
il ministro	*Minister*
il minuto	*Minute*
misterioso / a	*geheimnisvoll*
il mistero	*Geheimnis*
misto / a	*gemischt*
il mobile	*Möbel*
il modello	*Modell*
la moderazione	*Maßhalten*
moderno / a	*modern*
la moglie	*Ehefrau*
molto (Adv)	*sehr*
molto / a	*viel*
il momento	*Augenblick*
il mondo	*Welt*
il monolocale	*Einzimmerwohnung*
la montagna	*Berg, Gebirge*
il monte	*Berg*
il monumento	*Monument, Denkmal*
la mostra	*Ausstellung*
il motivo	*Grund*
la moto (le moto)	*Motorrad*
il motore di ricerca	*Suchmaschine*
il movimento	*Bewegung*
il museo	*Museum*
la musica	*Musik*
il / la musicista	*Musiker / in*

N

la narrativa	*Belletristik*
nascere	*zur Welt kommen*
la nascita	*Geburt*
il naso	*Nase*
il Natale	*Weihnachten*
natalizio / a	*Weihnachts-*
la natura	*Natur*
naturale	*still, natürlich*
navigare	*surfen*
nazista	*nazistisch*
neanche	*auch nicht*
la nebbia	*Nebel*
il negozio	*Laden, Geschäft*
il neolaureato	*frisch diplomierter Hochschulabsolvent*
il neonato	*Neugeborene*
nero / a	*schwarz*
nervoso / a	*nervös*
nessuno	*niemand*
la neve	*Schnee*
nevicare	*schneien*
niente	*nichts*
per niente	*gar nicht*
il / la nipote	*Neffe, Nichte, Enkelkind*
la noia	*Langeweile*
noioso / a	*langweilig*
noleggiare	*mieten, vermieten*
la nonna	*Großmutter, Oma*
il nonno	*Großvater, Opa*
la notizia	*Nachricht*
la notte	*Nacht*
a notte	*pro Nacht*
il numero	*Nummer, Anzahl, Größe (Schuhe)*
nuotare	*schwimmen*
la nuotata	*Schwimmen*
il nuoto	*Schwimmsport*
fare nuoto	*schwimmen*
nuovo / a	*neu*
nuvoloso / a	*bewölkt*

O

l' oca	*Gans*
gli occhiali (da sole) (Pl)	*(Sonnen-) Brille*
l' occhio	*Auge*
l' occupazione (f)	*Arbeitsplätze, Besetzung*
l' odore (m)	*Geruch*
offrire	*anbieten*
l' oggetto	*Gegenstand*
oggi	*heute*
ogni	*jede/r/s*
Ognissanti	*Allerheiligen*
l' olandese	*Holländer, Holländisch (Sprache)*
olandese	*holländisch*
l' olio d'oliva	*Olivenöl*
l' oliva	*Olive*
l' ombrello	*Regenschirm*
l' omeopatia	*Homöopathie*
omeopatico / a	*homöopathisch*
onesto / a	*ehrlich*
l' opera lirica	*Oper*
l' opinione (f)	*Meinung*
oppure	*oder*
l' ora	*Stunde*

a che ora?	*Um wie viel Uhr ...?*
che ora è? / che ore sono?	*Wie spät ist es?*
ora	*jetzt, nun*
per ora	*im Moment*
l' orario	*(Arbeits-) Zeit*
ordinare	*bestellen*
l' ordinazione (f)	*Bestellung*
l' orecchio (le orecchie)	*Ohr*
organizzare	*organisieren*
orientale	*Ost-*
l' orizzonte (m)	*Horizont*
l' ospedale (m)	*Krankenhaus*
l' ottimista (m / f)	*Optimist*
ovviamente	*selbstverständlich*

P

il pacco	*Packung*
il padre	*Vater*
il paesaggio	*Landschaft*
pagare	*bezahlen*
il paio	*Paar*
un paio di	*ein paar, einige*
il palazzo	*Palast*
il palco	*Bühne*
il palloncino	*Luftballon*
il pane	*Brot*
la panetteria	*Bäckerei*
il panettiere	*Bäcker*
il Panettone	*Hefenapfkuchen aus Mailand*
il panino	*(belegtes) Brötchen*
i pantaloni (Pl)	*Hose*
la pantofola	*Hausschuh*
il Papa	*Papst*
il papà	*Vater, Papa*
il paradiso	*Paradies*
i paraggi (Pl)	*Gegend*
parallelo / a	*parallel*
il parco	*Park*
i parenti (Pl)	*Verwandten*
il parlamento	*Parlament*
parlare	*sprechen*
il parmigiano	*Parmesankäse*
la parola	*Wort*
il part-time	*Teilzeitarbeit*
la parte	*Teil*
fare parte	*gehören*
partecipare	*teilnehmen*
la partenza	*Abreise, Abfahrt*
particolare	*besondere / r / s*
in particolare	*im Besonderen*
particolarmente	*besonders*
partire	*abreisen*
la Pasqua	*Ostern*
la Pasquetta	*Ostermontag*
passare	*vergehen, vorbeikommen*
passare a prendere	*abholen kommen*
il passato	*Vergangenheit*
passeggiare	*spazieren gehen*
la passeggiata	*Spaziergang*
la passione	*Leidenschaft*
la pasta	*Nudel*
la pasticceria	*Konditorei*
la pastiglia	*Tablette*
il pasto	*Mahlzeit*
la patata	*Kartoffel*
le patatine (Pl)	*Kartoffelchips*
la paura	*Angst*
la pausa (pranzo)	*(Mittags-) Pause*
il pavimento	*Fußboden*
la pazienza	*Geduld*
la pecorella	*Schäfchen*
peggio (Adv)	*schlimmer*
il peggioramento	*Verschlimmerung*
peggiorare	*sich verschlimmern*
il peluche	*Plüschtier*
pensare	*denken*
il pensierino	*kleine Aufmerksamkeit*
la pensione	*Rente, Pension*
andare / essere in pensione	*in Rente sein / gehen*
il peperone	*Paprika*
la pera	*Birne*
perché?	*warum?*
perdere	*hier: undicht sein*
perfetto / a	*perfekt*
pericoloso / a	*gefährlich*
la periferia	*Stadtrand*
il periodico	*Zeitschrift*
il periodo	*Zeitabschnitt*
però	*aber*
la persona	*Person*
personale	*persönlich*
pesante	*hier: dick (Kleidung)*
la pesca	*Pfirsich*
il pesce	*Fisch*
la pescheria	*Fischhändler*
il / la pessimista	*Pessimist*
piacere	*gefallen*
piacere!	*Angenehm!*
piacevole	*angenehm*
piangere	*weinen*
pianificare	*planen*
il piano	*Klavier, Stockwerk*
il piano terra	*Erdgeschoss*
il pianoforte	*Klavier*
la pianta	*Pflanze*
piantare	*pflanzen*
il piatto	*Teller, Speise*
la piazza	*Platz*
piccolo / a	*klein*
il piede	*Fuß*
a piedi	*zu Fuß*
pieno / a	*voll*
a tempo pieno	*Vollzeit-*
la pietra	*Stein*
piovere	*regnen*
la piscina	*Schwimmbad*
il / la pittore / trice	*Maler / in*
la pittura	*Malerei*
più	*mehr*
la piuma	*Feder*
la pizzeria	*Pizzeria*
la plastica	*Plastik*
po': un po' (di)	*ein bisschen, ein wenig*
poco (Adv)	*wenig*
poco fa	*vor kurzem*
poco / a	*wenig*
la poesia	*Gedicht*
poi	*dann*
il pois	*Tupfen*
a pois	*getüpfelt*
la politica	*Politik*
il poliziotto	*Polizist*

il pollo	*Hähnchen*
la poltrona	*Sessel*
la pomata	*Salbe*
il pomeriggio	*Nachmittag*
il pomodoro	*Tomate*
il ponte	*Brücke*
la porta	*Tür*
il portafoglio	*Brieftasche*
portare	*tragen, führen*
portare via	*wegbringen*
il Portogallo	*Portugal*
il portoghese	*Portugiese, Portugiesisch (Sprache)*
portoghese	*portugiesisch*
le posate (Pl)	*Besteck*
il possesso	*Besitz*
possibile	*möglich*
la possibilità	*Möglichkeit*
possibilmente	*möglicherweise*
la posta	*Post*
il posto	*Stelle*
sul posto	*an Ort und Stelle*
potere	*können, dürfen*
pranzare	*zu Mittag essen*
il pranzo	*Mittagessen*
praticare	*ausüben*
la precarietà	*Vorläufigkeit, Unsicherheit*
precario / a	*mit Zeitvertrag (Angestellter)*
precedente	*vorherige / r / s*
preciso / a	*bestimmt, genau*
predire	*vorhersagen*
preferire	*bevorzugen*
preferito / a	*Lieblings-, bevorzugt*
il pregio	*Wert*
prego	*bitte*
prendere	*nehmen*
passare a prendere	*abholen kommen*
prenotare	*reservieren*
la prenotazione	*Reservierung*
preparare	*vorbereiten*
prepararsi	*sich vorbereiten*
presentare	*vorstellen*
la presentazione	*Vorstellung*
il presente	*Gegenwart*
il presidente	*Präsident*
presso	*bei*
presto	*früh*
a presto	*bis bald*
prevedere	*vorhersagen*
la prevenzione	*Vorbeugung*
le previsioni del tempo (Pl)	*Wettervorhersage*
prima	*zuerst*
la primavera	*Frühling*
privato / a	*privat*
il problema	*Problem*
il prodotto	*Produkt*
professionale	*Berufs-*
il / la professionista	*Profi*
il / la libero / a professionista	*Freiberufler / in*
il / la professore / essa	*Professor / in*
il profilo	*Profil*
il progetto	*Projekt*
il programma	*Programm*
la promessa	*Versprechung*
promesso!	*versprochen!*
promuovere	*fördern*
pronto / a	*fertig, hallo (am Telefon)*
proporre	*vorschlagen*
proporsi	*sich anbieten*
la proposta	*Vorschlag*
proprio (Adv)	*wirklich*
proprio / a	*eigen*
prosciutto	*Schinken*
prossimo / a	*kommend, nächste / r / s*
il / la protagonista	*Protagonist / in, Hauptdarsteller / in*
provare	*anprobieren*
il proverbio	*Sprichwort*
la provincia	*Provinz*
lo psicologo	*Psychologe*
la pubblicità	*Werbung*
il pubblico	*Publikum*
pubblico / a	*öffentlich*
pulire	*putzen*
pulito / a	*sauber*
il punto	*Punkt*
punto di forza	*Stärke*
punto di riferimento	*Bezugspunkt*
a un certo punto	*irgendwann, zu einem bestimmten Zeitpunkt*
puntuale	*pünktlich*
purtroppo	*leider*

Q

il quadro	*Viereck*
a quadri	*kariert*
qualche (Sg)	*einige, ein paar*
qualcosa	*etwas*
quale?	*welche / r / s?*
quando	*wenn, als*
quanto / a...?	*wie viel ...?*
il quartiere	*Viertel*
quasi	*fast*
la questione	*Frage, Sache*
qui	*hier*
il quotidiano	*Tageszeitung*
quotidiano / a	*Tages-, alltäglich*

R

la raccolta differenziata	*Abfalltrennung*
il racconto	*Bericht*
la radio	*Rundfunk, Radio*
il raffreddore	*Erkältung*
il ragazzo	*Junge, junger Mann, (fester) Freund*
raggiungere	*einholen*
la ragione	*Recht*
il rapporto di lavoro	*Arbeitsverhältnis*
raramente	*selten*
raro / a	*selten*
recente	*neu*
di recente	*kürzlich, neulich*
reclamare	*sich beschweren*
il / la redattore / trice	*Redakteur / in*
il regalo	*Geschenk*
reggere	*halten*
la reggia	*Königspalast*
il regime	*Regime*
la regione	*Region*
la regolarità	*Regelmäßigkeit*
regolarmente	*jedes Mal, regelmäßig*
la relazione	*Beziehung*

la repubblica	*Republik*
respirare	*atmen*
restare	*bleiben*
riattaccare	*auflegen*
il ribasso	*Senkung*
riccio / a	*lockig*
la ricerca	*Forschung*
ricercare	*suchen*
ricevere	*bekommen*
richiedere	*verlangen*
ricordarsi di	*sich an jdn / etw erinnern*
ridurre	*verringern*
il riferimento	*Bezug*
il punto di riferimento	*Bezugspunkt*
riflessivo / a	*nachdenklich*
la riforma	*Reform*
la riga	*Streifen*
a righe	*gestreift*
rilassarsi	*sich entspannen*
ringraziare	*danken, sich bedanken*
ripieno / a	*gefüllt*
riposarsi	*sich erholen*
il riposo	*Ruhe*
il riscaldamento	*Heizung*
il risotto	*ital. Reisgericht*
rispondere	*antworten*
la risposta	*Antwort*
il ristorante	*Restaurant*
il risultato	*Ergebnis*
il ritardo	*Verspätung*
in ritardo	*verspätet*
ritornare	*zurückkehren*
il ritratto	*Bild, Porträt*
rivedere	*wiedersehen*
la rivista	*Zeitschrift*
il romano	*Römer*
il romanzo	*Roman*
la rosa	*Rose*
rosa	*rosa*
rosso / a	*rot*
la rotonda	*Kreisverkehr*
rotto / a	*kaputt*
il rumore	*Lärm, Geräusch*
rumoroso / a	*laut*
la Russia	*Russland*
il russo	*Russe, Russisch (Sprache)*
russo / a	*russisch*

S

il salame	*Salami*
il sale	*Salz*
salire	*steigen*
il salotto	*Wohnzimmer*
saltare	*hier: ausfallen lassen*
la salute	*Gesundheit*
il saluto	*Gruß*
salve	*hallo*
il sandalo	*Sandale*
sano / a	*gesund*
Santo Stefano	*Stephanstag*
sapere	*wissen, können, erfahren*
sbagliare	*sich irren*
sbrigarsi	*sich beeilen*
lo scaffale	*Regal*
la scala	*Treppe*
scappare	*weglaufen*
scaricare	*herunterladen*
la scarpa (da ginnastica)	*(Turn-) Schuh*
la scatola	*Schachtel*
scegliere	*(aus)wählen*
la scelta	*Wahl*
la schiena	*Rücken*
la schiuma	*Schaum*
la sciarpa	*Schal*
lo sciroppo	*Saft (Medikament)*
scomodo / a	*unbequem*
scoprire	*entdecken*
scorrere	*überfliegen*
scorso / a	*letzte / r / s*
scortese	*unfreundlich*
lo / la scrittore / trice	*Schriftsteller / in*
la scrivania	*Schreibtisch*
scrivere	*schreiben*
la scuola	*Schule*
scuro / a	*dunkel*
scusarsi	*sich entschuldigen*
se	*wenn*
secondo...	*jdm Meinung nach*
sedersi	*sich setzen*
la sedia	*Stuhl*
il segnale stradale	*Straßenschild*
il segno particolare	*Merkmal*
il segretario	*Sekretär*
la segreteria	*Sekretariat*
il semaforo	*Ampel*
sembrare	*scheinen, aussehen*
semplicemente	*einfach*
sempre	*immer*
la senape	*Senf*
il sentiero	*Pfadweg*
il sentimento	*Gefühl*
sentire	*hören*
sentirsi	*sich fühlen*
senza	*ohne*
la sera	*Abend*
sereno / a	*heiter*
la serie	*Serie*
servire	*brauchen*
il servizio	*Dienst*
i doppi servizi (Pl)	*zwei Badezimmer*
la seta	*Seide*
la sete	*Durst*
la settimana	*Woche*
il settimanale	*Wochenzeitung*
il settore	*Bereich*
severo / a	*streng*
sfortunato / a	*unglücklich*
lo shopping	*Einkaufen*
fare shopping	*shoppen*
il siciliano	*sizilianischer Dialekt*
sicuro / a	*sicher*
la sigaretta	*Zigarette*
il / la signore / a	*Herr / Frau*
silenzioso / a	*ruhig*
simpatico / a	*sympathisch*
la sinfonia	*Sinfonie*
la sinistra	*Linke*
a sinistra	*links*
il sito	*Internetseite*
il sito archeologico	*Ausgrabungsstätte*
la situazione	*Zustand*
smettere	*aufhören*
il soffitto	*Zimmerdecke*
soggiornare	*sich aufhalten*
il sogno	*Traum*
i soldi (Pl)	*Geld*

il sole	*Sonne*
solito / a	*üblich*
di solito	*gewöhnlich*
solo (Adv)	*nur*
solo / a	*einzig, einsam*
da solo / a	*allein*
la soluzione	*Lösung*
il sondaggio	*Umfrage*
il sonno	*Schlaf*
avere sonno	*müde sein*
sopra	*über*
soprattutto	*vor allem*
la sorella	*Schwester*
la sorpresa	*Überraschung*
la sostituzione	*Ersatz*
sotto	*unter*
spaccare	*spalten*
lo spagnolo	*Spanier, Spanisch (Sprache)*
spagnolo / a	*spanisch*
lo spartito	*Partitur*
lo specchio	*Spiegel*
speciale	*besondere / r / s*
spedire	*schicken*
spegnere	*ausschalten*
la spesa	*Einkauf*
fare la spesa	*einkaufen*
spesso	*oft*
lo spettacolo	*Schauspiel, Vorstellung*
la spiaggia	*Strand*
gli spinaci (Pl)	*Spinat*
sporco / a	*schmutzig*
lo sport	*Sport*
fare sport	*Sport treiben*
sportivo / a	*sportlich*
sposarsi	*heiraten*
gli sposi (Pl)	*Brautleute*
la spremuta	*frisch gepresster Saft*
lo spumante	*Sekt*
la squadra di calcio	*Fußballmannschaft*
squisito / a	*köstlich*
lo stage	*Praktikum*
la stagione	*Jahreszeit*
stamattina	*heute Morgen*
la stampa	*Presse*
stanco / a	*müde*
la stanza	*Zimmer*
stare	*bleiben, sich befinden, gehen*
stasera	*heute Abend*
gli Stati Uniti (Pl)	*Vereinigte Staaten*
lo stato	*Staat*
la stazione	*Bahnhof*
la stella	*Sterne*
stesso / a	*derselbe*
lo stesso	*trotzdem*
lo stipendio	*Lohn*
lo stivale	*Stiefel*
lo stomaco	*Magen*
la storia (dell'arte)	*(Kunst-) Geschichte*
storico / a	*historisch*
lo stracchino	*ital. Weichkäse*
la strada	*Straße*
stradale	*Straßen-*
stranamente	*komischerweise*
straniero / a	*fremd*
strano / a	*komisch, merkwürdig*
gli straordinari (Pl)	*Überstunden*
la strategia	*Strategie*
lo stress	*Stress*
stressato / a	*gestresst*
stretto / a	*schmal, eng*
lo strumento	*Instrument*
lo / la studente / essa	*Student / in*
studiare	*studieren, lernen*
lo studio	*Arbeitszimmer*
subito	*sofort*
succedere	*geschehen, passieren*
il successo	*Erfolg*
i suoceri (Pl)	*Schwiegereltern*
suonare	*spielen*
il supermercato	*Supermarkt*
supporre	*vermuten*
lo svedese	*Schwede, Schwedisch (Sprache)*
svedese	*schwedisch*
svegliarsi	*aufwachen*
lo svizzero	*Schweizer*
svizzero / a	*schweizerisch*

T

il tacco	*Schuhabsatz*
la taglia	*Größe*
tagliare	*schneiden*
tanto (Adv)	*sehr*
tanto / a	*viel*
la tappa	*Etappe*
il tappeto	*Teppich*
tardi	*spät*
la tassa	*Steuer*
il / la tassista	*Taxifahrer / in*
il tavolo	*Tisch*
la tazzina	*Espressotasse*
il tè	*Tee*
il teatro	*Theater*
il tedesco	*Deutsche, Deutsch (Sprache)*
tedesco / a	*deutsch*
telefonare	*telefonieren*
la telefonata	*Telefongespräch*
telefonico / a	*Telefon-*
il telefono	*Telefon*
il telegiornale	*Tagesschau*
il telelavoro	*Telearbeit*
la televisione	*Fernsehen*
il televisore	*Fernseher*
la temperatura	*Temperatur*
il tempio	*Tempel*
il tempo	*Wetter, Zeit*
a quei tempi	*damals*
a tempo pieno	*Vollzeit-*
il temporale	*Gewitter*
la tenda	*Zelt*
il terrazzo	*Terrasse*
la testa	*Kopf*
timido / a	*schüchtern*
la tinta	*Farbe*
a tinta unita	*einfarbig*
il tiramisù	*ital. Dessert*
tirare	*werfen*
il tirocinio	*Praktikum*
il toast	*Sandwich mit Toastbrot*
tornare	*zurückkommen*
la torta	*Torte, Kuchen*
la tosse	*Husten*
avere la tosse	*husten*
il tovagliolo	*Serviette*

tradizionale	*traditionell*
la tradizione	*Tradition*
il / la traduttore / trice	*Übersetzer / in*
la traduzione	*Übersetzung*
il tram	*Straßenbahn*
tranquillo / a	*ruhig, friedlich*
trasferirsi	*übersiedeln, umziehen*
traslocare	*umziehen*
il trasloco	*Umzug*
i trasporti (Pl)	*Verkehrswesen*
il treno	*Zug*
il trilocale	*Dreizimmerwohnung*
triste	*traurig*
troppo (Adv)	*zu*
troppo / a	*zu viel*
trovare	*finden*
venire a trovare	*besuchen kommen*
trovarsi bene	*gut auskommen*
truccarsi	*sich schminken*
il / la turista	*Tourist / in*
tutti (Pl)	*alle*
tutto (Sg)	*alles*
tutto / a	*jede / r / s, ganz*

U

ufficiale	*offiziell*
l' ufficio	*Büro*
uguale	*gleich*
ultimamente	*in letzter Zeit*
ultimo / a	*letzte / r*
l' università	*Universität*
l' uomo (gli uomini)	*Mann*
l' uovo (le uova)	*Ei*
urgente	*dringend*
usare	*verwenden*
uscire	*ausgehen*

V

la vacanza	*Urlaub, Ferien*
la valigia	*Koffer*
la valle	*Tal*
variare	*variieren*
vario / a	*abwechslungsreich*
la vasca	*Badewanne*
il vaso	*Topf*
la vecchiaia	*Alter*
vedere	*sehen*
fare vedere	*zeigen*
vedersi	*sich sehen*
vegano / a	*vegan*
il vegetariano	*Vegetarier*
veloce	*schnell*
velocemente	*schnell*
vendere	*verkaufen*
venire	*kommen*
venire a trovare	*besuchen kommen*
il ventilatore	*Ventilator*
il vento	*Wind*
verde	*grün*
la verdura	*Gemüse*
vero?	*nicht wahr?*
vero / a	*wahr, echt*
il verso	*Ruf, Schrei (Tier)*
vestirsi	*sich anziehen*
il vestito	*Kleid*
la vetrina	*Schaufenster*
il vetro	*Glas*
la via	*Straße*
via (Adv)	*weg*
viaggiare	*reisen*
il viaggio	*Reise*
il vicino	*Nachbar*
vicino / a	*nah*
vicino a	*in der Nähe von*
il video	*Video*
la villa	*Villa*
il villaggio turistico	*Feriendorf*
vincere	*gewinnen*
il vino	*Wein*
viola	*violett*
il violino	*Geige*
la visita	*Besuch*
visitare	*besuchen, besichtigen*
la vita	*Leben*
la vita quotidiana	*Alltag*
vivace	*lebendig*
vivere	*leben*
la voce	*Stimme*
la voglia	*Lust*
avere voglia	*Lust haben*
volare	*fliegen*
volentieri	*gerne*
volerci	*brauchen*
volere	*wollen*
la volta	*Mal*
a volte	*manchmal*
qualche volta	*manchmal*
un'altra volta	*ein anderes Mal*
votare	*wählen*
il voto	*Wahl*
il vulcano	*Vulkan*
vuoto / a	*leer*

W

il weekend	*Wochenende*

Y

lo yogurt	*Joghurt*

Z

lo zaino	*Rucksack*
lo / la zio / a	*Onkel / Tante*
la zona	*Bezirk*
lo zoo	*Zoo*
lo zucchero	*Zucker*
la zucchina	*Zucchino*

Fotolia, New York:
10.1, **14.2**, **111.1** grafikplusfoto; **10.2** emde71; **10.5** Markus Mainka; **10.7**, **87.8** stokkete; **10.9** lily; **11.7** Marco2811; **13.3**, **50.3**, **55.1** Antonio Gravante; **13.4** Omar Capelli; **14.1** paffy; **14.3**, **43.4**, **166.3** Oksana Kuzmina; **14.4**, **54.7** Ivonne Wierink; **14.5** Viorel Sima; **16.2**, **175.4** Rawpixel; **21.4** vladvm50; **21.5** Osterland; **22.1**, **162.3** Voyagerix; **22.5** VíctorSaboya; **22.6** MarcoBagnoli Elflaco; **22.7** Ivan Nakonechnyy; **24.1** MasterLu; **24.2** iagodina; **24.3**, **51**, **54.3**, **111.2** olly; **24.4** Zharastudio; **25.1** SM Web; **25.2** B.Melo; **26.3** Vitalink; **26.4** stockphoto-graf; **26.5** Marcin Sadlowski; **26.6** m_dinler; **28** ArtFamily; **32.2**, **41.3** vladimirfloyd; **32.8** Julián Rovagnati; **32.9** ppi09; **32.10** Nomad_Soul; **33.1** nicoletaionescu; **33.2**, **98.1**, **121.2** Robert Kneschke; **34.1** NATHALIE LANDOT; **34.2**, **48.4** Danilo Rizzuti; **35.3**, **35.4**, **35.5**, **35.7** max dallocco; **40.1** kornienko; **40.2** Gresei; **41.2** pegbes; **43.3**, **58** Sergey Nivens; **43.5** MarcoMonticone; **43.7** Almgren; **43.8** athomass; **45.1**, **45.2**, **45.3**, **133.2**, **133.4** kritchanut; **46.1**, **46.2**, **46.3**, **46.4** Jane Kelly; **47.1** Luis Louro; **47.6** Natalia Chircova; **47.10** Spectral-Design; **47.11** Amro; **48.1** Salome; **48.3** HaywireMedia; **50.1** fotowebbox; **50.4** Ljupco Smokovski; **54.2** lightwavemedia; **54.4** gosphotodesign; **54.6** Kzenon; **54.8**, **167.3** Africa Studio; **57** bagotaj; **59** imageegami; **60** Eric Isselée; **65** volff; **66.3** M. Schuppich; **66.21** Jérôme SALORT; **69** apops; **70.2** womue; **70.4** stockyimages; **70.6** brunobarillari; **72.1**, **72.3**, **74.1**, **74.3**, **74.5**, **74.6**, **142.7** Giuseppe Porzani; **72.2** Gina Sanders; **72.7** MIGUEL GARCIA SAAVED; **72.8** Coloures-pic; **72.9**, **72.10** Studio Gi; **76** leszekglasner; **77.1** Leonid Andronov; **77.2** altanaka; **77.3** Natallia Vintsik; **77.4** lulu; **77.5** LuckyImages; **77.6** marco7r7; **77.9**, **145.5** Monkey Business; **82** valebisa; **87.1** Ina van Hateren; **87.2** contrastwerkstatt; **87.5** Kurt Kleemann; **87.7** ptnphotof; **87.9** Jürgen Fälchle; **88.2**, **88.3**, **88.4**, **88.5**, **88.7** tbob j. affelwoolf; **89.8**, **89.9**, **89.10** vvictory; **89.1** victorgrow; **89.4** noxmox; **89.5** Dmitry Naumov; **89.7** elenabsl; **91.2** Willee Cole; **91.5**, **91.6**, **91.7**, **91.8**, **120.7** Ermolaev Alexander; **91.9** DoraZett; **95** beeboys; **99.1** Николай Григорьев; **99.2** Gabriele Maltinti; **99.3** Martin M303; **99.4** cmfotoworks; **99.5**, **106.1** Andrei Nekrassov; **99.6** leungchopan; **99.7** victor zastolskiy; **99.8** leekris; **100.2**, **100.3** IniziativeEdi; **101** ExQuisine; **102.2** Studio Barcelona; **102.6** imaginando; **103.3** Okssi; **103.4** serkucher; **103.5** auris; **103.7** Maygutyak; **106.4** adimas; **106.5** takasu; **106.6** Mariusz Blach; **106.8** Superingo; **106.9** kantver; **106.12** M.Gove; **106.12** jiduha; **109**, **112.7**, **112.8**, **112.9** sassyphotos; **110.1** borjandreu; **110.2** tiplyashina; **110.5** Barbara Pheby; **111.3** tunedin; **111.4** puhhha; **111.6** Abstractus Designus; **112.1**, **112.2**, **112.3**, **112.4** eveleen007; **112.5**, **112.6** lynea; **114.1**, **117.1** PrintingSociety; **117.2** VRD; **120.3** cat; **120.5** singkamc; **120.6** Mercedes Fittipaldi; **120.8** Alexandr Makarov; **121.1** piai; **121.3** mrswilkins; **121.5**, **124.9** Klaus Eppele; **121.8** teracreonte; **121.9** sakkmesterke; **123.2** T.Sander; **123.3** Vodoleyka; **124.8**, **124.11** Szabolcs Szekere; **124.1** fineartimaging; **124.12** Dan Race; **129.2** aheiay; **129.3** PaulPaladin; **131.1** BlackMac; **131.2** yanlev; **131.3** lucianofochi; **131.4** digitalsignal; **131.5** lamax; **131.6** micromonkey; **131.8** Pakhnyushchyy; **131.10** Roberto Zocchi; **132.2** Milles Studio; **137.2** andryo; **142.1** Nmedia; **142.2**, **154.2** Tom Wang; **142.8** nearbirds; **142.9** Henry Schmitt; **143.4** vdietsch; **143.5** R. Tavani; **143.6** captblack76; **143.1**, **143.2**, **143.3**, **143.4** moleks; **144.1**, **144.2**, **144.3**, **144.4** picsfive; **145.2** nico99; **145.3** Shelli Jensen; **145.6** funkenzauber; **153** rashadashurov; **154.5** kichigin19; **162.4** gstockstudio; **164** graphic@get; **165.1** refreshPIX; **165.2** suzbah; **165.3** Maria Sbytova; **166.5** vadymvdrobot; **167.1**, **175.3** Gajus; **167.5** B-C-designs; **167.7** peony; **167.8** marlene9; **167.9** Lonely; **167.10** Olga Kovalenko; **169.1** francescorizzato; **169.2**, **169.7** therpsihora; **169.3** sbego; **171** Alexandra; **173.1** fotoknips; **173.2** A.B.G.; **173.3**, **211.6** Comugnero Silvana; **176.2** karepa; **176.3** Antonioguillem; **177.3**, **178.3** patronestaff; **177.1**, **178.1** iko; **187.4**, **187.5**, **187.6** pking4th; **192** Syda Productions; **194** cynoclub; **209.2** oconner; **211.7** JPC-PROD; **211.9** Kot63; **217.1** DURIS Guillaume;

Getty Images, München:
56 golero; **93** Imgorthand; **U1** fazon1; **U1** mikimad

iStockphoto, Calgary, Alberta:
154.6 vadimguzhva; **197.1** mediaphotos;

Shutterstock, New York:
11.8 Mikkel Bigandt; **11.9** trekandshoot; **13.1** Flik47; **21.1** Nelosa; **21.3** Oksana Kuzmina; **22.3** Andresr; **22.4** Helder Almeida; **32.3** Lapina Maria; **32.5** Monkey Business Images; **44.1** M_Agency; **44.2** Cast Of Thousands; **44.3**, **62.2** fizkes; **47.8** Tirachard Kumtanom; **48.5** Africa Studio; **50.7** Prostock-studio; **52.11**, **52.12** Tatjana Romanova; **62.3** All kind of people; **67** barmalini; **91.1** Ermolaev Alexander; **91.3**, **91.4** Victoria Brassey; **102.3**, **208.5** file404; **175.5** Rawpixel; **175.6** Kaspars Grinvalds; **180.2** Rido; **180.3** Maxim Safronov; **182** Everett Collection; **183.1**, **183.2**, **183.3** iko; **186** ppl; **187.1** Vasilyeva Larisa; **187.2** vgstudio; **187.3** Lapina; **189.1** Peggy Blume; **189.2** Image Point Fr; **189.4** wavebreakmedia; **193.4** antoniodiaz; **197.2** Zurijeta; **197.3** Halfpoint; **197.4** Stock-Asso; **197.6** arosoft;

197.7 legenda; **197.8** Sergey Novikov; **197.9** Pressmaster; **198.1**, **198.2** BlueSkyImage; **208.2** Robert Hoetink; **208.4** gemphoto; **208.7** David Peter Robinson; **208.8** Minerva Studio; **208.9** robynleigh; **209.1** Tomsickova Tatyana; **211.2** MJTH; **211.3** A.Penkov; **211.4** photka; **211.8** alphaspirit; **217.2** Zoltan Pataki; **217.3** Eric Isselee; **217.4** Shevs; **217.5** Diana Taliun; **219.1** Claudio Divizia; **219.2** Boris Stroujko; **219.3** Samot; **219.4** T photography; **219.5**, **219.8** LianeM; **219.6** Nataliya Hora; **219.7** Gurgen Bakhshetsyan; **219.9** KN; **219.10** Renata Apanaviciene; **219.11** Tupungato; **220.1** Iryna Kalamurza; **220.3** Juice Dash; **220.4**, **228.4** Ollyy; **222.1** vetkit; **222.5** winnond; **226.1** My Good Images; **226.2** Olesia Bilkei; **227.1** Rafael Ramirez Lee; **227.2** Alena Ozerova; **227.4** Dirima; **227.5** YanLev; **228.1** trotalo; **228.2** Alex Dvihally; **228.3** Michal Ninger; **228.5** Sanit Fuangnakhon; **228.6** CrackerClips Stock Media;

Thinkstock, München:
10.3 anyaberkut; **10.4** SpaceManKris; **10.6** Maridav; **10.8** wjarek; **11.1** Nelosa; **11.3** Meliha Gojak; **11.3** ValentinaPhotos; **11.4** mouse_sonya; **11.5** Perseomed; **11.6** OSORIOartist; **13.2** Myper; **14.6**, **47.9**, **124.3**, **175.1**, **209.3** Wavebreakmedia Ltd; **18.1**, **18.2**, **18.3**, **18.4**, **18.5**, **18.6**, **18.7**, **18.8** missbobbit; **21.2** GlobalP; **22.2** 3sbworld; **22.8** seb_ra; **22.9** andresrimaging; **26.1** Brian Jackson; **26.2**, **34.5**, **189.3** KatarzynaBialasiewicz; **29** Peter Polák; **32.1**, **33.4**, **106.2**, **211.5** Fuse; **32.4** marcomayer; **32.6** circlePS; **32.7** Angelo_Florio_Multimedia_Prod; **32.11** shuravaya; **32.12** gorkemdemir; **33.3**, **35.1**, **35.2** Szepy; **34.3** Alexander Korobov; **34.4** jenifoto; **35.6** Leoshoot; **35.8** artJazz; **39**, **169.5** karandaev; **40.3** fotofermer; **40.4** Vichly44; **40.5** anna1311; **41.1** Batareykin; **41.4** miroslavmisiura; **41.5** Tomwang112; **41.6** Avesun; **43.1** Andrei Zametalov; **43.2** Ingram Publishing; **43.6** ewastudio; **47.2** MaxRiesgo; **47.3**, **88.1**, **142.5**, **158.3**, **162.2**, **193.5** Jupiterimages; **47.4** bevangoldswain; **47.5** Pixland; **47.7** Alessandro Zocchi; **47.12** sodapix sodapix; **48.2** Manuel-F-O; **48.6** Gizelka; **49** XiXinXing; **50.2** Andystjohn; **50.5**, **124.13** WilleeCole; **50.6** Wavebreakmedia; **52.2**, **52.1**, **52.4**, **52.6**, **52.7**, **52.9**, **52.10**, **52.5**, **52.8**, **52.3**, **52.13** Photodisc; **54.1** JupiterImages; **54.5** caimacanu; **55.2**, **154.1** Ljupco; **62.1** RomoloTavani; **63** gemphotography; **66.2** thodonal; **68** Smitt; **70.1**, **102.5** Martina_L; **70.3** urfinguss; **70.5** omada; **70.7** McIninch; **72.4** unalozmen; **72.5** santilli; **72.6** Dusan Zidar; **74.2** photoshkolnik; **74.4** Evgeny Karandaev; **77.7**, **167.4** shironosov; **77.8** erlobrown; **87.3** BrianAJackson; **87.4** stokkete; **87.6** Viktor_Gladkov; **88.6** Evgeny Sergeev; **89.2** mcfr; **89.3** Thinkstock; **89.6** VitalyEdush; **92.1**, **92.2**, **92.3**, **92.4**, **92.5** Tatiana_Ti; **96** Elenarts; **100.1** pressureUA; **102.4** pumpa pictures; **103.1** WaldemarMilz; **103.2** alenkasm; **103.6** belchonock; **103.8** jamroen; **103.9** woyzzeck; **103.10** mysondanube; **106.3** de santis paolo; **106.7** rusm; **106.10** Minerva Studio; **110.3** Zheka-Boss; **110.4** Byrdyak; **111.5** Jacob Wackerhausen; **114.2** neko92vl; **120.1**, **120.2** Paolo_Toffanin; **120.4** Imilian; **121.4** Andrejs Pidjass; **121.6**, **193.2** Jaimie Duplass; **121.7** Madiz; **122.2**, **122.3** Lalouetto; **122.1**, **122.4** Taitai6769; **123.1** moodboard; **123.4** embra; **123.6** katritch; **124.2** VladimirFLoyd; **124.4** Dmitrieva Daria; **124.5** Vold77; **124.6** borisovv; **124.7** Anagramm; **124.10** KATARZYNA ZWOLSKA; **125.1** SergiyN; **125.2** Hemera Technologies; **125.3** Paffy69; **127.1** crossstudio; **129.1** Vladimirs; **129.4** ABykov; **131.7** Suradin Suradingura; **131.9**, **177.2**, **178.2** Ridofranz; **132.1** Zoonar, N.Sorokin; **133.1**, **133.3** thumb; **137.1**, **154.3** Maria Teijeiro; **142.3** thomas-bethge; **142.4** eelnosiva; **142.6** Purestock; **145.1** mira33; **145.4** patpitchaya; **150.1** Blaz Erzetic; **150.2** BenDC; **150.3** poco_bw; **150.4** AnaBGD; **154.4** Peshkova; **155** daboost; **158.1** Chepko; **158.2** Henrik Lehnerer; **160.1** ChristopheHeylen; **160.2** AndrewGo; **162.1** flashfilm; **166.1** Erik Snyder; **166.2** Zoonar RF; **166.4** Pogonici; **166.6** LuminaStock; **166.7** Design Pics; **167.2** Shaiith; **167.6** g-stockstudio; **169.10**, **169.11**, **169.12** Mathier; **169.4** nuwatphoto; **169.6**, **222.6** Kenishirotie; **169.8** CarlaNichiata; **169.9** Dimedrol68; **170** RuthBlack; **175.2** scyther5; **175.7-12** Reginast777; **176.1** Nadasa; **176.4** Nomadsoul1; **176.5** DAJ; **189.5** Massonstock; **189.6** Dirima; **193.1** mark wragg; **193.3** romrodinka; **197.5** nito100; **199** photique; **202** nensuria; **208.1** likeajoke; **208.3** NagyDodo; **208.6** F43iO; **209.4** Bec Parsons; **211.1** Dmitriy Melnikov; **213** serezniy; **220.2** ArturNyk; **222.2** TatyanaGl; **222.3** Randy Faris, Fuse; **222.4** uckyraccoon; **227.3** daniel budiman; **227.6** Marjan_Apostolovic